Svara Yoga의 사상과 수행체계 연구

Svara Yoga의 사상과 수행체계 연구

2012년 5월 20일 초판 1쇄 인쇄
2012년 6월 10일 초판 1쇄 발행

지은이 김재민
펴낸이 정창진
펴낸곳 도서출판 여래
출판등록 제2011-81호(1988.4.8)
주소 서울시 관악구 행운2길 52 칠성빌딩 5층
전화번호 (02)871-0213
전송 (02)885-6803

ISBN 89-85102-91-5 03270
Email yoerai@hanmail.net

값은 뒤표지에 있습니다.

Svara Yoga의 사상과 수행체계 연구

김재민 지음

| 책을 펴내며 |

인도 종교·철학의 역사에는 요가라는 명칭을 가진 숱한 전통과 체계가 존재한다. 그렇기에 요가의 역사라는 제명 하에 일관된 체계로 일목요연하게 정리하고 시대별로 구분하기는 쉽지 않다. 그러나 일반적으로는 이론적, 수행적 면에서 요가를 최초로 체계화한 파탄잘리 Patañjali 요가, 즉 요가수트라의 요가를 정점으로 간주하여 고전 요가 Classical Yoga라고 부른다. 이 요가 이전을 전前고전 요가Pre-Classical Yoga 시기, 그 이후의 요가를 후後고전 요가Post-Classical Yoga 시기라고 한다. 후자의 시기에 성립되어서 현재에도 요가라는 이름으로 가장 널리 퍼져 수행되고 있는 유파는 하타 요가이다. 고전 요가와 더불어 이 요가는 요가의 역사에서 양대 산맥을 이룬다고 볼 수 있다. 고전 요가가 상키야의 형이상학을 받아들이고 마음의 작용을 억제하는 명상을 중시하는 반면, 하타 요가는 아사나와 호흡 수행과 같은 신체 수행을 중시하는 경향성을 뚜렷이 보인다. 아직 학계의 연구가 미흡하여 정확한 갈래는 밝혀지지 못하고 있지만, 하타 요가는 내용면에서 탄트리즘의 형이상학과 수행 체계와 많은 연관성을 띠고 있다. 다시 말해, 큰 틀로 보면 대우주가 소우주인 인체에 그대로 축소 반영되어 있고 미

세 신체에 차크라, 나디, 쿤달리니 등이 있으며 쉬바와 샥티의 결합을 목표로 한다는 점을 양 체계는 공유한다.

이상과 같은 요가사에서 후고전 요가 시기의 요가 체계들 중 다소 독특한 내용과 수행 기법을 가진 '스와라 요가Svara Yoga'라는 유파가 있다. 이 유파도 하타 요가와 마찬가지로 앞서 지적한 탄트리즘적 사상의 영향을 많이 받은 것으로 보인다.

이 요가 관련 자료를 처음 접했을 때 가장 눈에 띄었던 내용을 한마디로 요약하자면 '양 콧구멍 호흡 세기의 강약'이다. 이는 기존의 요가 호흡법에서는 볼 수 없었던 것으로, 필자의 흥미를 끌기에 충분했다. 살펴볼수록 기존의 요가 체계들과는 원리론적으로 상당한 차이가 있음을 발견할 수 있었다.

하타 요가의 경우는 대우주와 소우주의 연관성에 대한 구체적인 설명이 미흡하다. 그러나 스와라 요가에서는, 7층 구조의 대우주 중 한 층에 속하는 실재 천체의 운행이 소우주인 인간의 양 콧구멍 호흡과 연동하고, 이는 또 미세 신체 기관인 나디와 미세 물질인 5요소의 움직임과 밀접한 연관이 있다는 점을 매우 상세히 밝히고 있다. 이러한 원리를 바탕으로 세속의 특정한 일에서 성공을 거두기에 적합한 때는 언제인지, 또 수행에서 성취를 이루기에 적합한 때는 언제인지를 호흡을 통해서 알 수 있다고 보았다. 이 체계는 대우주가 반영되어 있는 피동적 반영태로서의 소우주관에서 한걸음 더 나아가, 양 콧구멍의 호흡 강도를 의도적으로 조절해 세속의 특정한 일에서 성공을 거두거나 수행에서 성취를 이루기에 적합한 상태를 만들어 낼 수 있다는 적극적 능동태로서의 소우주관을 보여준다.

이러한 점을 보면서 고전 요가와 하타 요가를 포함한 기존의 초월 지향 중심의 종교·철학 사상 체계와는 달리 '세속(俗)'과 '초월(聖)'의 통합, 바꿔 말하면 세속의 향수, 세속적 성공, 힘의 획득이라는 bhukti

와 깨달음의 성취인 mukti 양자를 함께 추구해 나가려는 탄트리즘의 이상理想이 충실히 반영된 체계이겠구나 싶었다. 이는 필자가 평소 관심을 가져온 분야였다. 따라서 세속적 생활과 초월 지향적 삶을 조화하여, 양자 중 어느 한쪽으로 치우치지 않고 둘의 경계선 위에서 외줄을 타듯 엄밀한 균형을 유지할 수 있는 방법에 대한 나름의 설명 방식을 이 스와라 요가에 대한 연구를 통해 찾을 수 있겠다는 생각으로 이어졌다.

그리고 이 요가를 통해서 비교적 널리 알려져 있는 하타 요가 이외의 후대 요가가 갖는 복합적 성격을 알 수 있는 기회라 여겼다. 어떤 사상이든 후대로 올수록 전대 사상의 특성들 중 일부를 습합하는 경향성을 띤다. 스와라 요가의 대표 문헌이라 할 수 있는 *Śivasvarodaya*도 마찬가지다. 후고전 요가 시기 중에서도 후대인 15~17세기경에 성립된 것으로 추정되는 이 문헌이 요가 문헌으로 분류되기도 하고 아유르베다 문헌 또는 점성학 문헌으로 분류되기도 한다는 점에서 복합성은 잘 드러난다.

더불어 국내는 말할 것도 없고 세계 학계에서도 이 문헌에 대한 별다른 연구 결과물을 찾을 수 없었다. 후고전 요가 시기의 요가들에 대한 학계의 연구가 아직은 활성화되지 못하고 있기에 일정 정도의 연구 결과물들이 축적될 때까지는 각각의 유파들을 하나씩 연구할 수밖에 없는 상황이다. 따라서 한 유파에 대한 심화 연구도 요가 연구의 발전에 일조하는 것이다.

이런 점들로 볼 때 스와라 요가가 박사학위 논문의 주제로 적절하다고 판단하여 대표 문헌인 *Śivasvarodaya*를 대상으로 박사학위 논문을 위한 본격적인 연구에 착수하여 진행하였다. 그리하여 「Svara Yoga의 사상과 수행체계 연구」라는 제목의 박사학위 논문으로 결실을 맺었다.

이 책은 필자의 박사학위 논문을 출간한 것이다. 논문의 산스크리트어 한글 표기는 은사이신 정승석 교수님의 표기법을 따랐다. 이의 구체적인 내용은 책 뒤쪽에 있는 「산스크리트 음역 표기법」을 참고하기 바란다.

늦깎이로 공부를 다시 시작한 탓에 나름의 고충은 있었지만 지도교수이신 정승석 박사님의 세심한 지도와 심사위원을 맡으신 교수님들의 조언과 격려 덕분에 학위논문을 완성할 수 있었다. 그분들께 깊이 감사드린다. 그리고 위의 「산스크리트 음역 표기법」 자료를 제공해준 김미숙 박사님께도 감사드린다. 또한 부족한 남편을 믿고 그간 묵묵히 뒷바라지해 준 아내 명희 씨에게 더없이 고맙다는 말을 하고 싶다. 마지막으로 이 논문이 요가 연구자들에게 도움이 될 것이라며 출간을 제안해 주신 도서출판 여래의 정창진 사장님께도 감사의 마음을 전한다.

2012년 3월

德濟山房에서 김재민 합장

【표 · 도 차례】

[주요 약호]

ABU.	*Amṛtabindūpaniṣad*
BĀU.	*Bṛhadāraṇyaka Upaniṣad*
BYYs.	*Bṛhadyogiyājñavalkyasmṛti*
ChU.	*Chāndogya Upaniṣad*
Cs.	*Carakasaṃhitā*
DBU.	*Dhyānabindūpaniṣad*
GHs.	*Gheraṇḍasaṃhitā*
Gp.	*Gorakṣa Paddhati*
Hp.	*Haṭhayogapradīpikā*
MBt.	*Mātṛkābhedatantra*
SCn.	*Ṣaṭcakranirūpaṇa*
Sk.	*Sāṃkhya Kārikā*
Ss.	*Śivasaṃhitā*
SSd.	*Śivasvarodaya*
TBU.	*Tejobindūpaniṣad*
Tv.	*Tattvavaiśāradī*
Vs.	*Vasiṣṭhasaṃhitā*
YBh.	*Yogasūtrabhāṣya*
Ys.	*Yogasūtra*
Yv.	*Yogaviṣaya*
MW.	Monier-Williams *A Sanskrit-English Dictionary*

[ ] 중괄호 안의 내용은 편저자 또는 번역자, 필자가 보충한 것이다.

서론

서론

1. 연구 목적

파탄잘리Patañjali의 *Yogasūtra*(이하 Ys)를 근본 교전으로 삼는 고전 요가 시대를 지나 대략 10세기 이후에 여러 요가 유파들이 등장하였다. 이들 중 하타 요가를 필두로 탄트리즘의 영향을 받은 요가 유파들의 사상이 갖는 공통적 특징들 중 하나는 대우주가 소우주인 인간의 신체에 그대로 반영되어 있다는, 즉 신체는 대우주의 축소판이라는 관념이다. 다만, 하타 요가에서는 이런 관념을 대우주가 신체에 축소 · 반영되어 있다고 선언할 뿐이거나 7층 구조로 된 추상적인 대우주와 신체의 연관 관계, 대응적 배속에 대해서만 언급할 뿐이다. 이 경우에는 대우주가 구체적으로 어떤 식으로 소우주인 신체와 연관되어 있고 영향을 미치는지에 대한 설명은 찾아보기 어렵다.

대우주 · 소우주론도 탄트리즘의 신체관의 주요 사상이지만, 후대 요가에 광범하고 깊은 영향을 끼친 탄트리즘의 근본 사상 중 주목해야 할 특징이 하나 더 있다. 그것은 세속과 초월의 결합이다. 흔히 수행의 길은 세속과 선을 긋고 그 밖에서 가야 할 길로 간주된다. 그러나 탄트리즘은 세속과 초월의 경계를 허물고 양자의 통합으로 나아간다. 다시 말해, 만일 해탈이 오직 이욕離慾을 통해서만 성취될 수 있는 것이라면 행위를 하거나 가정을 꾸리고 사는 사람은 해탈을 얻을 수 없을 것인가에 대한 답으로 등장한 것이 탄트리즘이라고 할 수 있다.

후고전 요가 시기의 여러 유파들 중에 위에서 언급한 두 가지 특징, 즉 대우주 · 소우주론과 성聖 · 속俗 통합의 사상을 모두 반영하고 있는 유파가 있다. '스와라 요가'가 그것이다. 이 유파는 대우주 중에서도, 베다 시대 때부터 관심의 대상이 되어왔던 천체天體의 움직임이 신체에 직접적으로 영향을 미친다고 보고 그 원리와 규칙을 자세하게 설명한다. 또한 전체 우주가 모두 '스와라svara'라는 미세한 동일 질료로 이뤄져 있고 상호 긴밀하게 연관되어 있어서 천체의 리듬이 신체뿐 아니라 인사人事에도 영향을 준다고 보았다. 그래서 이 유파의 수행자들은 신체에 나타난 우주의 움직임을 읽어 미래를 예측할 수 있고 더 나아가 그 움직임을 변화시켜 원하는 바를 성취할 수 있다고 믿는다. 또한 세속에서의 성공과 성취와 더불어 삶의 중요한 과제인 초월과 해탈을 위한 수행법도 제시하고 있다. 이 수행법의 주요 내용은 천체의 리듬에 반하는 리듬으로 나디 호흡을 하여 수슘나 나디를 각성시키고 공空 요소를 활성화하는 것이다. 종합해 보면 이 유파에서는 세속 향수bhukti와 초월 · 해탈mukti을 때에 알맞게 하고 경계를 넘나들 수 있는 수행법을 제시하고 있다고 볼 수 있다.

이러한 특징을 가진 이 유파의 대표 문헌은 *Śivasvarodaya*(이하 SSd)인데, 후대 요가 사상 특유의 복합적인 성격이 이 문헌에는 매우 잘 나타나 있다. 그러나 세계 학계에서 아직 이 문헌에 대한 별다른 연구 결과를 찾아볼 수 없고 국내 학계에도 아직 소개되지 않았다. 본 논문에서는 이 문헌을 연구대상으로 채택했다.

이 연구의 기본적인 목적은 SSd의 요가 사상을 정립하는 것이다.

이를 위해 본론에서는 우선, 기본적으로 이 문헌에 나타난 주요 개념과 관념들을 명확하게 규정하고 이를 바탕으로 전체 체계를 이해하고자 시도했다. 그러나 이 문헌의 내용 자체만으로는 연구 목적을 충실히 달성하는 데 다소 어려움이 있다. 왜냐하면 이 문헌은 특정한 주제를 체계적으로 서술한 논서가 아니라 지고의 신격인 쉬바와 그의 배우자인 파르바티 사이의 문답을 송頌의 형식으로, 축약적이고 비유적이며 체계적이지 못하게 그 내용을 설명하고 있기 때문이다. 또 주요 개념과 관념들이 문헌 전체의 여기저기에 흩어져 있는 경우가 빈번하고 전통적 의미에서의 요가 외에 다른 분야, 예를 들자면 점성학 등의 관념들이 습합되어 있는 부분도 적지 않기 때문이기도 하다.

따라서 SSd의 요가 사상을 보다 명확하게 이해하기 위해서 파탄잘리 요가와 하타 요가, 즉 전통적 요가와 스와라 요가 사상과의 유사성과 차별성을 비롯하여 후대 요가 사상 특유의 다양한 사상들에 대한 습합적 특징들, 예컨대 점성학, 아유르베다 등의 내용을 고찰하였다. 이 과정을 통해 SSd의 요가 사상 자체의 모호한 부분을 보완함으로써 더 명확하게 이해할 수 있었다. 또한 다른 사상들과의 교집합적 부분과 더불어 여집합적 부분을 구분해 봄으로써 요가의 전통 내에서 이 문헌의 요가 사상이 갖는 독자성을 파악해 볼 수 있었다. 그리고 앞선 고찰을 통해 이해된 내용을 바탕으로 실천 수행의 지침을 정리해 보았다. 마지막으로, SSd의 구성 체계와 내용 대요를 알 수 있는 분과分科를 첨부하였다. 이는 한편으로는 SSd가 본 논문의 핵심 문헌이기 때문에 논의를 전반적으로 이해하는 데 도움이 되고, 다른 한편으로는 이 문헌이 국내에 처음 소개되는 문헌이므로 이 자체를 전체적으로 개관해 보고자 하는 연구자들에게도 미흡하나마 도움이 될 것이다.

이러한 연구의 목적을 세분하면 아래와 같다.

첫째, 세계 학계에서 체계적인 연구가 이뤄져 있지 않고, 아직 국내에 소개되지 않은 문헌을 소개한다.

둘째, SSd에 산재한 여러 가지 관념들의 갈래를 정리하여 개념적 연원과 의미를 보다 명확하게 파악한다.

셋째, SSd의 주요 개념들을 고전 요가 및 하타 요가와 비교해 봄으로써 전통적 요가 사상과의 유사성과 차별성을 파악할 뿐만 아니라, SSd의 수행론적 특성과 의의를 분명하게 제시한다.

넷째, SSd의 내용에 근거하여 수행의 구체적인 내용을 체계적으로 제시함으로써, 이것을 수련의 실제에 적용하거나 응용할 수 있는 토대를 마련한다.

2. 연구 방법

기본적으로 연구 주제와 직결되는 문헌들을 비교하는 방식으로 연구 목적을 달성하고자 한다.

첫째, 스와라의 의미, 세계전개, 5요소의 성질, 신체와 같은 SSd의 핵심 관념과 개념들을 골라내어 고전 요가의 주요 문헌인 Ys와 *Yogasūtrabhāṣya*(이하 YBh), 하타 요가의 주요 문헌인 *Haṭhayogapradīpikā*(이하 Hp), *Śivasaṃhitā*(이하 Ss), *Gheraṇḍasaṃhitā*(이하 GHs)와의 유사성과 차별성을 고찰한다.

둘째, SSd의 내용에서 점성학과 연관된 단초를 찾아 양자를 종합하여 하나의 체계를 정립한다.

셋째, SSd에 드러난 아유르베다적 요소를 *Carakasaṃhitā*(이하 Cs)의 내용과 비교하여 유사성과 차이점을 정리한다.

이상과 같은 연구를 진행하기 위해, 본론에서 필수적인 토대 자료로 고찰하거나 참고한 문헌들은 다음과 같다.

(1) SSd : *Śivasvarodaya*

본 논문의 주요 대상 문헌이다. 분철해 보면 Siva + Svara + Udaya 이다. 그 뜻은 Śiva는 '힌두교 최고의 절대 신격'으로 '지고의 의식'을 뜻한다 할 수 있다. 그리고 Svara는 제1장 스와라 개념의 연원과 적용에서 구체적으로 살펴보겠지만, 그 뜻은 주로 '호흡', '호흡의 소리', '프라나', 때로는 아트만 등이다. Udaya는 '일어남', '발생함' 이다. 따라서 셋을 조합해 보면 '지고의 절대 의식은 호흡, 프라나의 일어남' 이다. 즉 쉬바는 호흡을 통해 현현한다는 의미라고 볼 수 있다.

본 논문에서 사용한 판본은 아래의 5종이다. 아래 문헌들 중 ⑤는 힌디 주석본인데, 데바나가리 표기가 부정확한 것이 많았다. 최신본 순으로 보자면 ② → ③ → ① → ④순이나, 비교해 본 결과 판본과 번역의 정확도에서 ①번이 상대적으로 선본善本이었다. 그래서 ①번을 저본으로 하고 ②~④를 참고본本으로 하였다. 판본이나 번역에 문제가 있을 시는 ①~④를 상호 대조하여 가장 타당하다고 여겨지는 것을 선택했다.

① Muktibodhananda, Swami trans. *Swara Yoga*. 1st ed. : 1984. rep. Bihar : Yoga Publication Trust, 1999.

② Bhatt, Mrs. Shweta trans. *Śivasvarodayaḥ*. 1st ed. Varanasi : Krishnadas Academy, 1999.

③ Rai, Ram Kumar trans. *Śivasvarodaya*. New ed. Varanasi : Prachya Prakashan, 1997.

④ Sivananda, Swami. *Svara Yoga*. 1st ed. : 1954. 2nd ed. Tehri-Garhwal : A Divine Life Society, 2000.

⑤ Mishra, Satyendre. *Shivasvarodaya : New Hindi Commentary*. 2nd ed. Varanasi : Chowkhamba Krishnadas Academy, 2009.

(2) Ys : *Yogasūtra*, YBh : *Vyāsabhāṣya*

이 두 문헌은 정승석 교수의 번역을 사용하였다. 그래서 본문 인용 시 따로 로마나이즈 각주를 달지 않고 해당 경과 주석을 사용했다.

① 정승석. 『요가수트라 주석』. 초판. 서울 : 소명출판, 2010.
[*Pātañjalayogasūtrāṇi*. Ānandāśrama Sanskrit Series, Vol. 47. Pune : Ānandāśrama, 1978.]

(3) Hp : *Haṭhayogapradīpikā*

아래 ①은 4권본이고 ②는 5권본, ③은 10권본이다. 4권본과 5권본은 사실상 1~4권까지는 거의 유사하고, 5장의 아유르베다적 내용만 첨가되어 있다. 그래서 ①을 주로 사용하였고, ②는 제6장 아유르베다의 영향에서 주로 사용되었다. ③은 ①, ②와 달리 세계의 전개에 대한 내용이 나와 있으므로, 제2장 세계전개론에서 사용되었다. ①외의 판본을 사용한 경우는 논의 초입에 몇 권본을 사용했는지 미리 밝혀두었다.

① Iyangar, Srinivasa trans. *The Haṭhayogapradīpikā of Svātmārāma-with the Commentary Jyotsnā of Brahmānanda and English Translation.* 1st ed. : 1972. rep. Madras : The Adyar Library and Research Centre, 1975.

② Digambarji, Swami & Darmapārīṇa trans, Sāṃkhya-Tarka-Tīrtha. *Haṭhayogapradīpikā of Svātamāramā*. 1st ed. : 1970. 2nd ed. Lonavla : Kaivalyadhamma Yoga Institute, 1998.

③ Gharote, M. L. *Haṭhapradīpikā-with 10chapters*. 1st ed. Lonavla : The Lonavla Yoga Institute, 2001.

④ Akers, Brain Dana trans. *The Hatha Yoga Pradipika*. 1st ed. New York : Yoga Vidya.com, 2002.

⑤ Singh, Panchanan trans. "Haṭhayoga-Pradīpikā". Bhatt, G. P. romanised & ed. *The Forcefoul Yoga*. 1st ed. Delhi : Motilal Banarsidass, 2004.

(4) Ss : *Śivasaṃhitā*

①은 Ss 중 가장 최근에 교정한 편집본이어서 주로 사용하였다. 위 (3)과 마찬가지로 ①외의 판본을 사용한 경우는 미리 밝혀 두었다.

① Mallinson, James trans. *The Shiva Samhita*. 1st critical ed. New York : Yoga Vidya.com, 2007.

② S. Candra trans. "Śiva-Saṃhitā". Bhatt, G. P. romanised & ed. *The Forceful Yoga*. 1st ed. Delhi : Motilal Banarsidass, 2004.

③ Gosh, Shyam trans. "Śiva-Saṃhitā". Gosh, Shyam trans. *The Original Yoga*. 1st ed. Delhi : Munshiram Manoharlal, 1979.

(5) GHs : *Gheraṇḍasaṃhitā*

가장 최근 본인 ①을 주로 사용하였다. 그러나 제4장 신체론에서는 ②가 사용되었다. 왜냐하면 ①, ③에 없는 내용이 ②에 있기 때문이다.

① Mallinson, James trans. *The Gheranda Samhita*. 1st ed. New York : Yoga Vidya.com, 2004.

② Bahadur, Rai trans. "Gheraṇḍa-Saṃhitā". Bhatt, G. P. romanised & ed. *The Forcefoul Yoga*. 1st ed. Delhi : Motilal Banarsidass, 2004.

③ Digambarji, Swami & Gharote, M. L.. *Gheraṇḍa-Saṃhitā*. 2nd ed. Lonavla : Kaivalyadhamma Yoga Institute, 1997.

제1장

스와라 개념의 연원과 적용

스와라 개념의 연원과 적용

'스와라svara'라는 용어는 사전에서 주로 '소리' 또는 '음악'과 관련된 뜻을 갖고 있는 것으로 나타난다. 특히 음악과 독송에서 음의 높낮이와 연관이 있다.[1] 인도철학사적으로 베다 시대가 맨 앞에 위치하는 것과 마찬가지로 인도 음악 또한 베다 성립 시기에서 그 시작을 찾을 수 있다. 『리그베다』는 주로 하나의 음, 즉 스와라로 하는 낭송 형태의 시창詩唱이고 『사마베다』는 세 개 혹은 네 개의 음으로 낭송하는 영창詠唱 형태이기에 후자를 인도 음악의 효시로 본다.[2] 이후 음의 개수가 늘어서 현재 인도 음악에서는 스와라가 일곱 개의 기본음을 갖고 있다.[3]

---

1) 구체적으로는 일곱 가지 의미로 사용되고, 이들 중 넷이 '소리' 또는 '음'의 뜻으로 사용된다. 이 일곱 가지는 다음과 같다. ① 소리, 소음. ② 목소리, 독송에서 높거나 낮은 음조. ③ 강세(높은 음과 낮은 음, 양자의 조합으로 나오는 음). ④ 음악 음계의 음. ⑤ 숫자 7에 대한 상징적 표현. ⑥ 길거나 짧거나 또는 늘어난 모음. ⑦ 콧구멍을 통해 숨 쉬어지는 공기다. MW(1993), p. 1281 참조. 이들 중 ⑤는 일곱 음계에서 파생된 뜻인 듯하다. 따라서 일곱 중 다섯이 앞의 뜻들로 쓰인다고도 볼 수 있다.

2) 윤혜진(2009), pp. 20~23, 45 참조. 이는 노래, 기악, 춤이 융합된 공연예술인 saṅgīta에서 음악만 분리하여 논의하는 경우이다.

본 장에서는 위와 같은 기본적 의미를 갖는 '스와라' 라는 용어가 일반적으로 요가 전통에서는 어떻게 사용되었는지, 그리고 스와라 요가에 와서는 어떤 의미를 갖게 되었는지에 대해 살펴보겠다. 이를 위한 배경 지식으로, 우선 요가 전통에서 스와라 요가가 가지는 위상과 특성을 고찰하겠다. 그런 다음, 형이상학적 철학의 본격적 시발점이자 수행론의 원형들이 산재해 있는 우파니샤드에서 해당 용어의 용례를 살펴보고, 그 뒤 고전 요가와 하타 요가 문헌에서, 마지막으로 스와라 요가 문헌에서 용례를 찾아보겠다. 고전 요가의 교전인 Ys와 그 주석인 YBh에는 스와라라는 용어가 나타나지 않으므로, 나머지 문헌들에 나타난 스와라의 용례를 살펴보겠다.

---

3) 윤혜진(2009), pp. 81~82 참조.

1. 요가 전통에서 스와라 요가

요가는 인도 종교 · 철학의 역사에서 수행과 연관된 사상과 기법들을 채택하고 있는 학파나 수행 유파들에서 광범위하게 사용되어 온 용어이다. 왜냐하면 요가는 해탈을 추구하는 모든 수단을 총칭하는 용어로 주로 쓰이기 때문에, 이와 연관된 사상과 기법을 사용하는 거의 모든 학파나 수행 유파들이 자파의 수행론이나 수행 기법에 이 용어를 붙여서 사용한다. 그래서 각 학파나 실천 수행 유파, 스승 등에 따라 다양한 형태로 존재하고 그 내용에서도 서로 다르거나 때로는 모순되는 경우도 있다. 즉, 요가는 같은 수단이나 성질을 공유하고 있어 하나로 꿸 수 있는 그런 체계가 아니다. 이런 탓에 요가의 역사를 일목요연하게 정리하고 시대별로 구분하기란 매우 어렵다.

그렇지만 요가의 다양한 전통을 일관된 하나의 체계로 정리하고자 하는 시도가 없지는 않다. 예를 들면 호이에르슈타인Feuerstein의 *Yoga Tradition*이라든가, 뵈르팅톤Wörthington의 *History of Yoga* 등이 있다. 호이에르슈타인은 요가의 역사를 파탄잘리Patañjali 요가, 즉 Ys와 YBh의 요가를 고전 요가Classical Yoga라 부르고, 이를 기점으로 그 이전을 전前고전 요가Pre-Classical Yoga, 그 이후를 후後고전 요가Post-Classical Yoga라 구분한다. 왜냐하면 그는 파탄잘리의 요가를 오랜 요가 발전의 정점으로 보고 있기 때문이다.[4] 이 요가는 그 이전까지의 요가를 체계화

4) 호이에르슈타인(2008), 차례, p. 442 참조. 엘리아데Eliade는 인도 사상사에서 요가의 위치를 올바르게 이해하려면 우리는 바로 이 학파의 체계부터 검토의 출발점으로 삼아야 한다면서 그 이유를 다음과 같이 세 가지 들고 있다. 엘리아데

했고 그 이후의 요가에 큰 영향을 끼쳤으며 현대의 요가에서도 여전히 중요하게 여겨진다. 뵈르팅톤Wöthington의 저작은 각 학파 또는 수행 유파별로 요가를 정리해 놓고 있을 뿐 시기 구분은 없다. 호이에르슈타인의 시기 구분은 다소 지나치게 단순화한 것처럼 느껴질 수도 있지만 요가의 역사를 큰 틀로 볼 때 매우 유용하다. 본 논문에서는 이러한 관점을 받아들여 논의를 전개하겠다. 그래서 Ys와 YBh에 의거한 요가를 고전 요가라 부르겠다.

'후고전 요가'[5]의 흐름 속에서 힌두 전통에 새로운 지식이 추가되고 종교적 변화에 적응하면서 새로운 요가 유파가 나타났는데, 바로 하타 요가이다. 이는 신체 자세와 호흡 수행을 중시하는 것으로 Hp, Ss, GHs라는 문헌으로 정립된 것[6]이며, 현재 전 세계적으로 요가(특히 실천적인 면)에 가장 광범하게 그 영향력을 미치고 있기도 하다. 이 요가의 개조開祖는 마트시엔드라나트Matsyendranāth와 그의 제자로 여겨지는 고라크샤나트Gorakṣanāth이다. 마트시엔드라나트는 탄트라 요가의 한 유파, 특히 신체 중심 수행kāya sādhana 기법이 발달했던 Siddha 운동(8~12세기 사이에 성행)의 Kaula파와 연관되어 있다. 이는 그가 남긴 저작 *Kaulajñānanirṇaya*(카울라의 지식에 대한 확정)[7]에서 분명하게 드러난다. 고

(1989), pp. 12~13 참조. "파탄잘리의 해설이 확실한 하나의 '철학 체계'이기 때문이고, 둘째로는 욕망을 제어하는 기법 및 명상법에 관한 상당수의 실제적인 가르침들이 그 속에 집약되어 있기 때문이다. 그리고 마지막 이유는 파탄잘리의 『요가경*Yoga-sutras*』은 아득한 옛날부터 인도에서 전해져 오는 일련의 금욕법과 내관법을 집대성했을 뿐 아니라, 이론적인 관점에서는 그 기초를 확립하여 하나의 철학으로서 구체화한 거대한 노력의 결과이기 때문이다." 엘리아데(1989), p. 15.

5) 본고에서는 파탄잘리 요가, 즉 Ys와 YBh에 근거한 고전 요가와 후고전 요가 시기의 대표적인 요가 유파인 하타 요가를 통칭하여 '전통적 요가'라 부르겠다.

6) Jacobsen(2005), p. 18 참조.

7) "이 저작에는 성적 의례의 규정과 의례를 행하는 법에 대한 정교한 내용이 가득 차 있다"고 한다. Larson(2008), p. 436.

라크샤나트 또한 Siddha 운동의 중요한 유파로, 북인도에 발상지를 둔 Nātha파의 Kānphaṭa교단을 만들었다고 전해진다. 따라서 이 둘은 탄트라와 직접적인 연관성을 가진다고 할 수 있기에[8] 하타 요가를 탄트라 요가의 한 지파支派라 할 수도 있다. 이는 "'탄트라적tāntrika' 이라는 용어가 대략적으로 나디, 차크라, 쿤달리니 [관념을 포함하여] 목표로써 쉬바와 샥티의 결합을 받아들이는 모든 형태의 요가를 지칭하는데 종종 적용 되"[9]는 데서도 알 수 있다.[10]

후고전 요가의 다양한 문헌들 가운데 다소 특이한 형태의 요가를 발견할 수 있는데, 그것은 '스와라svara 요가' 라 불리는 유파이다. 이 요가는 호흡법 중심의 요가인데, 호흡을 단지 코로 한다는 데서 한 걸음 더 나아간다. 양 콧구멍에서 호흡의 강도가 달리 나타나고, 이것은 태양 · 달을 비롯한 천체의 움직임의 반영, 즉 실재 천체인 대우주가 소우주인 인체에 반영되는 현상이라고 보는 것이다. 이 요가에는 후고전 요가, 특히 탄트라적 요가의 특징들과 더불어 점성학과 아유르베다적 내용이 복합적으로 섞여 있다. "하타 요가 전통의 토대에는 의과학인 아유르베다의 생리 · 심리학적 교의가 있"[11]기에 후고전 요가의 전통 내에서 SSd에 이 사상이 유입된 것은 이해 가능하다. 그러나 점

---

8) 하타 요가의 뿌리를 베다에서부터 찾으려 시도하는 경우도 있다. 싱Singh은 하타 요가 수행이 프라나, 나디, 차크라 등 미세 신체에 있는 생기 에너지와 기관들을 활용하는 것이고, 이들을 조절하는 기법이 호흡법과 무드라 행법 등인 점에 근거하여 하타 요가의 주요 개념과 행법들에 대해 베다부터 시작하여 후기 우파니샤드, Nātha 문헌 등에서 차례로 찾아가는 방식을 취한다. 그는 하타 요가가 중세 인도 역사의 한 현상으로 받아들여진 이유가 이제까지 저자들이 베다 문헌을 하타 요가의 관점에서 더 깊게 연구하지 못했기 때문이라고 본다. Singh(2010), pp. 327~342 참조.

9) Jacobsen(2005), pp. 19~20.

10) 하타 요가에 대한 깊은 연구가 생각 외로 별달리 없는 이유가, 아직 연구 초기 단계로 보이는 탄트리즘과의 연관성 때문이라고 볼 수 있다.

11) Jacobsen(2005), p. 17.

성학적 내용은 상당히 독특하다고 할 수 있다. 원래 탄트리즘이란 파두Padoux의 지적처럼 '탄트라의 통찰력'은 학술적 체계라기보다 문화나 종교이고, 문화나 종교의 속성들 중에 의례와 [초자연적] 힘의 운용, 규범에 대한 위배, 세속의 초월을 위해 세속을 이용함, 대우주와 소우주의 동일시를 포함하는 것[12]이다. 이 점은 브라운Brown의 다음과 같은 지적에서 잘 드러난다.

> 우선 [탄트리즘의] 목표로부터 시작하자면, 이 사상은 깨달음과 세속적인 성공을 기대한다. 인도 종교를 포함한 대부분의 종교들에서 이 두 목표는 이들을 이루기 위해 기대되는 상이한 두 가지 행동 양식으로 빈번하게 구분된다. 종종 깨달음은 오직 고등의 종교 전문가에 의해서만 성취될 수 있는, 끝없는 윤회의 어려운 과정으로 보이는데, 탄트리즘에서는 수행자가 살아 있는 한 생애 동안 이 깨달음에 도달할 수 있다. 다른 한편으로는 설령 가장 평범한 종류의 세속적 능력, 예를 들자면 사랑에서 성공은 깨달음과 동시에 성취할 수 있다. 양자는 서로 얽혀 있다. 출가수행 중심의śramañic 불교도, 자이나교도, 힌두의 브라만 전통이 견지하고 있는 입장과는 달리, 깨달음을 성취하기 위해 세상에서의 성공을 꺼릴 필요는 없다. 비탄트라적인 불교도, 자이나교도, 힌두교도들에게 가정생활은 완전한 영적 깨달음에 심각한 장애이다. 그 대신에 앞으로 나아가기 위해서는 고행자의 삶을 필요로 한다. 두 목표에 이르기 위한 탄트라 수행자들의 방법은 자신들의 신체를 포함한 세계를 관통하여 흐르는 힘과 자신들을 연결함으로써 성립된다.[13]

따라서 대우주에 속하는 천체의 리듬이 소우주인 인체와 인체의

12) Padoux(2002), pp. 17~24 참조.
13) Brown(2002), p. 3.

활동인 인사人事에 영향을 미치는 데 대한 연구 분야가 천문・점성학이기에 이의 내용이 포함된 것은 그다지 이상한 것만은 아니다.[14] 그리고 미래 예측을 통한 세속에서의 성공을 추구하는 것 또한 탄트라적인 측면에서 이상할 것은 없다. 왜냐하면 탄트라가 추구하는 목표는 사실상 기존의 세속 초월적인 종교에서 볼 수 없는 성聖・속俗 통합의 사상으로, 깨달음mukti 성취와 세속의 향수 또는 세속적 힘의 획득bhukti 양자이기 때문이다.[15]

인도 문헌의 역사에 대한 고우드리안Goudriaan의 연구에서 스와라 요가와 점성학의 연관 관계의 문헌적 배경이 잘 드러나 있다.

> 몇몇 탄트라 문헌들은 점성학을 전문적으로 다루고 있다. 보존되어 있는 문헌 중 아마도 가장 오래된 것은 *Yuddhajayārṇava*, 즉 '전쟁의

---

14) 중국의 저명한 천문학자인 장샤오위앤江曉原은 천문학과 점성학에 대한 일반적인 관점의 한계를 적절하게 지적하고 있는데, 그 내용을 요약해 보면 다음과 같다. 현대인들의 관점에서는 점성학Astrology과 천문학Astronomy은 그 근본부터 확연하게 다르다. 전자는 미신이고 후자는 과학이라 여긴다. 그러나 역사상으로는 전혀 그렇지 않다. 옛 사람들에게 천문 현상의 관측이란 단지 자연의 오묘한 비밀을 탐색하려는 데 있었던 것이 아니라 천문 현상으로부터 인간 세상의 길흉화복을 알아내려는 데 있었다(이것이 점성학의 기본 취지다). 따라서 천문학과 천문학자라는 개념은 대부분 현대의 산물이며, 고대에는 단지 점성학과 점성가만 있었다. 고대 점성가와 천문학자를 동일한 부류의 인물로 보는 주요한 원인은 점성가들이 천문학 지식을 확실하게 장악하고 있었기 때문이다. 장샤오위앤(2005), pp. 9~10 참조.

15) 브라운Brown은 탄트리즘에 대해 신체, 정신적 행위를 의미하는 '과정', 이를 위한 '수단'과 '인도자', '목표'를 다음과 같이 도식화하여 제시하는데 이 사상의 핵심을 잘 요약하고 있다고 생각되어 인용한다.

과정	수단	인도자	목표
심상화, 언어화, 동일시, 내면화, 구체화, 변환	의례, 요가, 신체, 만달라, 차크라, 만트라, 얀트라, pūjā, 상징	교사 / 스승, 신격	깨달음mukti, 세속적 힘bhukti

Brown(2002), p. 2.

승리를 [확인하는] 무수히 많은 [방법]' 일 것이다. 이것은 N. S. 217(A. D. 1097)의 Newari Ms.에 보존되어 있는 10장본의 저작이다. 이 문헌의 주요 관심사는 svarodaya, 즉 호흡의 소리로 미래의 일을 예측하는 것이다. 간기刊記에 따르면 바톳트팔라Bhaṭṭotpala가 저자명으로 되어 있다. 동일 제명의 문헌이 네팔에서도 발견되었는데, 이는 예언과 점성학의 다양한 방법으로 재난적인 영향들을 극복, 지배할 수 있는 수단에 대해 Devī가 설명을 요청하는 것으로 시작한다. Newari Ms.에 보존되어 있는 본과 마찬가지로 그 문헌에 속하는, *Yogasāgara*, 정확하게 말하자면 *Bhṛgusiddhanta*는 행성의 악영향에 맞서기 위한 행성과 탄트라 의례의 연관성에 대해서 다루고 있다.[16]

다음으로 스와라 요가에 대한 연구자들의 언급을 살펴보자.

밧타차리야Bhattachary는 스와라 요가 계열의 문헌인 *Pāvanavijaya-svarodaya*를 요약하면서 다음과 같이 말한다. "이 문헌은 '호흡의 일어남svarodaya' 또는 '콧구멍을 통한 호흡의 소리나 흐름의 조절에 대한 과학svaraśāstra' 으로 알려진 주술적 요가의 한 분파의 예이다. 이는 하타 요가의 소분파로 생각된다. 저자는 밝혀져 있지 않고 연대 또한 마찬가지이다"[17]라고 언급하였다. 레디Reddy는 14세기 중반 가나파라디야Ganaparadhya가 쓴 *Svarasastramanjari*에 대한 연구서를 텔루구어로 썼는데(일부는 영문으로), 여기서 그는 스와라 요가를 '콧구멍을 통한 호흡에 대한 연구' 라고 하면서 대표적인 문헌으로 SSd와 *Svara Chintamani*를 들고 있다.[18] 전자는 산스크리트로, 후자는 타밀어로 된

16) Goudriaan(1981), p. 126.

17) Larson(2008), p. 576.

18) Reddy(1988), p. xxvi. 그는 1988년 1월에 M. L. Garote박사(Lonavla의 요가 대학 교장)와의 사적인 편지 교류를 통해 다음과 같은 서지 목록을 제공받았다며 제시하고 있다.

문헌이다. 두 문헌 중에서도 스와라 요가의 더 대표적인 문헌으로 SSd를 꼽는다. 이 문헌은 저자를 알 수 없고 정확한 성립 연대가 추정되어 있지 못하다.[19]

이 문헌에 대한 학계의 연구는 없고, 다만 요가 관련 여러 저작들에서 그 편린들만 볼 수 있다. 이들을 보면 아래와 같다.

① 호이에르슈타인Feuerstein은 다음과 같이 말한다. '수백 년'[20] 된 요가 저작인 *Śiva Svarodaya*는 지혜와 심지어 해탈과 마찬가지로, 안녕을 얻거나 유지하고 신비한 지식과 초자연력을 획득하

【svarodaya śāstra에 대한 참고 도서 목록】

① *Narapatijayacharya Sarvodayah of Narapatikavi with 'Subodhini Sanskrta–Hindi Commentary* by Ganeshadatta Pathaka–Publisher–Chaukhamba Sanskrit Series Office, Varanasi, 1971. ② *Jayalakshmi Tika on Narapatijayacarya*. ③ *Narahari Manjari Tika on Narapatijayacarya*. ④ *Sivasvarodaya*, Text with Hindi Translation by Pandit Mihirchand. Pub : Khemraj Shrikrishnadas, Sri Venkateswara Press, Bombay, 1667. ⑤ *Sivasvarodaya*, Text with Marathi Translation by Vaman Eknath Kemkar, Pub : Raoji Sridhora Gondhalekar, Jagaddhitecchu Press, Pune, 2nd Edn. 1883. ⑥ *Sivasvarodaya*, Translated by R. D. Upadhyaya. Pub : B. Baijanath Prasad, 1918. ⑦ *Jnanasvarodaya*, Caranadasa, Pub : Shri Venkateshwar Press, Bombay. ⑧ *Svarodayasara*, Pub : Shri Venkateshwar Press, Bombay. ⑨ *Siva Svarodaya*, Text and English Translation by Ram Kumar Rai, Pub : Prachya Prakashan, Varanasi, 1980. Reddy(1988), p. 184.

19) 이 문헌의 연대와 저자에 대해서는 이하 본문의 ①~⑤의 각 연구자들을 비롯하여, 본 논문에서 사용된 5종의 판본(앞의 2. 연구 방법 중 (1) SSd 참조)에 구체적으로 언급되어 있지 않다. 다만 호이에르슈타인Feuerstein만이 '수백 년' 전 문헌이라는 언급을 함으로써 대략적인 연대를 어렴풋하게 제시하고 있다. 각주 20) 참조. K. 포터Potter의 '인도철학 도서목록' 사이트에 이 문헌의 저자, 성립연대가 미상으로 기재(2008년 12월 검색)되어 있었으나, 2011년 11월 10일 개정 이후 현재는 이 문헌 명이 사라지고 없다.
http://faculty.washington.edu/kpotter/xtxtadu.htm 참조.

20) 이 서술에서 이 문헌이 대략 15~17세기 사이에 성립된 것이라고 추정할 수 있다.

기 위한 최상의 수단으로 호흡 조절을 장려하는 내용을 담고 있다. 그리고 Svarodaya 기법은 Siddha 요가 수행자들에 의해 널리 퍼진 과학이다.[21)]

② 바네르지Banerji는 "이 문헌은 프라나-샥티, 즉 생기 에너지를 주로 다루는 탄트라 저작"[22)]이라고 하였다.

③ 우드로페Woodroffe는 "*Śiva Svarodaya* 문헌은 신경 센터와 신경의 흐름(즉 vāyu)들에 대한 통제에 대해 두드러지게 설명하는데, 그러한 가르침은 신에 대한 경배Upāsana와 요가를 목적으로 하고 있다"[23)]고 보았다.

④ 마하만달Mahamandal은 스와라 요가를 하타 요가의 네 번째 지분支分이 초육체적 기법들인 호흡법과 svarodaya로 이뤄져 있다고 하면서 다음과 같이 말하였다. "svarodaya 문헌들은 내면의 왕국의 신비에 대한 놀라운 과학을 다루고 있다. 다른 것들 중에서 svarodaya는 신체내의 이다, 핑갈라, 수슘나 및 다른 통로들에 대한 지식을 밝히고 있다. 내면의 세계로 들어간 후에 다섯 요소를 살펴보는 법을 가르쳐 준다. 그런 다음 과거 · 현재 · 미래를 통찰하는 총체적인 능력을 낳는 다섯 기본 요소에 대한 보다 완전한 지식을 말한다. 머지않아 미세 프라나(삶의 필수 원리)에 대한 완전한 통제력을 주어 결국 세계에 대한 장악력이 생긴다. 간략히 말해 svarodaya 수행을 통해서 삶과 자연의 내적 힘들에 대한 절대적인 통제력을 얻게 될 것이다."[24)]

⑤ 사티아난다Satyananda의 스와라 요가에 대한 언급을 요약하면 다음과 같다. [이 요가는] 호흡을 조절함으로써 어떻게 프라나의 움직임

21) Feuerstein, G.(1998), p. 81 참조.

22) Banerji(1992), pp. 263~264.

23) Woodroffe(1978), p. 685.

24) Mahamandal(1920), p. 72.

을 통제할 수 있는지를 설명하는 프라나적 신체 리듬에 대한 고대의 과학이다. 그리고 이는 [하타 요가의] 호흡법prāṇāyāma과 혼동해서는 결코 안 된다. 그것은 호흡의 다른 측면과 연관되어 있다. 비록 양자가 프라나를 다루고 있지만, 하타 요가의 호흡법이 프라나의 방향을 바꾸고 통제하는 기법과 연관되어 있는 반면, 스와라 요가는 호흡에 대한 분석과 다른 프라나 리듬의 중요성을 강조하고 있다. 그러므로 스와라 요가가 호흡 수행과 연관되어 있다고 말할 수 있지만, 사실 그것은 훨씬 더 광범위하고 정밀한 과학이다.[25)]

그러나 앞으로 논의 과정에서 밝혀지겠지만 이상의 언급들은 사실상 SSd가 담고 있는 내용의 일부만 나타내 보여 주고 있을 뿐이다.

25) Muktibodhananda(2004), pp. 3~4 참조.

2. 초기 우파니샤드에서 스와라의 의미

우파니샤드 중에서도 초기 문헌군에 해당하는 BĀU와 ChU에서 그 용례를 찾아볼 수 있다. 먼저 전자에는 연이은 두 구절에 아래와 같이 나타난다.

a. 실로 이 영창詠唱, sāman의 부富를 아는 자, 그는 이것의 부를 가지게 된다. 틀림없이 그것의 부는 **스와라**(音) 그 자체이다. 이 때문에 [어떤 이가] 희생제 제관의 일을 하려고 할 때 풍부한 **스와라**를 [가진 목소리를] 얻고자 한다. 풍부하여 완전한 **스와라**로 희생제 제관의 일을 할 수 있다. 또 이와 같은 이유로 사람들은 제식에서 [풍부한] **스와라**를 가진 그(제관), 즉 부를 가진 자를 보고자 한다. 이런 식으로 이것의 부를 아는 자는 틀림없이 이것의 부를 가지게 된다.[26]

b. 실로 이 영창의 금을 아는 자, 그는 틀림없이 이것의 금을 가지게 된다. 틀림없이 그것의 금은 **스와라** 그 자체이다. 이런 식으로 이것의 금을 아는 자는 틀림없이 이것의 금을 가지게 된다.[27]

---

26) tasya haitasya sāmno yaḥ svaṃ veda bhavati hāsya svam/ tasya vai svara eva svam/ tasmādārtvaijyaṃ kariṣyanvāci svaramiccheta/ tayā vācā svarasampannayārtvijyaṃ kuryāt/ tasmādyajñe svaravantaṃ didṛksanta evam/ atho yasya svaṃ bhavati/ bhavati hāsya svaṃ ya evametatsāmnaḥ svaṃ veda//BĀU 1. 3. 25//

27) tasya haitasya sāmno yaḥ suvarṇam veda bhavati hāsya suvarṇam/ tasya vai svara eva suvarṇam/ bhavati hāsya suvarṇaṃ ya evametatsāmnaḥ suvarṇaṃ veda//BĀU 1. 3. 26//

위 인용구들에서 스와라의 뜻은 제관이 영창 할 때의 '음조音調' 또는 목소리로 내는 '음'이다. a와 b의 내용을 정리하여 도식화해 보면, '스와라 = 음조 또는 목소리 = 부富 = 금金'이라 할 수 있다. ChU에서도 스와라의 용례를 발견할 수 있는데 총 일곱 개의 구절로 아래와 같다.

a. 또 바로 이것(호흡)과 저것(태양)은 동일하다. 이것은 따뜻하다. [마찬가지로] 저것도 따뜻하다. 사람들은 이것을 **스와라**(소리)라고 말하고, 저것을 **스와라**(빛 또는 광채)이고 되비침pratyāsvara이라고 말한다. 그러므로 이것과 저것처럼 udgīta를 숭배해야 한다.[28)]

b. "영창은 어디로 갑니까?"라고 [물었다]. "**스와라**(음)[로 갑니다]라고 대답했다. "**스와라**(음)는 어디로 갑니까?"라고 [물었다]. "프라나(호흡)[로 갑니다]라고 대답했다. "프라나는 어디로 갑니까?"라고 [물었다]. "음식[으로 갑니다]라고 대답했다. "음식은 어디로 갑니까?"라고 [물었다]. "물[로 갑니다]라고 대답했다.[29)]

"물은 어디로 갑니까?"라고 [물었다]. "저 세계[로 갑니다]"라고 대답했다. "천계를 넘어가서는 안 됩니다"라고 대답했다.[30)]

---

28) samāna u evāyaṃ cāsau ca/ uṣṇo ' yamuṣṇo ' sau/ svara itīmamācakṣate svara iti pratyāsvara ityamum/ tasmādvā etamimamamuṃ codgīthamupāsīta//ChU 1. 3. 2//. 라다크리슈난(1968)은 이 구절에서 두 번째의 스와라도 '소리'로, 그래서 pratyāsvara를 '반향反響'으로 번역하고 있으나, 태양과 연관지어 볼 때 올리벨Olivelle의 '빛' 또는 '광채'라는 번역이 더 적확한 듯하다. Radhakrishnan(1968), Olivelle(1998) 참조.

29) kā sāmno gatiriti/ svara iti hovāca/ svarasya kā gatiriti/ prāṇa iti hovāca/ prāṇasya kā gatiriti/ annamiti hovāca/ annasya kā gatiriti/ āpa iti hovāca//ChU 1. 8. 4//

30) apāṃ kā gatiriti/ asau loka iti hovāca/ amuṣya lokasya kā gatiriti/ na svargaṃ lokamatinayediti hovāca/ …… //ChU 1. 8. 5//

c. 이에 반해 죽음은 거기서 그런 식으로 찬가讚歌, ṛci에서, 영창에서, 제사祭詞, yajus에서 그들(신들)을 보았다. 마치 물속에 있는 물고기를 보는 것처럼. 이들(신들)이 [이를] 알아차리고서 즉시 찬가들과 영창들과 제사들로부터 솟아올라 바로 그 **스와라**(음)로 들어갔다.[31]

d. 그렇게 그(제관)가 찬가, 영창, 제사를 끝냈을 때 그는 Om이라는 그런 소리를 만든다. 그리고 여기서 불멸이고 두려움 없는 이 음절(Om)은 바로 그 **스와라**(음절)이다. 그것에 들어가서 신들은 불멸이고 두려움이 없게 된다.[32]

e. 그런 지식이 있는 이 음절을 읊조리는 자, 그 자는 불멸이고 두려움이 없는 **스와라**인 바로 이 음절로 들어간다. 그것에 들어가서 신들이 불멸이 되는 것처럼 그는 불멸이 된다.[33]

f. ū 음절은 태양이다. e 음절은 기도이다. au, ho, i는 모든 신이다. hiṃ 음절은 프라자파티이다. **스와라**(음절)는 프라나(호흡)이다. yā[음절]은 음식이다. virāṭ는 말이다.[34]

31) tānu tatra mṛtyuryathā matsyamudake paripaśyedevaṃ paryapaśyadṛci sāmni yajuṣi/ te nu vittvordhvā ṛcaḥ sāmno yajuṣaḥ svarameva prāviśan//ChU 1. 4. 3//

32) yadā vā ṛcamāpnoti omityevātisvarati evaṃ sāmaivaṃ yajuḥ/ eṣa u svaro yadetadakṣarametadamṛtamabhayam/ tatpraviśya devā amṛtā abhayā abhavan //ChU 1. 4. 4//

33) sa ya etadevaṃ vidvānakṣaraṃ praṇautyetadevākṣraṃ svaramamṛtamabhayaṃ praviśati/ tatpraviśya yadamṛtā devāstadamṛto bhavati//ChU 1. 4. 5//

34) āditya ukāraḥ/ nihava ekāraḥ/ viśve devā auhoikāraḥ/ prajāpatirhiṃkāraḥ/ prānaḥ svaraḥ/ annaṃ yā/ vāgvirāṭ//ChU 1. 13. 2//

a에서는 스와라가 '호흡의 소리', 태양의 '빛' 또는 '광채'로 쓰였다. b · c에서는 '음'으로, 이 중 b에서는 이 음이 프라나(호흡)로 간다고 표현되고 있다. d~f에서는 '음절'이란 의미로 사용되었다. 이 중에서 d는 신성한 음절인 Om이 곧 스와라라고 보았고 e도 마찬가지 뜻이다. f에서는 스와라가 호흡이라고 표현되고 있다.

이상의 내용을 종합해 보면 우파니샤드에서 사용된 스와라의 의미는 ① 영창 시 음계의 음 또는 목소리로 내는 음, ② 음절(e, au, om, hiṃ 등과 같은), ③ 호흡의 소리, 프라나(호흡)와 동일한 것, ④ 태양의 빛 또는 광채라고 할 수 있다.

3. 하타 요가 문헌에서 스와라의 의미

하타 요가 문헌에서는 svara 용례가 우파니샤드에서보다 비교적 많이 보인다. 이와 관련하여 본고에서는 9종의 문헌을 사용하였다. 가급적 연대순으로 배열하여 인용하였다. 그러나 일반적으로 고·중세 인도 문헌들은 저자 및 성립연대가 불명확한 경우가 많은 것처럼, 요가 문헌들의 경우도 예외는 아니어서 정확한 연대순이라고 단정할 수는 없다. 또 본고의 논지 전개에서 연대순으로 용어의 전개 양상을 고찰하는 것이 중요한 것도 아니다. 왜냐하면 스와라 용어를 고찰하는 이유가 스와라 요가와 요가 전통 내 다른 요가들의 스와라 용어의 사용례를 통해 의미의 유사성과 차별성을 알아보는 데 있기 때문이다. 또 실제 연대순으로 배열[35)]해 살펴본 결과 시간의 흐름에 따른 의미 변화

35) 여기서 사용한 문헌의 추정 연대는 다음과 같다. Larson(2008), pp. 10~11 참조.

【문헌별 성립 연대 추정】

문헌명	추정 연대
*Bṛhadyogiyājñavalkyasmṛti**	200~700
Yoga Viṣaya	고락나트 이전
Gorakṣa Paddhati	1000~1250
Amṛtabindūpaniṣad	1200~1600
Vasiṣṭha Saṃhitā	1600~1700
Ṣaṭcakranirūpaṇa	1600~1700
Dhyānabindūpaniṣad	상동
Tejobindūpaniṣad	상동
Ss	1650~1700

* 이의 연대에 대해서는 의문이 있다. Feuerstein은 P.V. Kane의 *History of Dharmaśastra*에 언급된 내용을 전거로 삼고 있으나 이는 법서法典, Dharmaśāstra인 *Yajñāvalkyasmṛti*와의 연관성 때문에 그렇게 판단한 것 같다. 그러나 양 문헌의 연관성은 분명치 않아 보이며 *Bṛhadyogiyājñavalkyasmṛti*의 연대와 관련

가 크게 눈에 띄지는 않았다. 그래서 용어가 사용된 구절이나 송들을 의미별로 취합 · 정리하는 것을 우선으로 하고 그 내에서 문헌을 연대별로 배열하는 방식을 취하였다.

이들 문헌에 보이는 스와라라는 용어는 크게 두 가지 의미를 갖는다고 볼 수 있다. ① 음 · 음절 · 모음 · 소리 · 발성 · 발성 기관 등과 같이 소리와 관련된 것이고, ② 호흡 또는 호흡법이다. 우선 ① 중에서도 '모음' 이란 의미로 사용된 구절과 송들을 살펴보면 다음과 같다.

Yogaviṣaya(이하 Yv) :

"미간[의 중앙]에 ḍa에서 pha, ka에서 ṭha [음]과 결합되어 있다. 목구멍 부위에 **스와라**(모음)들이 있다."36)

Vasiṣṭhasaṃhitā(이하 Vs) :

"이것(Om)은 베다의 시작에 **스와라**(모음)로 말해지고 베다들의 끝(우파니샤드)에 확립되어 있다."37)

Ṣaṭcakranirūpaṇa(이하 SCn) :

"붉은색의 충분히 빛나는 꽃잎에 모든 **스와라**(모음)들이 뛰어난 붓디

하여 언급하고 있는 믿을 만한 저작도, 필자로서는 현재까지 발견하지 못했다. 만일 이의 연대가 그렇게 추정된다면 하타 요가의 개조를 논의하는 데도 어느 정도 영향이 있을 것으로 보인다. Feuerstein(2001), p. 422 참조.

36) nāsānte vālamadhye daphakaṭhasahite kaṇṭhadeśe svarāṇām//Yv 12// 여기서 ḍa에서 pha까지 10개 음은 Maṇipūra 차크라, ka에서 ṭha까지 12음은 Anāhata 차크라를 의미한다. BYYs에도 모음이란 뜻으로 쓰이고 있는 구절이 있다. "…… 설배음(반전음)도 아니고 반스와라(모음)도 아니고 자음도 아니고 ……" (na mūrdhanyaṃ na cāntaḥsthaṃ na svaraṃ vyañjanaṃ na ca//BYYs 9. 13//). 이의 산스크리트 본을 구하지 못해 Maheshanandaji(2004)에 인용되어 있는 불완전한 송을, Gharote(1982)의 영역만 실려 있는 저작을 참고하여 번역하였다.

37) yo vedādau svaraḥ prokto vedānteṣu pratiṣṭhitaḥ//Vs 3//

(지성)를 가진 자에게 나타난다."[38]

Dhyānabindūpaniṣad(이하 DBU) :

"신들은 Om 음절에서 나온 것들이다. **스와라**(모음)들은 Om 음절에서 나온 것들이다. 스와라(모음)는 Om 음절에서 나왔다. 움직이는 것과 움직이지 않는 모든 것[즉 우주]인 삼계는 [Om 음절에서 나왔다]."[39]

① 중에서도 위에서 살펴본 모음 이외의 뜻으로 쓰인, 즉 '음', '음절', '소리', '발성'의 의미로 사용된 예는 아래와 같다.

Bṛhadyogiyājñavalkyasmṛti(이하 BYYs) :

"베다의 처음에 언급되고 베다의 끝에 존재하며 [prakṛti로 환합還合[40] 되는] 스와라(소리)는 [지고의 마헤슈와라이다.]"[41] "세 **스와라**(음)[42]로 염송되기 때문에, 세 음traisvaryā이라고 불린다."[43]

---

38) svaraiḥ sarvaiḥ śoṇair dalaparilasitairdīpitaṃ dīptabuddheḥ//SCn 28//

39) oṃkāraprabhavā devā oṃkāraprabhavāḥ svarāḥ/ oṃkāraprabhavaṃ sarvaṃ trailokyam sacarācaram//DBU 16// ABU에도 동일한 용례가 나타난다. "[처음에] 요가를 스와라(신비한 모음 Om)와 결합해야 한다. [그리고] 그 모음이 없는 절대자(속성이 없는 브라만)를 획득해야 한다."(svareṇa saṃdhayedyogamasvaraṃ bhāvayet param//ABU 7//).

40) 필자는 고전 요가의 귀환歸還 과정을 지칭하는 전문어로 환멸還滅이라는 용어를 썼다. 그러나 하타 요가나 SSd의 경우 이원론이 아니라 일원론이어서 근원과의 합일에 초점을 두고 있다. 그래서 이런 의미를 살려 후자의 요가들의 경우 환멸이 아니라 '거슬러 돌아가 합해지다'의 의미인 환합還合이란 용어를 사용하였다.

41) vedādau yaḥ svaraḥ prokto vedānte yaḥ pratiṣṭhitaḥ//BYYs 2. 2//

42) 이들은 ṣadja, ṛṣabha, dhaivata이다.

43) tribhiḥ svarairyadā gītā traisvaryeti tataḥ smṛtā//BYYs 4. 33// 현재 인도에서 기본적으로 사용되는 일곱 스와라(음계의 음) 중 세 개에 해당한다. *Gorakṣa Paddhati*(이하 Gp)에도 스와라가 음이란 의미로 사용되고 있다. "[지고의 빛은 Om이고 그 속에] 삼시三時, 세 베다, 삼계, 세 스와라(음), [세 신격이 있다.]"

Ss[44] :

"인후에 있는 연꽃은 Viśuddha라고 불리는 다섯 번째 [차크라]이다. [이 차크라는] 매우 황금색처럼 보이고 **스와라**(소리)[45]를 가지고 있으며 서로 결합된 열여섯 스와라(소리)가 있다."[46]

Tejobindūpaniṣad(이하 TBU) :

"**스와라**(발성) 기관으로 무엇이 인식되든지, 무엇이 따로따로 검토되든지"[47]

큰 분류의 두 가지 의미 중 둘째인 ② 호흡 또는 호흡법이란 뜻으로 사용된 경우는 Ss의 한 곳에서 사용되고 있어서 우파니샤드보다 오히려 적다고 할 수 있다.

Ss :

"스와라(호흡) 수행자는 조화로운 신체와 향기로운 냄새, 매력적인 외모가 있게 된다."[48]

여기서는 문자 그대로 '호흡' 이란 뜻의 스와라일 뿐 스와라 요가에서 쓰이는 다양한 의미를 함축하고 있지는 않다.

(trayaḥ kālāstrayo vedāstrayo lokāstrayaḥ svaraḥ// Gp 1. 85//). 또 Gp와 거의 유사한 문장(거의 한두 단어만 바뀜)이 Yogamārtaṇḍa(75), Yogaśikhopaniṣad(6. 57), Yogatattvopaniṣad(134)에도 나타나고 있고 그 용례도 ①, ②의 범주에 속한다.

44) kaṇṭhasthānasthitaṃ padmaṃ viśuddhaṃ nāma paṃcamam/ suhemābhaṃ suropetaṃ ṣoḍaśasvaraśobhitam// Ss 5. 121//

45) 이들은 a, ā, i, ī, u, ū, ṛ, ṝ, ḷ, ḹ, e, ai, o, au, ά, aḥ 음이다.

46) kaṇṭhasthānasthitaṃ padmaṃ viśuddhaṃ nāmapañcamam/ suhemābhaṃ svaropetaṃ ṣoḍaśasvarasaṃyutam//Ss 5. 0//

47) yadyat svarendriyairbhāvyaṃ yadyanmīmāṃsyate pṛthak//TBU 5. 86//

48) samakāyaḥ sugandhiś ca sukāntiḥ svarasādhakaḥ//Ss 3. 29//

4. *Śivasvarodaya*에서의 적용

(1) 스와라에 대한 지식의 중요성

SSd에서 스와라라는 용어가 직접 쓰인 곳은 총 395송 중 23송인데, 대략 네 가지 종류로 구분해 볼 수 있다. 첫째, 가장 많은 용례를 보이는 것으로 스와라로 이룰 수 있는 일과 일어나는 일들에 대한 것(9개 송)이다. 둘째, 스와라의 의미를 직·간접적으로 알 수 있는 것들(8개 송)이다. 셋째, 스와라에 대한 지식의 중요성을 말하고 있는 것(7개 송)이 있다. 나머지로 이 지식을 전수해 주지 말아야 할 자의 속성에 대한 것(1개 송)이 있다.

사실상 셋째의 내용은 인도철학의 거의 모든 학파들이 자파의 지식과 수행법을 최고의 가치를 지니며 최상의 것이라 주장하는 것과 같은 맥락이다. SSd에서는 이 점이 다음과 같이 언급되어 있다.

a. 스와라 요가는 다른 모든 지식들을 넘어서는 최상의 것이다.

"스와라의 지식을 넘어서는 신비를, 스와라의 지식을 초월하는 어떤 가치 있는 것을, 스와라의 지식을 능가하는 지식을 보지도 듣지도 못했다."[49] 그러므로 "모든 논서와 purāṇa 등과 전승서, vedāṅga와 관련된 것, 그 어떤 것도 스와라의 지식을 넘어서는 것은 없다. 오, 아름다운 얼굴의 여인이여!"[50] 따라서 "이 svarodaya 논서는 모든 논서들

---

49) svarajñānātparaṃ guhyaṃ svarajñānātparaṃ dhanam/ svarajñānātparaṃ jñānaṃ na vā dṛṣṭaṃ na vā śrutam//SSd 21//

의 최고 중의 최고이다. 램프[의 불빛]처럼 아트만의 항아리를 비추는 것이다."[51]

b. 스와라에 대한 앎은 세속의 삶을 살아가는 데 매우 이롭다. 그 이유는 앞으로 살펴보게 될 뒤의 장들에서 보다 명확해질 것이다. 이 점을 SSd에서는 "형상이 있거나 형상이 없는 것에 vāyu(스와라)의 강력한 작용은 상서롭"[52]기에 "아름다운 얼굴의 여인이여, 어떤 이들은 스와라에 대한 앎이 상서롭다고 말한다"[53]고 언급하고 있다.

c. b의 연장선상에서, 스와라에 대한 지식을 습득한 스와라 요가 수행자는 최고의 요가 수행자이며 세속에서 가장 존경받을 만하다.

"스와라 지식의 비밀을 넘어서는 어떠한 바라는 신격도 없"[54]기에 "스와라 지식의 [탐구]에 열중하는 요가 수행자, 그는 최고의 요가 수행자로 여겨진다."[55] 그리고 "Om이 모든 베다에서, 태양이 브라마나에서 [경배되는 것]처럼 그처럼 질병의 세계(이 세속)에서 스와라에 대한 지식을 가진 수행자 역시 존경할 만한 사람이다."[56] 반대로 "스와라[에 대한 지식이] 없는 예언가는 마치 주인 없는 집과 같고 논서[에 대한 지식이] 없는 입과 같으며 머리 없는 몸[과 같다]."[57]

다음과 같은 사람은 지식을 전수해 주기에 부적절하다.

---

50) sarvaśāstrapurāṇādi smṛtivedāṅgapūrvakam/ svarajñānātparaṃ tattvaṃ nāsti kiñcidvarānane//SSd 25//

51) idaṃ svarodayaṃ śāstraṃ sarvaśāstrottamottamam/ ātmaghaṭaprakāśārthaṃ pradīpakalikopamam//SSd 27//

52) sākāre vā nirākāre śubhaṃ vāyubalātkṛtam/ …… //SSd 19//

53) …… kathayanti śubhaṃ kecitsvarajñānaṃ varānane//SSd 19//

54) svarajñānarahasyāttu na kāciccesṭadevatā/ …… //SSd 140//

55) …… svarajñānaratoyogī sa yogī paramo mataḥ//SSd 140//

56) praṇavaḥ sarvavedānāṃ brāhmaṇe bhāskaro yathā/ mṛtyuloke tathā pūjyaḥ svarajñānī pumānapi//SSd 390//

57) svarahīnaśca daivajño nāthahīnaṃ yathā gṛham/ śāstrahīnaṃ yathā vaktraṃ śirohīnaṃ ca yadvapuḥ//SSd 17//

"사악하고 극악무도하고 잔인하고 믿음이 없고 스승의 부인과 성적 교합을 하고 순수함을 버리고 악행을 저지르는 [자에게] 스와라에 대한 지식을 주어서는 안 된다."[58)]

이 내용도 인도 수행론의 '비인부전非人不傳' 이라는 전통적 가치관이 그대로 전승되고 있는 예라 할 수 있다.

(2) 스와라의 의미

뒤에 다루게 될 SSd의 내용 전체를 보면 '스와라' 라는 용어가 직접 사용되진 않았지만, 그 내용을 보면 문맥상 바꿔서 써도 동일한 의미를 나타내는 표현들이 여러 가지 있다. 스와라가 이들 표현으로 대체되어 나타나기 때문에 직접적으로 스와라라는 용어가 나타나는 빈도는 낮다. 우선 이들 용어가 직접적으로 사용된 송들을 대상으로 그 의미를 파악해 보겠다. 대략적으로 크게 두 가지 의미로 나눠 볼 수 있다.

첫째, 아래 16송과 20송을 보면 스와라는 대우주와 소우주 전체를 구성하는 기본 질료적 원리이자 요소이며, 그 본성은 아트만과 같고 마헤슈와라의 권능을 가진다는 것을 알 수 있다.

그리고 스와라 속에 베다와 논서들이, 스와라 속에 최고의 음악이, 스와라 속에 모든 삼계가 있다. 스와라는 아트만의 본성이다.[59)]

58) duṣṭe ca durjane kruddhe nāstike gurutalpage/ hīnasattve durācāre svarajñānaṃ na dīyate//SSd 14//

59) svare vedāśca śāstrāṇi svare gāndharvamuttamam/ svare ca sarvatrailokyaṃ svaramātmasvarūpakam//SSd 16//

전체 우주와 [이의] 부분 모두는 실로 오직 스와라로 만들어졌다. 스와라는 창조자이고 파괴자이며 명백히 마헤슈와라이다.[60)]

위 송들에서 베다와 논서들은 최고의 지식을, 최고의 음악은 불멸의 소리 'Om'[61)]을 상징하는 것으로 볼 수 있다. 또 전체 우주, 즉 대우주 · 소우주가 스와라로 만들어졌다는 점으로 보아 스와라가 일종의 근본 질료인으로 인식[62)]되고 있으며, 따라서 삼계도 모두 스와라로 만들어졌기에 이것이 스와라 속에 있는 것은 당연한 귀결이다. 그리고 스와라가 아트만의 본성을 가지고 있고 마헤슈와라[63)]와 동일시되고 있는 것은 스와라가 프라나의 의미도 담고 있다는 점과 연결된다. 고古우파니샤드에서 프라나가 예지 또는 인식 주체로, 더 나아가 "프라나는 브라만이다"라는 명제처럼 최고 실재로서의 프라나[64)]로 인식되는 것과 궤를 같이 한다고 볼 수 있다. 그래서 스와라는 베다에서의 Om, 브라마나에서의 태양과 같은 것으로 여겨지고, 이에 대한 지식,

60) brahmāṇḍa khaṇḍa piṇḍādyāḥ svareṇaiva hi nirmitāḥ/ sṛṣṭisaṃhārakarttā ca svaraḥ sākṣānmaheśvaraḥ//SSd 20//

61) "인도 음악은 제의에서 시작되었고 이로부터 발전된 음악은 …… 신성한 가르침을 전달하며 성찰하고 깨달아가는 목적을 가지고 있으므로 일종의 수행으로 인식되어 왔다." 윤혜진(2009), p. 268. 이 점과 앞서 살펴본 ChU 1. 4. 3~5를 참고하여 'Om' 으로 추론하였다.

62) 전체 우주가 스와라로 만들어졌지만, 스와라는 창조자이자 파괴자이며 마헤슈와라로 인식되고 있다. 한편 실제적 질료에 해당하는 5요소가 마헤슈와라에서 생겨났다. 이러한 연관관계에서 '5요소는 스와라가 실재로 전개될 수 있는 바탕이 되는 피동적 물질적 기초' 라고 한다면 '스와라는 이들 요소를 이합집산離合集散시키는 의지이자 에너지적 역할' 을 하는 것으로 간주될 수 있다.

63) 이는 '지고의 주主' 라는 뜻으로 지식의 주로서 세 머리 형태로 된 쉬바를 지칭하는데, 이 형태는 쉬바의 창조, 유지, 파괴적 측면을 나타낸다. Stutley(2003), p. 84 참조. 즉 속성을 가지고 현현되어 나타나므로 전개된 우주에 속하는 쉬바를 의미한다고 볼 수 있다. 이는 다음 장 세계전개도에서 보게 될 마헤슈와라의 위치에서도 잘 드러난다.

64) 정승석(1996), p. 281 참조.

즉 "이 svarodaya 논서는 …… 램프[의 불빛]처럼 아트만의 항아리를 비추는 것"[65]이어서 "이 지식을 가진 자는 세속에서 존경받을 만하다"[66]고 언급된다.

둘째, 스와라는 호흡이다. 이는 소우주인 신체에서 물리적으로 알 수 있는 호흡으로 나타난다는 의미이고 대우주의 움직임과 직접적으로 연결되어 있다.

> a. 이제 신체 내 스와라의 일어남을 설명하겠다. haṃsa의 양태로 움직이는 스와라를 [안다면] 수행자는 삼세가 생겨나는 데 대한 지식을 얻을 것이다.[67]

> b. ha 음과 sa 음의 구분 없이 어떻게 스와라[에 대한 앎]이 있을 수 있겠는가? so ' haṃ, haṃsa라는 단어로 그렇게 수행자는 언제나 성취를 이룬다.[68]

앞서 언급했던 첫째의 '질료적 성격을 가진 스와라' 를 안다는 것은 전체 우주와 관련된 모든 것을 안다는 것이다. 즉 대우주와 소우주의 일치 · 상응성[69]에 근거하여, 스와라 흐름의 양상을 알면 궁극 원리에서 전개된 그 이하의 원리들에 대해서는 저절로 모두 알 수 있게 된다는 의미이다. 위 a · b의 내용에 따르면 이 스와라의 움직임이 신체에

65) SSd 27송, 각주 51) 참조.

66) SSd 390송, 각주 56) 참조.

67) atha svaraṃ pravakṣyāmi śarīrasthasvarodayam/ haṃsacārasvarūpeṇa bhavejj-ñānaṃ trikālajam//SSd 10//

68) hakārasya sakārasya vinā bhedaṃ svaraḥ katham/ so ' haṃ haṃsapadenaiva jīvo jayati sarvadā//SSd 249//

69) 뒤의 제5장 1. 소우주, 대우주의 반영 참조.

서 haṃsa, so'haṃ의 형태로 나타난다. 여기서 ha 음은 들숨을, sa 음은 날숨을 의미하므로 haṃsa란 들숨과 날숨, so'ham이란 날숨과 들숨을 의미한다.[70] 따라서 수행자는 단지 이 들숨과 날숨, 날숨과 들숨을 잘 살펴봄으로써 소우주의 스와라의 움직임을 앎과 동시에 이에 상응하는 대우주에서의 스와라의 양태를 알 수 있다. 무시간성의 궁극 원리에서 스와라로 이뤄진, 유시간성의 전개된 세계가 나오므로 스와라에 대한 앎은 자연스럽게 삼세의 생겨남을 이해할 수 있게 된다.

그러나 직접적으로 '스와라'라는 용어를 사용하지는 않지만, 뒤에서 볼 '제4장 신체론 2. 하타 요가와 *Śivasvarodaya*의 나디관'에서 '스와라'는 양 콧구멍을 통한 '호흡'이나 '호흡의 소리'이거나, 또는 이것이 신체 내에서 미세 에너지의 형태로 흘러 다니는 '프라나'이거나, 이 프라나가 흘러 다니는 통로인 나디 등의 의미를 담고 있는 것으로 보인다. 그래서 '오른쪽 스와라가 흐른다'는 말은 '오른쪽 콧구멍으로 호흡이 더 강하게 흐르고 있다, 오른쪽 콧구멍에서 호흡의 소리가 발생한다, 오른쪽 나디인 핑갈라로 스와라(프라나)가 흐르고 있다, 태양 스와라가 흐르고 있다'와 같은 의미이다. 따라서 들숨과 날숨에 대한 관찰보다는, 수행자가 스와라의 일어남과 움직임의 양태를 소우주인 신체, 특히 양 콧구멍의 호흡 강약에 대한 관찰로 알 수 있고, 역으로 양 콧구멍에서 일어나는 호흡 강약에 대한 의도적 조절 · 변화를 통해 전체 우주의 일부인 세속에서 원하는 바를 성취할 수 있게 된다고 본다.

이 점은 스와라 요가를 다루고 있는 아래와 같은 저서들에서도 한결같이 동일하게 설명하고 있다.

70) SSd 50송, 각주 336) 참조.

묵티보다난다Muktibodhananda :

"스와라는 어원학적으로 '자신의 호흡 소리'를 …… 의미한다. …… 스와라 요가 수행을 통해서 수행자는 우주의 생기 에너지의 매개로서 호흡을 깨달을 수 있게 된다."[71)]

쉬바프리야난다Sivapriyananda :

스와라는 호흡과 그 소리이다.[72)] "이(스와라 요가)는 호흡 조절 기법이 아니고 호흡의 패턴과 생기 에너지를 조화하기 위한 일반적 호흡 작용을 이용하는 방식이다."[73)]

쉬바난다Sivananda :

"스와라는 콧구멍을 통해 호흡되는 공기뿐 아니라 코를 고는 것도 의미한다. …… 스와라 또한 호흡을 의미한다."[74)] 그리고 "스와라 요가는 생기 원리의 활동과 프라나, 신체 내 생기의 작용을 완전하게 분석한 고대 인도의 과학이자 기법이다."[75)]

프라사드Prasad :

스와라란 생기 파동의 흐름, 대大호흡, 인간의 호흡이고, 이 대호흡은 삶의 어떤 층위에서도 다섯 변형, 즉 요소tattva들을 가진다.[76)]

이상과 같은 둘째의 의미를 앞서의 첫째 의미와 종합해 보면, '세

71) Muktibodhananda(2004), p. 4.
72) Sivapriyananda(2005), p. 4 참조.
73) Sivapriyananda(2005), p. 4.
74) Sivananda(2000), p. 14.
75) Sivananda(2000), p. 12.
76) Prasad(1998), p. 224.

계의 질료적 원리이자 요소이고, 그 본성이 아트만과 같고 마헤슈와라의 권능을 가지는 것'인 스와라는 신체에서 호흡, 특히 콧구멍 호흡과 이다 · 핑갈라의 활성화, 둘 중 한쪽 나디로 생기 에너지(프라나)의 흐름으로 나타난다고 할 수 있다.

그리고 SSd에는 스와라가 이 세계에서 현상화되고 기능하는 방식에 대해서도 구체적으로 서술되어 있다.[77] 이들 내용은 아래의 ⓐ~ⓓ와 같이 대략 네 가지로 분류해 볼 수 있다.

ⓐ 위의 두 의미의 연장선상에서 이해될 수 있는 것으로, 스와라와 세계 구성의 구체적 질료인인 5대 요소의 성질과 연관된 것들이다. 이는 '제3장 5요소론'에서 자세히 다룰 내용이지만, 여기서 개괄해 보면 다음과 같다. 현재 자신의 신체 내 지배적인 요소는 하타 요가에서 ṣaṇmukhī mudrā라 부르는 행법을 통해 색상으로, 또 콧구멍 내 호흡의 위치(중앙 · 아래 · 위 등)와 거울 위 콧김의 모양(사각 · 반월 · 삼각, 타원형 또는 원이나 점으로 된 타원형)으로 알 수 있다. 각 요소는 색, 맛, 신체 내 위치, 호흡의 길이 등의 속성이 있고 행성과 항성, 별자리, 황도대와 연동한다. 또 세속에서 일어나는 일과 각 지배 요소는 연관되어 있다. 즉 유익함 · 불길함, 해야 할 일, 피해야 할 일 등을 알 수 있는 지표가 된다.

ⓑ 다음은 위 내용 중 특히 스와라와 대우주, 그 중에서도 천체와의 연관성에 대한 것이다.[78]

> 세상의 요소들에 대해 아는 자는 태양이 meṣa로 들어가는 때(meṣasaṅkrānti)에 스와라의 차이를 살펴봐야 한다. [그러면] 한 해의 결과를

---

77) SSd 145~204송에 걸쳐 자세하게 설명되고 있다.

78) 스와라 요가의 기본 원리가 황도대를 따른 달과 태양의 운행 변화에 따른 요소들, 호흡 등의 변화에 기초하고 있으므로 전체를 관통하여 대우주 중 천체와 소우주인 인체의 관련을 토대로 하고 있다.

> 말할 수 있을 것이다.[79]

이는 세계가 스와라로 이뤄져 있기에 모든 존재는 연관되어 있고 수행자는 자신의 스와라, 즉 호흡을 통해 앞서 살펴본 바와 같은 두 가지를 알 수 있다. 즉 하나는 전개된 세계에서 일어나는 일들과 그 일들의 미래까지 알 수 있는 것이고, 다른 하나는 요소와 행성, 항성, 별자리, 황도대가 연관되어 있다는 것이다. 후자는 황도대를 따라 이동하는 행성과 항성의 움직임에 따라 양 콧구멍에서 호흡의 강도가 교대적으로 변화하고, 이러한 호흡의 변화를 관찰해 보면, 즉 신체 내 스와라의 움직임을 살펴보면 지상에서 일어나는 일에 대한 예측이 가능하다는 의미이다. 대우주와 소우주의 상응 · 일치라는 기본 원리를 천체와 인체의 직접적인 상응과 일치의 형태로 연결 지어 세부적으로 설명하고 있다.[80]

ⓒ 이상의 ⓐ, ⓑ의 원리에 근거하여 SSd 전반을 통하여 다양한 세속의 일, 즉 홍수 · 한발 · 풍작 · 기근 등 지상의 자연에서 일어날 수 있는 일들에 대한 예측과 더불어 임신, 태아 성별 구분, 여성을 매혹함, 전쟁, 질병 등과 같은 인사人事적인 일들의 향후 결과를 미리 예측하는 법을 설명하고 있다. 그리고 콧구멍 호흡의 조절을 통해 원하는 결과를 성취하는 법들을 제시하고 있다.

> 그리고 공空이 있다는 것을 알게 되면 머리에 상해가 있을 것이다. 이런 식으로 다섯 유형의 상해가 스와라 논서에 밝혀져 있다.[81]

---

79) meṣasaṅkrāntivelāyāṃ svarabhedaṃ vicārayet/ saṃvatsaraphalaṃ brūyāllokānāṃ tattvacintakaḥ//SSd 305//

80) 이는 제5장 *Śivasvarodaya*의 수행론에 자세히 설명되어 있다.

81) śirasi vyomatattve ca jñātavyo ghātanirṇayaḥ/ evaṃ pañcavidho ghātaḥ svaraśāstre prakāśitaḥ//SSd 253//

데비여! 스와라와 요소[에 대한 지식]을 통해 전쟁, 여성을 매혹함, 그리고 임신, 질병[의 결과에 대한 예측]이 즉각적으로 말해진다.[82)]

스와라의 힘으로 적을 패퇴시킬 수 있고 그런 식으로 친구를 만날 수 있을 것이다. 스와라의 힘으로 부의 획득이, 명예[의 성취가 있고], 스와라의 힘으로 즐거움[의 향수가] 있다.[83)]

스와라의 힘으로 [결혼을 위한] 소녀를 얻음이, 스와라로 왕을 접견함이 있다. 스와라로 신성의 성취가 있고 스와라로 왕을 통제할 힘을 얻는다.[84)]

스와라는 여행을 할 수 있게 한다. 그렇게 스와라의 힘으로 [좋은 음식을] 먹고 스와라의 힘으로만 빠른 배설물(소변)과 긴 배설물(대변)을 제거시킬 수 있을 것이다.[85)]

ⓓ 이를 바탕으로 수행자가 스와라의 흐름을 따름으로써 상서로운 결과 즉 그가 언제든, 어떤 일에서든 성취를 이룰 수 있게 되고, 한 걸음 더 나아가 스와라, 즉 호흡의 조절을 통해 스와라로 이뤄진 세계에서 성취의 방향으로 자신을 이끌어 나갈 수 있다는 관념으로 자연스럽게 연결된다.

---

82) svaratattvaṃ tathā yuddhaṃ devi vaśyaṃ striyastathā/ garbhādhānaṃ ca rogaśca kalārddhenaivamucyate//SSd 393//

83) śatruṃ hanyātsvarabale tathā mitrasamāgamaḥ/ lakṣmīprāptiḥ svarabale kīrtiḥ svarabale sukham//SSd 22//

84) kanyāprāptiḥ svarabale svarato rājadarśanam/ svareṇa devatāsiddhiḥ svareṇa kṣitipo vaśaḥ//SSd 23//

85) svareṇa gamyate deśo bhojyaṃ svarabale tathā/ laghudīrghaṃ svarabale malaṃ caiva nivārayet//SSd 24//

그러므로 데비여, 불길한 때는 현재에도 없고 미래의 어떤 때에도 결코 없을 것이다. 순수한 스와라의 힘을 획득하게 될 때 실로 모든 상서로운 결과를 [얻게 된다].[86)]

스와라의 지식을 아는 자가 있는 곳보다 가치 있는 것은 없다. 왜냐하면 사람이 스와라의 지식으로 움직이게 되면 쉽게 결과를 얻을 것이기 때문이다.[87)]

스와라에 대한 지식의 힘 앞에서는 천만 가지의 힘도 무용無用하게 될 것이다. 이 세상에서 [또는] 이외의 다른 곳에서도 스와라의 지식을 가진 자는 언제나 [가장] 강력하다.[88)]

스와라에 대한 지식이 있는 사람의 발 아래에 Lakṣmī가 있을 것이다. 그리고 어느 곳에서나, 언제나 그는 행복하고, 신체에도 [편안함이] 있을 것이다.[89)]

이상으로 보았을 때 SSd에서 사용되는 '스와라' 라는 말은 전체 우주를 구성하는 질료인이자 본성이 아트만과 같고, 마헤슈와라의 권능을 가진 것이자 신체에서 호흡으로 나타나는 것으로 생기 에너지인 프라나란 뜻을 갖는다고 할 수 있다. 이는 SSd의 스와라 용례의 스와

86) kuyogo nāstyato devi bhavitā vā kadācana/ prāpte svarabale śuddhe sarvameva śubhaṃ phalam//SSd 30//

87) svarajñānī naro yatra dhanaṃ nāsti tataḥ param/ gamyate svarajñānena hyanāyāsaṃ phalaṃ bhavet//SSd 214//

88) svarajñānabalādagre niṣphalaṃ koṭidhā bhavet/ ihaloke paratrāpi svarajñānī balī sadā//SSd 270//

89) svarajñānaṃ nare yatra lakṣmīḥ padatale bhavet/ sarvatra ca śarīre 'pi sukhaṃ tasya sadā bhavet//SSd 389//

라 의미가 하타 요가에서 사용된 스와라의 용례, 즉 소리 · 음 · 음절 · 모음 · 소리 · 발성이나 호흡, 호흡법과 우파니샤드의 용례, 즉 영창의 음과 음절, 호흡과 호흡의 소리, 호흡의 의미를 포함하고 있을 뿐 아니라 더 포괄적인 의미를 담고 있다는 점을 보여준다.

SSd의 스와라 의미는 우파니샤드의 프라나 관념과 많이 유사하다. 우파니샤드에 나타난 프라나 의미는 대체로 네 가지 의미로 분류할 수 있는데, 그 내용은 다음과 같다. "① 감각 기관의 주재자로서의 프라나. ② 숨의 다섯 가지 기능, 즉 소위 5風vāyu의 통괄자로서의 프라나. ③ 예지 또는 인식 주체로서의 프라나. ④ '프라나는 브라만이다' 라는 명제처럼, 최고 실재로서의 프라나. 이는 또 아트만에도 그대로 적용될 수 있다."[90] 즉 "모든 것의 근원적 원천이고 여러 가지 호흡(apāna 등)과 감관들로서 신체에 나타나는 개인의 불멸의 내적 본질"[91]이라고 할 수 있다. 다만 SSd의 내용과 비교해 보았을 때 세계를 구성하는 질료인적 성격은 잘 드러나 있지 않다고 볼 수 있다.

탄트라 형이상학에서 주요 원리 중 하나로 다뤄지는 샥티 관념도 세계의 전개와 환합還合의 원천이자 세계 구성의 질료인적 성격을 띤다는 점에서 스와라 의미와 유사한 점이 있다. 탄트라에서 샥티는 쉬바와 절대 분리할 수 없고 하나는 반드시 다른 하나를 동반하는 원리이다. 즉 독립적으로 서로 함께 결합해서 공존하는 두 원리로 양자는 궁극적으로는 하나이고 같다. 왜냐하면 이 둘은 영원하고 무한한 브라만 또는 초월적 쉬바가 현현된 두 원리이기 때문이다. 기본적으로 쉬바가 정靜적이라면 샥티는 동動적 성격을 띠는 원리이다. 쉬바와 이러한 관계를 갖는 샥티의 성격에 대해 사스트리Sastri는 다음과 같이 언

90) 이는 정승석 교수가 중조일성中祖一誠의 견해를 바탕으로 일목요연하게 정리해 놓은 것을 인용한 것이다. 정승석(1996), pp. 280~281.

91) Connolly(1992), p. 57.

급한다. "샥티는 모든 존재의 뿌리이다. 샥티로부터 우주들이 전개된다. 샥티에 의해 우주들이 유지되고 이들은 종국에 샥티로 환합還合된다."[92] 다시 말해, 샥티는 우주를 창조하고 유지하고 지배하는 신성한 에너지이고 주로 우리의 주의를 사로잡고 경이로움과 두려움으로 우리를 압도하는 것이기도 하다. 그리고 여기서 창조는 환영으로 완전히 묵살되는 것이 아니고 제한된 실재로 간주된다.[93] 비록 샥티가 SSd의 스와라 의미 중 신체 내 프라나라는 관념은 담고 있지 못하지만 이를 제외하고는 상당 부분 유사하다.

결론적으로 SSd의 스와라 관념은 우파니샤드의 프라나와 탄트라의 샥티 관념을 모두 포괄하고 있다고 볼 수 있겠다.

92) Sastri(2001), p. 351.

93) Bose(2004), pp. 52~53 참조.

제2장

세계전개론

세계전개론

우주론이라고 바꿔 말할 수도 있는 세계전개론은, 고대 인도의 사상에서 크게 세 종류로 나타난다고 볼 수 있다. 첫째는 전변설pariṇāma-vāda로 인중유과론因中有果論의 관점에 입각한 것으로 상키야와 초기 베단타 학파의 견해가 여기에 해당한다. 둘째는 적취설ārambhavāda로 인중무과론因中無果論에 근거하고 있는데, 니야야와 바이쉐시카 학파의 견해이다. 마지막은 가현설vivaratavāda로 샹카라 이후의 불이일원론자들의 우주론을 특징짓는 용어로 사용되었다. 이 중 전변설과 가현설은 어느 정도 연관성을 갖는데, 전자는 원인과 결과가 모두 동일한 실재성과 진실성을 가진다고 보았다. 반면, 후자는 원인인 브라만만이 진실이고 실재이며, 실재라고도 비실재라고도 할 수 없는 무지(마야)와 그 전개인 세계가 있다고 본다. 그러므로 가현설은 원인과 결과의 진실성과 실재성을 인정하는 전변설과 어느 정도 차별을 전제하고 있다.[94)]

어떻게 보면 실재적 증명 가능성이 거의 없는 위와 같은 세계전개론에 대해 왜 관심을 가질 필요가 있는 걸까? 물론 리그베다의 찬가에

94) 마에다 센가쿠(2005), pp. 106~109 참조.

서처럼 광대한 우주를 감탄과 경외, 당혹감으로 받아들였을 고대 현자들의 우주에 대한 관심과 이를 알고자 하는 열망에서 우주론, 즉 세계전개론의 발생 이유를 찾을 수 있을 것이다. 그러나 세계전개론에 대한 지속적인 관심과 발전이 있어 온 것이 단순히 세계를 이해하고자 하는 지식욕만으로 추동되어 온 것은 아닐 것이다. 인도의 거의 모든 학파들이 주장하듯이 이 전개된 세계는 생명을 가진 존재들에게 고통에 기반한 업과 윤회라는 속박의 사슬로 작용한다. 따라서 그 속에 위치한 '나' 라는 존재를 에워싼 속박을 벗어나고자 하는 강렬한 열망이 발생하고, 이는 자연스럽게 세상을 해석하는 차원을 넘어서 원래 고통이 없는 상태로 돌아가고자 하는 방법들을 궁구하게 되었을 것이다. 그것이 바로 수행론이다. 이런 측면에서 세계전개 과정을 잘 이해하는 것은 실천을 중시하는 모든 유파의 요가를 이해하기 위해 선행되어야 할 작업이라 할 수 있다. 왜냐하면 요가의 각 유파의 실천 수행체계는 세계가 전개되어 나온 근원으로 거슬러 올라가는 귀환 과정에 기본 바탕을 두고 정립되었기에, 거슬러 오름을 위한 지도地圖 역할을 하기 때문이다.

따라서 SSd의 사상을 이해하기 위해서 먼저 이의 세계전개론을 살펴볼 필요가 있다. 그러나 이 문헌에는 세계전개의 과정이 구체적으로 드러나 있지 않다. 전체 395송 중 단 4송[95]만이 전개에 대해 언급하고 있다. 이들만으로는 전개의 과정을 알 수 없다. 따라서 여기서는 고전 요가와 하타 요가의 세계전개론을 살펴보고 SSd의 관념이 어느 쪽의 전개론에 더 가까운지에 대해 알아보도록 하겠다.

95) 6~8송, 199송. 이들 송은 뒤에 SSd의 세계전개론에서 다룬다.

1. 고전 요가의 전변설

흔히 고전 요가, 즉 파탄잘리 요가는 기본적으로 상키야의 주요 이론 및 용어를 대부분 수용하는 것으로 알려져 있다. 그래서 고전 요가의 전변론을 설명할 때 상키야의 25원리 전변론을 차용해서 설명하기도 한다. 사실상 고전 요가의 이 25원리론의 핵심은 Ys와 YBh의 서술 방향으로 볼 때 초점이 심心의 전변뿐 아니라, 특히 환멸還滅 과정의 이해를 위해 제시된 것이라 할 수 있다. 그러나 근본원질에서 세계를 구성하는 5조대 요소까지 전변하는 과정을 말하고 있으므로 세계의 전개 과정의 기초를 담고 있기도 하다. 즉 근원에서 현상 세계가 어떻게 전개되어 나왔는가 하는 점을 보여주는 측면이 있다.

고전 요가의 세계전개론은 Ys 2장 19송에 나타나는데, 그 목적은 "지각 대상인 성분들(3질)의 다양한 본성을 확정하기 위해"[96] 개시된 것이다.

> 성분들은 차별(차이가 있는 것), 무차별(차이가 없는 것), 표징뿐인 것, 표징이 없는 것으로 구분된다.

대부분의 Ys 경문들이 그러하듯, 이 경만으로는 세계전개의 방향과 개개 구성 요소를 명확히 알 수 없으므로 YBh의 주석을 통해 구체적으로 보면 다음과 같다. 먼저 차별이 있는 '공空 · 풍風 · 화火 · 수水 · 지地'가 차별이 없는 '성聲 · 촉觸 · 색色 · 미味 · 향香'으로, 또 차별

96) '3질'은 필자가 삽입함.

이 있는 '지각기관들(귀 · 피부 · 눈 · 혀 · 코)과 행위기관들(성대 · 손 · 발 · 항문 · 생식기)과 마음manas' 이 자아의식asmitāmātra으로 전변되었다. 이는 무차별의 원리가 차별의 성격을 지닌 원리로 변형되는 차별 전변이다. 다음으로 마하트에서 앞의 5미세 요소와 자아의식이 나오는 무차별 전변이 일어난다. 그런 뒤 셋째 전변이 설명된다. '표징뿐인 것(마하트)' 이 '표징이 없는 것(근본원질)' 으로 돌아간다. 이 표징이 없는 것은 순수정신과 더불어 영원히 존재하는 원리[97]이고 양자의 접촉을 통해서 전변이 발생한다.

여기서 무차별 내의 두 원리, 즉 자아의식과 5미세 요소의 전개에서의 선후성先後性이 나타나 있지 않다. 그러나 기본적으로 더 미세한 것에서 조대한 것이 전개된다는 YBh의 관점[98]에서 보면, 자아의식에서 5미세 요소가 전개된 것으로 볼 수 있다. 왜냐하면 YBh 1. 45에서 다음과 같이 말하고 있기 때문이다.

> 이것들(5미세 요소)의 경우에는 아만ahaṃkāra이, 또한 이것(아만)의 경우에는 '표징뿐인 것(통각)' 이 미세한 대상이며, '표징뿐인 것' 의 경우에도 '표징이 없는 것(원질)' 이 미세한 대상이다.

상키야에도 이러한 전변의 과정이 *Sāṃkhya Kārikā*(이하 Sk)의 21, 22송에 언급되어 있다.

> 순수정신은 [근본원질을] 보기 위해 또 근본원질은 [순수정신의] 독존을 위해, 마치 절름발이와 맹인처럼 양자도 역시 결합한다. 이(결합)에

97) YBh 2. 19 참조.

98) 고전 요가철학의 전개를 이해하는 방식을 정승석 교수는 다음과 같이 설명한다. "요가철학은 …… 그 각각(각 원리들)의 인과 관계를 미세성과 조대성에 근거하여 파악했다고 이해된다." 정승석(2001), p. 162.

의해 창조가 행해진다.[99]

> 근본원질로부터 마하트가 있고, 그로부터 자아의식ahaṃkāra이 있고, 또 그로부터 16으로 된 무리가 있다. 다시 그 16으로 된 것 내의 5[미세 요소]로부터 5조대 요소가 있다.[100]

위 두 송을 요약해 보면 '순수정신이 근본원질을 봄(조명)으로써 근본원질로부터 마하트가, 통각으로부터 아만我慢, ahaṃkāra이, 아만으로부터 5미세 요소와 11근이, 5미세 요소로부터 지地 · 수水 · 화火 · 풍風 · 공空의 5조대 요소가 생긴다' 고 할 수 있다. Ys와 YBh의 무차별 내의 전개 과정이, Sk에서 '통각으로부터 아만이, 아만으로부터 5미세 요소가 생긴다' 고 보다 분명하게 설명되고 있다. 보다 명료한 이해를 위해 Ys와 YBh, Sk의 설명 내용을 종합하여 그림으로 작성해 보면 다음 페이지의 도표와 같다.

앞서 살펴본 바와 같이 상키야가 세계전개를 설명해 나가는 순서를 보면 고전 요가와는 반대이다. 고전 요가는 현실을 구성하는 조대한 요소에서 출발하여 보다 미세한 것, 궁극의 원인으로 설명하고 있는 반면, 상키야는 절대의 궁극 원리와 보다 미세한 것에서 조대한 쪽으로 설명하고 있다. 이는 아마도 고전 요가는 현재의 고통스러운 현실을 극복하여 궁극에 이르고자 하는 실천 수행론 중심의 철학이고, 상키야는 세계를 이해하는 지식에 보다 중점을 두는 철학이라는 차이에서 기인하는 것이라 생각된다.

다음으로, 전개의 마지막이자 조대한 물질이 쪼개질 수 있는 최소

---

99) puruṣasya darśanā ' rtham kaivalyā ' rthaṃ tathā pradhānasya/ paṅgvandhavad ubhayor api saṃyogas, tatkṛtaḥ sargaḥ//Sk 21//

100) prakṛter mahāṃs, tato ' haṃkāras tasmād gaṇaś ca ṣoḍaśakaḥ/ tasmād api ṣoḍaśakāt pañcabhyaḥ pañcabhūtāni//Sk 22//

【도 1】 고전 요가와 상키야의 세계전변도

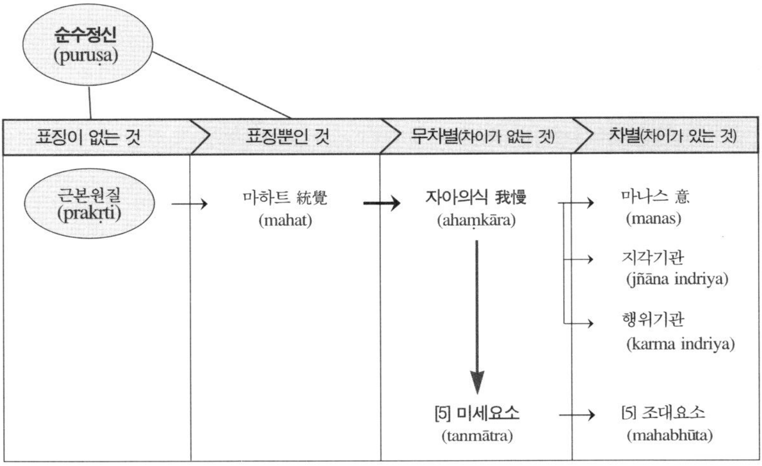

단위인, 그래서 극미 원자paramāṇu로 표현되는 5조대 요소가 5미세 요소로부터 어떻게 전개되었는지 살펴보자. 이는 YBh에 다음과 같이 서술되어 있다.

> 거기서 공空, 풍風, 화火, 수水, 지地라는 요소들은 성聲, 촉觸, 색色, 미味, 향香이라는 미세 요소인 무차별이 차별로 [전변]된 것이다.(2. 19)

> 성분들 중에서 16(11기관+5조대 요소)으로 이루어진 이것이 차별 전변이다. 여섯 무차별이란 예를 들어 [5조대 요소로 전변할 때] 성유聲唯, 촉유觸唯, 색유色唯, 미유味唯, 향유香唯라는 1, 2, 3, 4, 5의 특성을 갖는 것들, 즉 소리(聲) 따위의 다섯 무차별과 자아의식뿐인 제6 무차별이다.(2. 19)

> 지地 원자의 경우에 미세한 대상은 향香이라는 미세 요소이고 수水의 경우에는 미味라는 미세 요소가, 화火의 경우에는 색色이라는 미세 요소

가, 풍風의 경우에는 촉觸이라는 미세 요소가, 공空의 경우에는 성聲이라는 미세 요소가 미세한 대상이다.(1. 45)

상키야에서는 5미세 요소로부터 5조대 요소가 각기 일 대 일의 방식으로 전개된다는 견해가 통용되기도 했으나, YBh의 "1, 2, 3, 4, 5의 특성을 갖는 것들"이라는 구절에서도 알 수 있듯이 5조대 요소의 전개에는 5미세 요소가 누적되어 전개된다고 할 수 있다. 즉 '**성**聲 → [공空], **촉**觸+성聲 → [풍風], **색**色+성聲+촉觸 → [화火], **미**味+성聲+촉觸+색色 → [수水], **향**香+성聲+촉觸+색色+미味 → [지地]'와 같이 도식화할 수 있다. 이런 관점은 후대 주석자들에게도 이어진다.[101]

한편, 이런 의문이 생길 수도 있다. 상키야·요가가 인중유과론의 관점을 취한다면, 전개되지 않은 나머지 요소들과 유는 어떻게 설명 가능한가? 예를 들자면 색유의 전개는 성聲+촉觸+색色이 전개된 것이지만 미味·향香을 전개할 원천도 가지고 있어야 하지 않을까. 또는 단순하게 5조대 요소 속에 5미세 요소가 모두 존재하고 다만 해당 속성만이 더 강한 상태, 즉 화火 요소는 '성聲+촉觸+**색**色+미味+향香' 중 색色 요소만이 두드러져 드러난 게 아닐까. 그러나 후자의 경우 위 YBh의 "1, 2, 3, 4, 5의 특성을 갖는 것들"이라는 설명에 어긋나기에 타당성이 없다. 후대 주석가들 중에도 전자와 유사한 사유를 한 사람이 있다. 나게사Nāgeśa는 각 미세 요소가 자아의식 내에 있는, 아직 성질이 드러나지 않은 원소성元素性, bhūtādi이 같이 존재[102]한다고 보며 이 문제를 다

101) 정승석(2010), p. 114, 각주 82) 참조.

102) Sk 24, 25송을 보면 요소의 근원인 자아의식, 즉 '원소성적 자아의식으로부터 5미세 요소가 나온다'는 구절이 있다. 이 구절을 다음과 같이 이해해 볼 수도 있다. '아직 미분화된 원소성 중 특정 미세 요소가 구분되어 나타나면, 예를 들어 성聲이 나타나면 나머지 미세 요소는 아직 구분되지 않은 원소성의 상태로 존재한다.' 앞의 Sk 두 송은 다음과 같다.

"자아의식은 아집이다. 그로부터 2종의 창조가 출현한다. 다름 아닌 11로 된

음과 같이 설명하였다.

성聲+원소성으로부터 전개된 것은 [공空]이고, 촉觸+성聲+원소성으로부터 전개된 것은 [풍風]이며, 이런 식으로 계속되어 성聲+촉觸+색色+미味+향香+원소성으로부터 전개된 것은 [지地]가 된다.[103] 이에 대해서는 좀 더 고찰해 볼 필요가 있다고 생각되나 본고에서는 일단, 후대 주석가들의 일반적인 견해인 '5미세 요소가 누적되어 전개' 된다는 관점을 받아들여 논의를 전개하겠다.

무리와 5로 구성된 미세 원소이다."(abhimāno ' haṃkāras, tasmād dvividhaḥ pravartate sargaḥ/ ekādaśakaś ca guṇas, tanmātraḥ pañcakaś cai ' va//Sk 24//).

"변화된vaikṛta 자아의식으로부터 순질적인 11로 된 것이 나온다. 요소의 근원인 bhūtādi [자아의식]으로부터 암질적인 [다섯] 미세 요소가, 열정인taijasa [자아의식]으로부터 양자가 [나온다]."(sāttvika ekādaśakaḥ pravartate vaikṛtād ahaṃkārāt/ bhūtādes tanmātraḥ sa tāmasas, taijasād ubhayam//Sk 25//).

103) Dasgupta(1998), p. 66 참조.

2. 하타 요가의 세계전개론

(1) *Śivasaṃhitā*

하타 요가에서 세계전개 또는 창조론은 가로테Gharote의 지적처럼 문헌들의 숫자만큼이나 다양한 설명들을 찾을 수 있을 것이다.[104] Ss는 Hp 10권본이 발견되기 전까지 하타 요가의 주요 3종 문헌 중 유일하게 세계전개의 문제를 다루고 있었다. 이 문헌에서는 먼저 세계전개의 원인을 '무지와 순수 브라만의 결합이 발생하여 그 브라만이 속성을 가진 주主, īśtā가 되고 이로부터 공空이 나타나'[105]는 데서 찾고 있다. 이로부터 다섯 요소가 공空 → 풍風 → 화火 → 수水 → 지地의 순서로 전개된다.

> 그(空)로부터 풍風이 나타난다. 풍風으로부터 화火가, 그(火)로부터 수水가 [나타난다.] 그것(水)에서 지地가 나타난다. 이것은 창조가 성립되는 것이다.[106]

---

104) 그는 세계전개의 스펙트럼을 '전개의 근원은 브라만이라는 한 끝에서, 모든 창조가 공空에서 시작되었다는 다른쪽 끝까지 펼쳐져 있다' 고 본다. Gharote (2008), p. xxv 참조.

105) 무지와 순수 브라만의 결합이 발생할 것이다. 그(결합)로 브라만은 주主의 상태가 되고, 그로부터 공空이 나타난다.(śuddhabrahmaṇi saṃbandho ' vidyayā saha yo bhavet/ brahma teneśatāṃ yāti tata ābhāsate nabhaḥ//Ss 1. 72//).

106) tasmātprakāśate vāyurvāyoragnistato jalam/ prakāśate tataḥ pṛthvī kalpaneyaṃ sthitā satī//Ss 1. 73//

공空으로부터 풍風이, 공空과 풍風으로부터 화火가 산출된다. 공空과 풍風과 화火로부터 수水가, 공空과 풍風과 화火와 수水로부터 지地가 [산출된다].[107)]

요소의 전개에서 앞선 요소와 함께 그 다음 요소를 산출하고 있다. 즉 **공空** → **풍風**(공空+풍風) → **화火**(공空+풍風+화火) → **수水**(공空+풍風+화火+수水) → **지地**(공空+풍風+화火+수水+지地)로 전개된다. 이 요소들은 각기 속성을 갖는데, 공空은 성聲, 풍風은 촉觸, 화火는 색色, 수水는 미味, 지地는 향香이다. 이들 요소의 속성들도 각기 자신이 전개되기 전단계의 전개 속성들을 동일하게 갖고 있다. 그리고 이들 속성이 사람에게 인식되는 방식은 색色은 눈, 향香은 코, 미味는 혀, 촉觸은 피부를 통해서이다.

공空은 성聲의 속성이, 풍風은 촉觸의 속성이 있다. 화火는 색色의 속성이, 수水는 미味의 속성이 있다.[108)]

지地는 향香의 속성이 있다. 그 외는 분명히 없다. 차별이 있는 구나들은 명백하다. 논서에서 확정되어 있기 때문에.[109)]

공空은 성聲의 속성이고 풍風은 두 속성이 있다고 말해진다. 그런 식으로 화火는 세 속성이 있고 수水는 네 속성이 있다.[110)]

---

107) ākāśādvāyurākāśapavanādagnisaṃbhavaḥ/ khavātāgnerjalaṃ vyomavātāgnivārito mahī//Ss 1. 74//

108) khaṃ śabdalakṣaṇaṃ vāyuścaṃcalaḥ sparśalakṣaṇaḥ/ syādrūpalakṣaṇaṃ tejaḥ salilaṃ rasalakṣaṇam//Ss 1. 75//

109) gandhalakṣaṇikā pṛthvī nānyathā bhavati dhruvam/ viśeṣaguṇāḥ sphuranti yataḥ śāstrādvinirṇayaḥ//Ss 1. 76//

110) śabdaikaguṇamākāśaṃ dviguṇo vāyurucyate/ tathaiva triguṇaṃ tejo

꼭 그와 같이 성聲과 촉觸과 색色과 미味와 향香이 있다. 지地는 이 다섯 속성이 있다고 창조에 대한 지식을 가진 자에 의해서 지금 분명하게 드러난다.[111]

색色은 눈에 의해 인식되고 향香은 코에 의해 맡게 되고 미味는 혀로 [알게 되고] 촉觸은 단지 피부에 의해 만져진다. 성聲은 귀로 듣게 된다. [이것은] 틀림없이 그렇다. 그 외는 없다.[112]

위의 송들만으로 Ss에서 말하는 다섯 요소들과 그 속성들이 고전 요가의 5미세 요소 · 5조대 요소와 동일하다고 볼 수는 없다. 고전 요가에서는 5미세 요소가 5조대 요소보다 더 미세하며 전자에서 후자가 전개되어 나온다고 본다. 그러나 위 Ss의 송들에 따르면 고전 요가의 5미세 요소에 해당하는 것들이 고전 요가의 5조대 요소에 해당하는 5요소의 속성으로 배속되어 있기 때문이다. 따라서 고전 요가의 5미세 요소에 해당하는 이들을 여기서는 5요소가 갖는 5속성으로 이해해야 한다.[113] 또 고전 요가의 5조대 요소의 전개와 마찬가지로 각 속성들도 앞선 속성들과 함께 그 다음 속성들을 낳는다. 즉 **성聲** → **촉觸**(성聲+촉觸) → **색色**(성聲+촉觸+색色) → **미味**(성聲+촉觸+색色+미味) → **향香**(성聲+촉觸+색色+미味+향香)으로 설명한다.

그런 다음, 환합還合의 순서에 대해 설명한다. 전개의 과정을 그대

bhavantyāpaścaturguṇāḥ//Ss 1. 77//

111) śabdaḥ sparśaśca rūpaṃ ca raso gandhastathaiva ca/ etat paṃcaguṇā pṛthvī kalpakaiḥ kalpyate ' dhunā//Ss 1. 78//

112) cakṣuṣā gṛhyate rūpaṃ gandho ghrāṇena gṛhyate/ raso rasanayā sparśastvacā saṃgṛhyate param/ śrotreṇa gṛhyate śabdo niyataṃ bhāti nānyathā//Ss 1. 79//

113) 따라서 여기서는 5조대 요소, 5미세 요소라는 용어 대신 각각 5요소, 5속성이라는 용어로 대체한다. 왜냐하면 하타 요가의 전개론에서는 양자 간의 미세성이 드러나고 있지 않기 때문이다.

로 거슬러 올라가고 있다. 지地 → 수水 → 화火 → 풍風 → 공空 [또는 대공大空] → 무지 → 지고至高의 자리 순서로 진행된다.

> 지地는 쇠퇴하여(미세해져) 수水로 가라앉고 수水는 화火로 가라앉는다. 화火는 풍風으로 사라진다. 그런 식으로 풍風은 공空으로 흡수된다. 대공大空은 무지로 융합되어 지고의 자리로 환합還合한다.[114)]

그 다음 송에서 '대大마야mahāmāyā' 라는 개념이 나타난다. 그런데 아래 송만으로는 전개에서 이의 위상을 알 수 없다. 즉 '공空 [또는 대공大空] → 무지 → 지고의 자리' 의 환합還合 순서에서 대마야가 어디에 위치하는지, 또는 이것이 무지의 다른 이름이어서 무지의 위상을 갖는지 알 수 없다. 그러나 샹카라의 경우 무지의 개념을 마야와 다른 것으로 보았던 것인지 알 수 없지만, 후대의 불이일원론자들은 무지를 마야와 동의어로 여겼다[115)]는 점과 다소 거친 형태이긴 하지만, Ss의 형이상학이 불이일원적 베단타론을 따르고 있다는 점[116)]을 감안해 보면 위 무지의 자리에 대大마야를 놓아도 된다. 대大마야는 다음과 같은 힘과 속성들을 지니고 있다.

---

114) pṛthvī śīrṇā jale magnā jalaṃ magnaṃ ca tejasi/ līnaṃ vāyau tathā tejo vyomni vāto layaṃ yayau/ avidyāyāṃ mahākāśo līyate parame pade//Ss 1. 81//

115) 마에다 센가쿠(2005), p. 232 참조.

116) 말린슨Mallinson은 Ss를 불이일원론적 베단타에 가깝다고 본 이유에 대해 말하고 있는데, 요약해 보면 다음과 같다. 이 문헌의 내용을 보면 세 송(5. 84, 5. 240, 5. 252)에서 Tripura에 대해 언급하고 있는 것과 슈링게리Shringeri와 칸치푸람Kanchipuram의 샤이바 샹카라차리야Shaiva Shankaracharyas에 의해 채택된 Śri Vidya 학파의 사상임을 암시하는 철학적 교의 외에 다른 어떠한 전통들과의 명확한 연관성이 거의 나타나 있지 않다. Mallinson(2007), p. xiv 참조.

a. 대大마야는 투사력과 은폐력이 있고 [그녀에게는] 악한 성질과 행복의 속성[이 있다]. [또 그녀는] 불활성의 양태이고 [속성으로] 동질, 순질, 암질[이 있다].[117)]

b. 은폐력에 의해 감춰진 그 마야는 지식의 속성이 있다. 자신의 타고난 투사[력]으로 세계의 형상을 나타나게 만든다.[118)]

위 a의 불활성과 3질이라는 속성에서 마야가 물질적 원인임을 알 수 있다. 이 문헌에는 특이하게도 마야의 속성인 3질의 각 성질에 신격을 배속하고 이와 연관된 의식을 정해두고 있다. 암질 ―두르가 ―이슈와라, 순질 ―락슈미 ―비슈누, 동질 ―사라스와티 ―브라마에 배속시키고 있다.

암질이 지배적인 지혜[의 여신]은 두르가 그녀 자신이다. [그녀]와 연관된 의식은 명백히 이슈와라이다.[119)]

그리고 순질이 지배적인 지혜[의 여신]은 더할 나위 없이 아름다운 락슈미이다. [그녀]와 연관된 의식은 다름 아닌 비슈누이다.[120)]

동질이 지배적인 지혜[의 여신]은 실로 사라스와티로 알려져야 한다.

117) vikṣepāvaraṇāśaktirdurātmā sukharūpiṇī/ jaḍarūpā mahāmāyā rajaḥsattvatamoguṇā//Ss 1. 82//

118) sā māyāvaraṇāśaktyāvṛtā vijñānarūpiṇī/ darśayejjagadākāraṃ taṃ vikṣepasvabhāvataḥ//Ss 1. 83//

119) tamoguṇādhikā vidyā yā sā durgā bhavetsvayam/ īśvarastadupahitaṃ caitanyaṃ tadabhūd dhruvam//Ss 1. 84//

120) sattvādhikā ca yā vidyā lakṣmī syāddivyarūpiṇī/ caitanyaṃ tadupahitaṃ viṣṇurbhavati nānyathā//Ss 1. 85//

[그녀와 연관된] 순수의식은 브라마이고 그것(순수의식)은 인식자이다.[121)]

이는 3질을 가진 마야의 개념을 확장하고 있는 것이고 'purāṇa 문헌의 영향을 보여주고 있는 것'[122)]이기도 하다. 이렇게 전개된 세계는 기본적으로 [순수]의식에 의해 만들어진 것이어서 전개된 세계의 모든 곳에서 지고의 참자아를 볼 수 있다고 한다.

[세계가] 존재한다면 마음속에서 만들어진 것일 터이다. 존재하지 않는다면 순수의식으로 이뤄진 것이다.[123)]

Īśa 등과 [다른] 모든 신격들, 신체 등과 모든 움직이지 않는 것은 지고의 참자아에서 보인다. 무지는 앞서 말한 바[124)]와 같이 만들어졌다.[125)]

이상으로 이 장의 전체 내용을 요약하여 전개도를 작성해 보면 아래와 같다.[126)]

---

121) rajoguṇādhikā vidyā jñeyā sā vai sarasvatī/ yaścitsvarūpo bhavati brahmā tadupadhārakaḥ/Ss 1. 86//

122) Gharote(2008), p. 157 참조.

123) caitanyātsarvamutpannaṃ jagadetaccarācaram/ asti cetkalpaneyaṃ syānnāsti cedasti cinmayam//Ss 1. 80//

124) 각주 117)와 118)의 1. 82, 83 참조.

125) īśādyāḥ sakalā devā dṛśyante paramātmani/ śarīrādi jaḍaṃ sarvamavidyā kalpitā tathā//Ss 1. 87//

126) 앞서 살펴본 송들만으로는 그 내용을 명확히 확정 짓기는 어렵다. 여기 제시한 도표는 개략적인 내용이다.

【도 2】 Ss의 세계전개론

순수의식caitanya
⇩
순수 브라만 + 무지(=마야)
⇩
속성을 가진 주Īśtā
⇩
공 — (성)
⇩
풍[+ 공] — (촉+성)
⇩
화[+풍+공] — (색+촉+성)
⇩
수[화+풍+공] — (미+색+촉+성)
⇩
지[수+화+풍+공] — (향+미+색+촉+성)

Ss는 Hp, GHs와 더불어 하타 요가의 3대 교전이라 불리지만, 전통적으로 하타 요가의 창시자로 불리는 고라크샤나트Gorakṣanāth가 속한 Nātha 요가파에 대한 언급이 없다는 점에서 나머지 두 권과는 다소 구분된다고 볼 수 있다. 말린슨Mallinson은 이 저작의 형이상학이 남인도의 탄트라파인 Sri Vidya 스타일의 불이일원론적 베단타에 가깝다고 보며,[127] 다음과 같이 지적하였다.

> 실제로 이 문헌이 어떠한 특정 전통과 뚜렷한 연관이 있는지에 대한 내용이 거의 없다. 원래 정통적이지 않은 Nātha들의 영역인 하타 요가는 중세에 대중적으로 되었고, 따라서 정통 쉬바파Shaiva들이 그들의 구원론 내에 이를 병합하려 노력했다. 그러므로 쉬바 상히타는 이러한 변형적 적용의 한 예일 것이다.[128]

127) Mallinson(2007), p. viii 참조. 앞의 각주 116) 참조.
128) ibid, p. xiv.

이와 같은 언급은 타당해 보인다. 그러나 현재 학계에서 하타 요가의 원류에 대한 연구는 부족한 편이다. 아마도 그 원인은 하타 요가가 근본적으로 탄트라와 밀접하게 연관되어 있는 데서 찾을 수 있을 것이다. 근래에 들어 탄트라에 대한 연구 분위기가 고조되고 있고 성과들이 나오고 있으므로 향후에 보다 진척된 연구 결과물이 나올 것으로 생각된다.

(2) *Haṭhapradīpikā*

Hp 10권본에는 4권 · 5권본과 달리 1장에서 세계의 전개에 대해 설명하고 있다.[129] 그러나 여기서는 세계의 전개가 어떻게 시작되었는지

129) 이와 관련하여 두 가지 점을 이해해 둘 필요가 있다. 먼저, 각 판본별로 새로운 내용이 첨가되어 권수가 늘어나고 내용이 보다 확장된 이유가 무엇인가 하는 점이다. 인도철학에서 후대의 사상들이 복합적 성격을 띠는 이유들 중 하나는 자신들 학파의 유지를 위해 당시 필요하거나 요구되는 여러 이론이나 기법들을 습합하는 과정을 거쳤기 때문일 것이다. 마찬가지로 하타 요가의 수행법 백과사전이라 부를 수 있는 Hp에는 원래 형이상학론이 없었는데, 후대 요가 수행자들의 현실적 필요와 요구에 의해 삽입되었을 것이라 추정해 볼 수 있다.

다음으로, 본 연구에서 사용되고 있는 Hp의 각 판본들의 이력을 알아두는 것이 논지를 이해하는 데 도움이 되리라 생각한다. 가로테Gharote는 다음과 같이 4권본, 5권본의 출간과 10권본의 발굴 역사를 간략하게 설명하고 있는데 참고할 만하다 여겨져 인용한다.

"Hp의 첫 출판본은 1893년 봄베이의 투카라마 타티야Tukārāma Tātyā가 발행했다. 몇 권의 인도와 외국 판본들은 1970년 로나발라Lonavala의 카이발리야다마 SMYM 사미티Kaivalyadhāma SMYM Samiti에서 발행한 교정판을 제외하고는 대개 이 판본의 재판이다. 이 교정판을 만들기 위한 노력은 주목할 만하다. 왜냐하면 이 판본을 준비하기 위해 다른 도서관들에 보관되어 있는 101종의 사본을 참고했기 때문이다. 이 판본은 5장으로 되어 있는데, 마지막 장은 잘못된 요가 수행의 결과로 요가 수행자들의 병을 치유하기 위한 요법들을 기술하고 있다. 이 마지막 장은 Hp의 어떠한 출판된 판본들에서도 발견되어지지 않는

에 대한 언급이 없다. 다만 "실로 누구도 순수하고 확실히 영원을 넘어서 있는 아트만을 알지 못한다"[130]고 하여, 지고의 절대 존재를 아트만으로 상정하고 있다고 추정할 수 있다. 또 이 "아트만은 [5요소 중 하나인] 공空으로 이뤄져 있고"[131] 이 "공空으로부터 이 움직이고 움직이지 않는 모든 세계가 전개되었다. 다시 공空으로 환합還合된다. 이 때문에 공空에 의지해야 한다"[132]고 말한다. 전자의 아트만과 개념상 약간 혼동이 있을 수 있으나, 여기의 아트만은 속성을 가진 상태의 아트만이라 볼 수 있다. 왜냐하면 세계전개론의 마지막 송에서는 "성聲이 존재하는 한, 공空의 관념이 있다. 소리없음, 그것은 지고의 브라만이고 지고의 아트만이라 불린다"[133]고 설명하기 때문이다. 또 8장 31송 "nāda가 있는 동안 마음이 있다. 그리고 nāda가 멈출 때 manonmanī가 있다. 소리를 가진 것은 공空이라 말해지고 소리가 없는 것은 브라만이라고 말해진다"[134]는 내용도 이 점을 뒷받침하고 있다. 결과적으

다. 또한 마찬가지로 사본들에서도 드물게 발견된다. …… *Gorakṣa–siddhānta–saṅgraha* p. 38 (*Gorakṣa–siddhānta–saṅgraha*, Gopinātha Kavirāja, Sarasvatī Bhavan Texts, NO.18, Banāras, 1925)에 10장으로 된 Hp 주석이 있다는 언급이 있다. 그러나 우리는 5장 이상으로 된 어떠한 사본도 아직 만나지 못했다. 이 중요한 문헌의 완전한 또는 다르게 편집되었지만 완전한 판본을 발견하기 위해 긴급하게 더 조사할 필요가 있었다. …… 우리는 그 사본을 지난 25년이 넘는 세월 동안 찾아왔다. 우리는 우리의 노력이 결실을 맺었다는 것을 알릴 수 있어서 기쁘다. 그리고 조드푸르Jodhpur의 메란가르 포트Mehrangarh Fort에 있는 마하라자 만싱 도서관Mahārāja Mānsingh Library에 있는, 10장을 포함하고 있는 그러한 사본[(NO.1914(2227) 참조]을 알아낼 수 있었을 때, 우리는 어찌할 줄을 몰랐다." Gharote(2001), pp. xiii~xiv.

130) …… na kaiścijjñāyate hyātmā virajo hi paro dhruvaḥ//Hp 1. 13//

131) ātmākāśamayas …… //Hp 1. 14//

132) ākāśātsarvamutpannaṃ jagadetaccarācaram/ līyate punarākāśe tasmādākāśamāśrayet//Hp 1. 28//

133) tāvadākāśasaṃkalpo yāvacchabdaḥ pravarttate/ niḥśabdaṃ tatparaṃ brahma paramātmeti gīyate//Hp 1. 27//

134) nādo yāvanmanastāvannādānte tu manonmanī/ saśabdaṃ kathitaṃ vyoma

로 성聲의 속성을 가진 공空을 초월할 때, '부동 · 순수 · 영원 · 불변 · 무속성'[135]을 가졌다고 여겨지는 브라만, 지고의 아트만에 이른다고 할 수 있다. 이 문헌에서 브라만은 질료nimitta-kāraṇa적 성격을 띤 작인作因이 아니다. 즉 공空이 브라만으로 전개되는 것으로 표현되고 있지 않아서 전개 과정에 직접적으로 관여하는 것은 아니라 생각된다. 그러나 최상의 순수 원리로 여겨지는 것으로 보인다.[136]

다음으로 요소들의 전개와 그 속성을 보자. 공空은 성聲, 풍風은 촉觸, 화火는 색色, 수水는 미味, 지地는 향香으로 배대되어 있고 지地는 모든 존재의 토대라고 본다.

> 움직이지 않고 성聲의 속성을 가진 공空은 모든 것 중 가장 처음이다. 공空에서 움직이고 촉觸의 속성을 가진 풍風이 전개되었다.[137]

> 공空과 풍風 둘에서 색色의 속성을 가진 그 화火가 발생했다. 공空과 풍風과 화火에서 미味의 속성을 가진 수水가 나왔다.[138]

> 공空, 풍風, 화火, 수水에서 향香의 속성을 가진 지地가 [발생했다]. 그리고 [이것은] 모든 존재들의 토대라고 비슈밤바라viśvambhara에 의해 말해졌다.[139]

---

niḥśabdaṃ brahma kathyate//Hp 8. 31//

135) 브라만에 대한 지식이 있는 현명한 사람은 브라만을 공空에 대한 이해와 지복처럼 부동이고 순수하고 영원하고 불변하고 속성이 없는 것으로 [여긴다].(niścalaṃ nirmalam nityaṃ vikriyaṃ nirguṇaṃ tathā/ vyomavijñānamānandaṃ brahma brahmavido viduḥ//Hp 7. 62//).

136) Gharote(2008), p. 137 참조.

137) sarveṣāmādirākāśo niścalaśabdalakṣaṇaḥ/ jāyate vāyurākāśāccañcalaḥ sparśalakṣaṇaḥ//Hp 1. 18//

138) nabhaḥsamīraṇābhyāṃ syāttattejo rūpalakṣaṇam/ khavātāgnitrayādāpaḥ

앞의 Ss에서와 마찬가지로 Hp에서도 앞선 요소와 함께 그 다음 요소를 산출한다. 즉 **공空** → **풍風**(공空+풍風) → **화火**(공空+풍風+화火) → **수水**(공空+풍風+화火+수水) → **지地**(공空+풍風+화火+수水+지地)로 전개된다.[140] 그리고 이들 "다섯 요소에는 각각의 고유한 속성들이 있다."[141] 위의 미세 요소의 전개에서처럼 각 속성들도 앞선 속성들과 함께 그 다음 속성들을 낳는다.[142] 즉 **성聲** → **촉觸**(성聲+촉觸) → **색色**(성聲+촉觸+색色) → **미味**(성聲+촉觸+색色+미味) → **향香**(성聲+촉觸+색色+미味+향香)이라고 설명한다. 이상의 내용을 요약하여 전개도를 작성해 보면 아래와 같다.

【도 3】 Hp의 세계전개론

무속성의 아트만 = 지고의 브라만 = 지고의 아트만
⇩
유속성의 아트만(공으로 구성) — (성)
⇩
풍[+ 공] — (촉+성)
⇩
화[+풍+공] — (색+촉+성)
⇩
수[+화+풍+공] — (미+색+촉+성)
⇩
지[+수+화+풍+공] — (향+미+색+촉+성)

---

sambhūtā rasalakṣaṇāḥ//Hp 1. 19//

139) nabhovātāgnivāribhyo medinī gandhalakṣaṇā/ ādhāraḥ sarvabhūtānāṃ proktā viśvambhareṇa tu//Hp 1. 20//

140) 공空은 풍風의 원천이다. 이 둘(空, 風)이 화火의 [원천]이다. 이 셋(空, 風, 火)이 수水의 [원천]이고 이 넷(空, 風, 火, 水)이 지地의 [원천]이라고 말해진다.(māruto yonirākāśo vahneretad dvayaṃ bhavet/ etat trayamapāṃ proktaṃ kṣiteretaccatuṣṭayam//Hp 1. 22//).

141) pañcānāmeva bhūtānāmekaikasya nijāḥ guṇāḥ …… //Hp 1. 21//

142) [그래서] 공空은 오직 하나의 속성이고 풍風은 두 속성이라고 말해진다. 그런 식으로 화火는 세 속성이고 수水는 네 속성이다.(eka eva guṇo vyomno dviguṇo vāyurucyate/ tathaiva triguṇaṃ tejo bhavantyāpaścaturguṇāḥ//Hp 1. 23//). 지地는 다섯 속성이다. 지금까지(즉 언제나) 브라마에 의해 이것이 통제된다. 성聲, 촉觸, 색色, 미味, 향香이 다섯 [속성]이다.(etatpañcaguṇā pṛthvī brahmaṇādhiṣṭhitā purā/ śabdasparśaśca rūpañca raso gandhaśca pañcamaḥ//Hp 1. 24//).

앞서 본 바와 같이 아트만이 공空으로 이뤄진 것처럼, 지고의 존재로부터 전개의 가장 말단에 해당하는 신체에 이르기까지 모든 것에 다섯 요소를 배속하고 있다.

> 아트만은 공空으로 이뤄져 있는 한편, 풍風은 프라나로 이뤄져 있다. 그리고 아만은 화火로 이뤄져 있고 그런 식으로 마나스는 수水로 이뤄져 있다.[143)]

> 그리고 신체는 지地로 이뤄져 있고 감각기관들도 그것地으로 이뤄져 있다. 그런 식으로 세상에서 활동은 감각기관으로 이뤄져 있고 행위도 그것(감각기관)으로 이뤄져 있다.[144)]

여기서 특기할 점은 전개상의 특정 원리가 다섯 요소 중 한 요소로 구성되어 있다고 본 것이다. 즉 아트만 ―공空, 아만 ―화火, 마나스 ―수水, 신체와 감관 ―지地 등으로 요소들이 각각의 것의 질료가 되어 있다. 그런데 이 설명 중 '풍風은 프라나로 이뤄져 있다' 는 구절은 모호하다. '신체 내 어떤 것 ―5요소 중 하나' 라는 형식의 서술의 전개 구조상 다섯 요소의 배속이란 측면에서 보면 '프라나 ―풍風' , 즉 '프라나는 풍風으로 이뤄져 있다' 고 해야 적합할 것이다.[145)] 만일 5요소 중 하나인 풍風이 프라나로 이뤄졌다고 한다면 5요소 중 하나인 공空이 아트만으로 이뤄져 있다는 말도 가능하게 되어 주객이 전도된 서

143) ātmākāśamayastāvad vāyuḥ prāṇamayo bhavet/ tejomayastvahaṃkārastathā jalamayaṃ manaḥ//Hp 1. 14//

144) pṛthvīmayaṃ śarīraṃ ca tanmayānīndriyāṇi ca/ tathendriyamayo loke vyāpāraḥ karma tanmayam//Hp 1. 15//

145) 이는 판본의 문제일 수도 있다. 2001년에 초판본이 발행된 이후 교정본이 나오지 않고 있다. 향후 교정본이 나오면 다시 검토해 볼 필요가 있다.

술이 되어버린다. 또 뒤에서 자세히 살펴보겠지만 신체 내 프라나는 5요소 중 하나인 풍風과 그 범주가 다르고,[146] 설령 광의의 프라나를 지칭한다손 치더라도 광의의 프라나는 5요소 중 하나인 풍風보다 훨씬 더 넓은 의미[147]를 가지고 이어서 문맥에 부합되지 않는다.

마지막으로 다시 근원으로 돌아가는 순서를 살펴보자. 이는 전개의 역과정, 즉 지地 → 수水 → 화火 → 풍風 → 공空이다.

> 지地는 쇠퇴하여(미세해져) 수水로 가라앉는다. 수水는 대화大火에 의해서 전개된다. 화火는 풍風에 의해 감싸인다. 풍風은 공空으로 융합한다.[148]

여기서도 Ss에서 마야의 3질에 각 신격과 의식을 배대한 것과 유사하게 "신격은 지地에 브라마가, 수水에 비슈누가 있고, 그런 식으로 화火에 루드라가, 풍風에 이슈와라가, 공空에는 실로 sadāśiva가 있다[149]" 고 다섯 요소 각각에 신격을 배속하고 있다.

---

146) 제4장의 3. 전통적 요가와 *Śivasvarodaya*의 vāyu관 참조.

147) 제1장의 스와라 개념의 연원과 적용 (3)의 각주 참조.

148) pṛthvī śīrṇā jale magnā jalaṃ prastaṃ maho 'gninā/ vāyunāliṅgitaṃ tejo vyomni vātaḥ layaṃ gataḥ//Hp 1. 25//

149) kṣitau brahmā jale viṣṇustathā rudro hutāśane/ īśvaraḥ pavano devo hyākāśasya sadāśivaḥ//Hp 1. 26//

3. *Śivasvarodaya*의 세계전개론

앞서 지적했다시피 SSd에는 세계전개론에 대한 서술이 단 4송에만 나온다. 파르바티가 쉬바에게 우주의 생성 · 유지 · 변화 · 환합還合에 대해 말해 달라고 간청하자 그는 요소들에 의해서 그렇게 된다고 답했다. 이에 그녀는 요소의 본성이 무엇인지 묻자,[150] 이에 대한 대답으로 쉬바는 세계의 전개와 환합 과정을 설명하였다. 여기서 그는 환합의 구체적 지도地圖이자 우주의 일부분 또는 우주의 축소판인 신체도 요소들로 이뤄져 있으며, 이 또한 요가 수행자라면 반드시 알아야 한다고 말한다.

> a. 순수하고 형상이 없는 유일한 데바 마헤슈와라가 있다. 그로부터 공空이 생겨났고, 공空에서 풍風이 산출되었다.[151]

---

150) 데바시여, 어떻게 우주가 생성되고 어떻게 변화, 유지되며 어떻게 환합還合하는지, 데바시여! 우주를 결정짓는 것[이 무엇인지]를 말해주십시오.(kathaṃ brahmāṇḍamutpannaṃ kathaṃ vā parivartate/ kathaṃ vilīyate deva vada brahmāṇḍanirṇayam//SSd 3//).
요소들로부터 우주가 생성하고 요소들로 변화, 유지되며 요소들로 환합還合된다. 데비여! 요소들로 인해 우주가 결정된다.(tattvādbrahmāṇḍamutpannaṃ tattvena parivartate/ tattve vilīyate devi tattvādbrahmāṇḍanirṇayaḥ//SSd 4//).
요소들에 대한 주창자들은 오직 요소들만이 제일의 근원이라고 규명했습니다. 무엇이 요소들의 본성입니까, 데바여! 요소들[의 본성]을 꼭 밝혀주십시오.(tattvameva paraṃ mūlaṃ niścitaṃ tattvavādibhiḥ/ tattvasvarūpaṃ kiṃ deva tattvameva prakāśaya//SSd 5//).

151) nirañjano nirākāra eko devo maheśvaraḥ/ tasmādākāśamutpannamākāśādvāyu sambhavaḥ//SSd 6//

b. 풍風에서 화火가, 그리고 이(火)로부터 수水가, 이(水)로부터 지地가 산출된다. 이들 다섯 요소는 확장되어서 다섯 배가 [된다].[152]

c. 이들(요소들)로부터 우주가 생성되고 이들로만 변화, 유지되며 거기로만 환합還合된다. 실로 거기(다섯 요소)에서만 다시 머문다.[153]

d. 지地는 다섯, 실로 수水는 넷, 화火는 셋, 풍風은 둘, 그리고 공空에 하나의 속성guṇa이 있다. 이것이 요소들에 대한 지식이다.[154]

e. 다섯 요소로 이뤄진 신체에 다섯 요소가 미세한 형태로 있다, 아름다운 이여! 탓트바 요가 수행자들은 [이들 지식을] 알아야 한다.[155]

이상의 전개 과정을 도식화해 보면, 데바 마헤슈와라 → 공空 → 풍風 → 화火 → 수水 → 지地이다. c의 "거기로만 환합還合된다"는 구절로 보아 환합 과정은 앞서 살펴본 고전 요가와 Ss, Hp와 마찬가지로 정확히 전개의 역순일 것이다. 앞의 도식을 보면 전개의 근원에서 5요소의 전개 구조를 설명할 때 SSd는 Ss와 Hp의 구조를 따르고 있음을 알 수 있다. 즉 고전 요가에서는 근본원질에서 5조대 요소까지의 전개 사이에 심리적 원리(마하트, 아만)와 5미세 요소가 있다. 반면 Ss와 Hp는 지고의 신격이나 순수의식 또는 속성을 가진 신격에서 중간 과정이

152) vāyostejastataścāpastataḥ pṛthvīsamudbhavaḥ/ etāni pañcatattvāni vistīrṇāni ca pañcadhā//SSd 7//

153) tebhyo brahmāṇḍamutpannaṃ taireva parivartate/ vilīyate ca tatraiva tatraiva ramate punaḥ//SSd 8//

154) pṛthivyāḥ pañca hyapāṃ vedā guṇāstejo dvivāyutaḥ/ nabhasyekaguṇaścaiva tattvajñānamidaṃ bhavet//SSd 199//

155) pañcatattvamaye dehe pañcatattvāni sundari/ sūkṣmarūpeṇa vartante jñāyante tattvayogibhiḥ//SSd 9//

생략된 채 바로 5요소가 전개된다. 이처럼 SSd도 지고의 신격 마헤슈와라에서 바로 5요소가 전개되는 것으로 본다. 또한 Ss, Hp의 요가 전개론과 마찬가지로 d에서 5요소에 각기 다섯 속성을 배속하고 전개의 하위에 있는 요소는 상위 요소의 속성을 그대로 이어받는 형식을 취한다. 그런데 위의 b에서 "이들 다섯 요소는 확장되어서 다섯 배가 [된다]"고 하는데 이 25라는 것과 연관된 설명은 SSd 어디에도 나오지 않으므로 구체적인 내용은 알 수 없다.

이상의 내용으로 볼 때, 결론적으로 SSd는 후고전 요가 시기의 주요한 요가인 Ss와 Hp의 세계전개론과 닮은 것으로 볼 수 있다.

제3장

5요소론

5요소론

대체로 5요소[156]는 한편으로는 우주적 · 상징적 질서의 영역으로, 다른 한편으로는 실재하는 세계의 성질들로 이해되는 경향이 있었다. 인도철학사에서는 두 경향성이 혼재되어 나타난다.[157] 요가철학에서 보이는 이들 경향성의 예를 들자면, 전자는 앞서 살펴본 바처럼 요소에 신격을 또는 차크라의 속성에 요소를 배대하는 것 등이고, 후자는 물질적 육체를 구성하는 미세 물질로 인식하는 것 등이다. 이러한 요소들에 대한 관념은 마하바라타Mahābhārata에서 확고하게 성립되었다. 이 서사시에서는 여러 중요 단락들에서 다섯 감각기관과 감각의 성질, 요소들을 연결 짓고 있다. 즉 화火를 시각과 눈에 보이는 것, 수水를 맛, 지地를 냄새, 풍風을 촉각과 촉지할 수 있는 것, 공空을 청각과 소리

156) 고전 요가에서는 5조대 요소, 5미세 요소로, 하타 요가와 스와라 요가에서는 5요소, 5속성으로 표기한다.

157) Burger(1999), p. 182 참조. 버거Burger는 요소들을 인식하고 이해하는 네 영역을 다음과 같이 제안하고 있다. "1) 관찰의 영역. 2) 신화, 의례, 과학기술을 포함한 요소들에 대한 통달의 영역. 3) 분류의 영역. 이는 산발적인 배열의 사례들로부터 시작해서 논리적이고 순차적인 체계들을 세운 정교한 이론들(상키야, 인도 의학, 요가, 음악학의 전개론)에 이른다. 4) 마지막 접근법은 상상과 예술적 창조물의 영역을 포함한다."

와 연관된 것으로 서술하였다. 이 체계를 상키야 학파가 도입하여 자신의 체계와 통합하였고 베단타에서 purāṇa, 아유르베다에 이르기까지 다양한 전통들에 전승되었으며, 니야야와 바이세쉬카 체계에는 다소 변형된 형태로 들어갔다.[158)]

아무튼 이 5요소는 대체로 세계전개의 마지막 원리이자, 역으로 근원을 향해 거슬러 올라가고자 하는 수행에서 맨 처음 맞닥뜨리게 되는 출발점으로 받아들여졌다. 왜냐하면 인간이 자신에 대해 갖는 인식이란, 요소들로 된 객체 대상과 주체를 구성하는 감관 등의 매개물을 통한 경험에서 발생하기 때문이다. 따라서 이들 각 요소의 기본적인 성질과 이들이 구체적인 현실에서 어떻게 현상화되어 나타나는지를 아는 것은 요가의 수행론을 이해하는 데 중요한 토대가 된다.

158) Halbfass(1999), p. 60 참조.

1. 고전 요가의 5조대 요소

고전 요가에서 5조대 요소란 3질의 차별상 중 하나이자 전개의 원리들 중 암질성이 가장 강한 물질적 육체와 외부 대상 세계를 구성하는 것이기도 하다. 이와 같은 특징을 가진 5조대 요소의 성질과 관련된 내용은 YBh에서 찾아볼 수 있다.

> a. 둘째 양태는 그 자신의 보편 양태이다. 지地는 고체, 수水는 액체, 화火는 열, 풍風은 구부림, 공空은 편재라고 하는 이것(보편 양태)을 본성이라는 말이 나타낸다.(3. 44)

> b. 물질 요소의 일반 부류에 속하는 소리 따위의 단일한 전변이 [5] 미세 요소를 부분(구성요소)으로 갖는 지地의 극미이다. 그리고 그것(극미)들의 단일한 전변은 땅, 소, 나무, 산과 같은 것들이 된다. [5조대 요소 중 지地 이외의] 다른 요소들의 경우에도 [수水의 경우엔] 습기, [화火의 경우엔] 열, [풍風의 경우엔] 굴성屈性, [공空의 경우엔] 공간 제공을 고려하여 단일한 변형(=전변)의 발단인 공통의 것(3질)을 성찰해야 한다.(4. 14)

5조대 요소의 성질에 대한 핵심은 a에 정리되어 있고 b에는 그것에 대해 동일한 내용을 다른 표현을 사용해서 나타내고 있는데, 이를 요약해 보면 아래와 같다.[159]

---

159) YBh 3. 45에도 각 요소의 특성이 간략하게 지칭되고 있다. 그 내용을 보면 지地는 고체, 수水는 액체, 화火는 열, 풍風은 구부림, 공空은 은폐하는 성질 없음

【표 1】 YBh에 나타난 5조대 요소의 성질

5조대	지地	수水	화火	풍風	공空
성질	고체 (예, 땅, 소, 나무, 산 등)	액체, 습기	열	구부림, 굴성	편재, 공간

5조대 요소의 성질에 대한 내용은 바차스파티 미슈라Vācaspati Miśra의 *Tattvavaiśāradī*(이하 Tv)에 보다 상세히 나온다. 그는 Ys 3. 44에 대해 다음과 같이 주석을 붙이고 있다.[160]

이다. 지地에서 풍風까지는 본문의 내용과 동일한데, 풍風은 약간 뉘앙스가 다른 설명이다. 그러나 공空이 편재하고 공간을 의미한다는 점을 고려해 보면 은폐하는 성질이 없다는 것을 쉽게 추론할 수 있다.

160) 우즈Woods, 다스굽타Dasgupta, 차크라바르티Chakravarti는 위의 Tv의 내용을 모두 다루고 있는데, 그 번역어를 보면 다소 차이가 크게 나는 부분이 있고 묘사된 속성의 개수도 차이가 난다. 이들 중 본고에 사용한 판본과 동일한 속성 수를 보이고 가장 유사한 번역어를 선택하고 있는 것은 우즈Woods의 번역본이다. 여기서의 차이는 아마도 원전 판본이 달라서 그런 것으로 생각된다. 각 학자별 번역 용어를 알아보는 것도 각 요소의 성질을 보다 넓게 이해하는 데 도움이 될 것이므로 아래의 표로 정리한다. Woods(1998), p. 275 ; Dasgupta(1996), pp. 221～222 ; Chakravarti(1975), pp. 246～247 참조.

【5조대 요소의 속성에 대한 학자별 번역 용어】

구분	Woods	Dasgupta	Chakravarti
지地	모양, 무게, 거침, 저항, 안정성, 유지, 가분성, 내구성, 빈약함, 단단함, 모든 것에 유용함(11)	형태, 무거움, 기침, 방해, 안정성, 나타남, 차이, 지지, 탁함, 단단함, 모든 것에 의한 향수享受(11)	형태, 무게, 빈약, 저항, 안정성, 장소, 유지, 짙은 색조, 모든 것에 유용함(9)
수水	유동, 미세함, 광택, 흼, 만곡, 무게, 차가움, 보호, 정화 응집(10)	미끄러움, 미세함, 선명함, 흼, 부드러움, 무거움, 차가움(7)	유동, 얇음, 광택, 흼, 부드러움, 차가움, 보호, 정화, 응집(9)
화火	상승 운동성, 정화하는 것, 가열용 요리 기구, 무게없음, 빛남, 파괴, 힘을 냄(7)	상승, 연소, 빛남, 파괴, 힘(5)	상승 운동, 정화, 연소, 요리하기, 가벼움, 파괴, 힘, 광택(8)
풍風	수평 운동, 정화, 넘어뜨림, 충동, 힘, 가변성, 음영을 드리우지 않음, 빈약(8)	가로지르는 운동, 정화, 던짐, 밂, 힘, 가동성, 음영을 드리우지 않음, 거침(8)	수평 운동, 정화, 밂, 충동 힘, 건조함, 음영을 드리우지 않음, 차가움(8)
공空	편재, 상호 침투, 장애없음(3)	모든 방향으로 움직임, 덩어리없음, 장애없음(3)	편재, 상호 침투, 장애없음(3)

*　괄호 안은 묘사된 속성의 개수이다.

**　밑줄 친 내용은 본고에서 사용한 판본의 속성 묘사와 비교하여 차이가 큰 것들이다.

그리고 거기서 먼저 지地에 속하는 속성들은 형태, 무게, 거침, 방해, 안정성, 유지, 가분성可分性, 내구성, 쇠함, 견고함, 모든 것에 유용함이다.[161]

[다음은] 수水의 속성들이다. 유성油性, 미세함, 광휘, 순백, 부드러움, 무거움, 차가움, 보호, 정화, 응집성은 수水의 속성들이다.[162]

[다음은] 화火의 속성들이다. 상승 운동성, 정화, 연소, 굽기, 가벼움, 밝음, 파괴, 힘은 실로 앞의 두 [요소]와 다른 속성을 가진 화火이다.[163]

[다음은] 풍風의 속성들이다. 비스듬한 움직임, 정화, 내던짐, 충동, 힘, 가변성, 음영을 드리우지 않음, 건조함은 다양한 형태의 풍風의 속성들이다.[164]

[다음은] 공空의 속성들이다. 모든 방향으로 움직임, 응집성 없음, 방해 없음은 [공空의 속성] 세 가지이다. [이들은] 앞의 [네 요소의] 속성들과 구별되는 공空의 속성들에 대한 설명이다.[165]

---

161) tatrāpi pārthivāstāvad dharmāḥ – "ākāro gauravaṃraukṣyaṃ varaṇaṃ sthairyameva ca/ vṛttirbhedaḥ kṣamā kārśyaṃ kāṭhinyaṃ sarvabhogyatā" //

162) apāṃ dharmāḥ – "snehaḥ saukṣmyaṃ prabhā śauklyaṃ mārdavaṃ gauravaṃ ca yat/ śaityaṃ rakṣā pavitratvaṃ saṃdhānaṃ ca udakā guṇāḥ" //

163) taijasā dharmāḥ – "ūrdhvabhāk pāvakaṃ dagdhṛ pācakaṃ laghu bhāsvaram/ pradhvaṃsyojasvi vai tejaḥ pūrvebhyo bhinnalakṣaṇam" //

164) vāyavīyā dharmāḥ – "tiryagyānaṃ pavitratvamākṣepo nodanaṃ balam/ calamacchāyatā raukṣyaṃ vāyordharmāḥ pṛthagvidhāḥ" //

165) ākāśīyā dharmāḥ – "sarvato gatiravyūho ' viṣṭambhaśceti ca trayaḥ/ ākāśadharmā vyākhyātāḥ pūrvadharmavilakṣaṇāḥ" //

이와 거의 동일한 내용이 상키야의 후대 논서들 중 하나인 Yd에도 나온다. 그러나 Tv나 Yd의 이상과 같은 설명의 출처가 어디인지는 불분명하다. 이에 대해 차크라바르티Chakravarti는 어디에서도 이 주석의 원천이 되는 문헌에 대한 언급을 찾을 수 없는데, 아마도 고대의 어떤 문헌에서 이를 인용했음에 틀림없다[166]고 지적하고 있다. 성립 연대가 7세기경으로 추정되는 Yd와 9세기 또는 10세기경으로 추정되는 Tv, 두 문헌에 이들 내용이 나오는 점으로 보아 이상에서 살펴본 요소들의 핵심 성질에 대한 설명은 인도철학사에서 상키야나 요가철학 사상 분파들 사이에서 거의 통용되었던 관념이라 볼 수 있을 것이다.

각각의 요소의 속성에 대한 이와 같은 추상적 설명은 SSd로 가면 신체 내의 속성, 외계 대상에서 일어나는 일, 행성과 nakṣatra에 대한 지배 등과 같은 현상화되고 구체화된 형태로 나타나게 된다. 그러므로 더욱더 고전 요가의 추상적 개념에 대한 이해가 중요할 수밖에 없다. 후자는 전자의 응용을 통한 실제적 적용이기 때문이다.[167]

166) Chakravarti(1975), p. 246 참조.

167) 고전 요가의 추상적 개념 정의의 유용성은 현대의 아유르베다 학자 코타리Kothari의 다음과 같은 언급에서도 뚜렷이 드러난다. 이러한 설명은 고전을 현대적으로 이해하는 데 큰 도움이 된다.

"우주의 기원을 다루면서 5미세 요소 즉 성聲, 촉觸, 색色, 미味, 향香이 각기 공空, 풍風, 화火, 수水, 지地를 낳는다는 것을 언급했다. 우리는 이 5가지 주요한 요소들을 5조대 요소라고 부른다. 이 5조대 요소로부터 전체 물질세계가 창조되었다. 그러나 공空은 우주의 창조에 적극적인 역할을 담당하지 않는다. 5조대 요소의 영어 동의어는 에테르ether, 공기(air), 불(fire), 물(water), 흙(earth)이라고 할 수 있지만, 원래 산스크리트 용어가 갖는 함축적인 의미를 완전하게 전달하지는 못한다. 예를 들자면, 수水 요소는 일반적인 물이 아니고 모든 5조대 요소를 포함하고 있다. 사실상 수水 요소는 '응집력'이다. 유사하게 공기도 풍風 요소만을 의미하는 것이 아니고, 다른 5조대 요소를 포함하고 있다. 산소는 [풍風 요소라기보다] 화火 요소에 보다 가깝다.

현대 화학은 우주를 103가지 원소로 나눈다. 이 원소들은 서로 각각 다르지만 5조대 요소라는 5가지 범주로 분류할 수 있다. 각 원자는 그 속에 모든 5조대 요소를 가지고 있다. 전자, 양자 그리고 중성자는 지水 요소로 변환할 수 있고,

2. 하타 요가의 5요소

하타 요가의 주요 세 경전에서는 이러한 5요소의 속성에 대한 구체적인 설명이 보이지 않는다. Hp 10권본 제1장에서는 세계전개에서 세계의 주체와 객체를 구성하는 질료인으로서 나타난다. 여기서도 각 요소에 대한 구체적인 설명은 보이지 않는다.[168] 4권본에서는 "jālaṃdhara 반다를 행할 때 감로가 소화의 불로 떨어지지 않는다"[169], "[요가 수행자가] 소량의 음식을 먹는다면 [소화의] 불이 그 순간에 [그의 몸을] 태울 것이다"[170] 등과 같이 5요소 중 화火 요소가 신체 내 소화의 불을 의미하는 아그니[171]로 주로 나타난다.[172] Ss에서도 Hp 10권본과 마찬가지로 세계전개론에서 질료인으로 언급된다.[173] 그리고 "5요소에 대해 총지總持 수행을 하는 현명한 요가 수행자는 브라마가 백 번 죽

원자를 결합하여 유지하는 응집력은 수水 요소로, 원자 속에 남아서 유지되는 에너지는 화火 요소로 바꿀 수 있으며, 전자들의 운동력은 풍風 요소를 나타내는 것으로 볼 수 있고, 원자 내의 공간은 공空 요소에 귀속시킬 수 있다. 개인의 신체는 5조대 요소들로 구성된다. 유사하게 세상의 모든 다른 것들도 5조대 요소들로 이루어져 있다. 세 doṣa는 아유르베다 생리학에서 5조대 요소를 나타낸다." Kothari & K. P. Vyas(1988), pp. 22~23.

168) 제2장 세계전개론 2. 하타 요가의 세계전개론 참조.

169) jālaṃdhare kṛte …… na pīyūṣaṃ patatyagnau …… //Hp 3. 72//

170) alpāhāro yadi bhavedagnirdahati tatkṣaṇāt …… //Hp 3. 81//

171) 이는 주로 아유르베다에서 사용하는 신체 내 화火의 속성 중 하나이다.

172) 5권본은 4권까지는 4권본과 거의 동일한 내용을 담고 있다. 앞서 설명했다시피 5권본은 4권본의 내용에 아유르베다적 내용의 5번째 권이 덧붙여졌으므로 '소화의 불'이란 의미로 주로 사용되었다는 점은 분명하다. 5권본의 내용은 뒤의 제6장 아유르베다의 영향 참조.

173) 제2장 세계전개론 2. 하타 요가의 세계전개론 참조.

는다 해도 죽음을 경험하지 않는다"[174]라는 등 총지 수행의 대상으로 5요소를 언급할 뿐, 그 외에 구체적인 다른 설명은 보이지 않는다. 마지막으로 GHs에서는 śāmbhavī mudrā를 하고 각 요소에 대해 총지해야 한다[175]면서, 앞의 Ss에서 총지 수행의 대상으로 언급했던 5요소에 대해 설명을 더하고 있다.[176]

지地 요소는 노란색 석황石黃 조각처럼 빛나고 la 음을 가지고 있다. 브라마kamalāsana를 동반하고 있고, 실로 사각형이고 심장에 위치해 있다.[177]

수水 요소는 목구멍에 위치해 있고 반달 모양과 비슷하며 자스민꽃처럼 희다. 이것은 종자 [만트라]로 감로와 같은 va 음을 함께 가지고 있고 항상 비슈누와 결합되어 있다.[178]

화火 요소는 구개에 있고 반딧불이와 유사하고 삼각형을 가지고 있다. 불타는 붉은색 ra 음으로 이뤄져 있고 루드라와 연관되어 있다.[179]

---

174) medhāvī paṃcabhūtānāṃ dhāraṇāṃ yaḥ samabhyaset/ śatabrahmamṛtenāpi mṛtyustasya na vidyate//Ss 3. 75//

175) śāmbhavī mudrā를 말했다. [이제] 다섯 [요소에 대한] 총지總持에 대해 들어라. …… (kathitā śāmbhavīmudrā śṛṇuṣva pañcadhāraṇām …… //GHs 3. 57//).

176) 여기서는 디감바라지Digambaraji 본 대신 말린슨Mallinson 본을 사용하였다. 내용은 유사하나 의미의 명료성 면에서 후자가 낫다고 판단해서이다.

177) yattattvaṃ haritāladeśaruciraṃ bhaumaṃ lakārānvitaṃ saṃyuktaṃ kamalāsanena hi catuṣkoṇaṃ hṛdi sthāpitam/ …… //GHs 3. 59//

178) ardhendupratimaṃ ca kundadhavalaṃ kaṇṭhe ' mbutattvaṃ sthitaṃ yatpīyūṣavakārabījasahitaṃ yuktaṃ sadā viṣṇunā …… //GHs 3. 60//

179) yat tālu–sthitam indragopa–sadṛśaṃ tattvaṃ trikoṇānvitaṃ tejo repha–mayaṃ pradīpta–maruṇaṃ rudreṇa yat saṃgatam …… //GHs 3. 61//

풍風의 성질을 가진 이 요소는 세안약洗眼藥 덩어리와 유사하고 미간에 있다. 원형이고 ya 음과 함께 있다. 거기에 신격은 이슈와라이다.[180]

완전하게 순수한 물과 같은 공空은 brahmarandhra에 위치해 있다. 거기서 근원의 sadāśiva로 함께 있는 요소이다. ha 음을 가지고 있다.[181]

위의 송들은 5요소를 다섯 차크라의 성질들 중 하나로 배속시켜 설명하는 차크라론과 유사하다.[182] 이 이론에서는 가장 아래에 있는 차크라인 mūlādhāra에 지地, svādhiṣṭhāna에 수水, maṇipūra에 화火, anāhata에 풍風, viśuddha에 공空을 배속한다. 차크라론을 집대성한 문헌이라 할 수 있는 SCn[183]과 위 송들의 내용을 비교하여 표로 만들어 보면 아래와 같다.

【표 2】 GHs와 SCn의 요소별 속성

구분		모양	색상	종자소리	위치	신격
지地	GHs	사각	노란색	la	심장	브라마
	SCn	사각	노란색	laṃ	수숨나의 입구(생식기 아래 항문 위)	브라마
수水	GHs	반달	흰색	va	목구멍	비슈누
	SCn	반달	흰색	vaṃ	생식기 뿌리	비슈누
화水	GHs	삼각	붉타는 붉은색	ra	구개	루드라
	SCn	삼각	붉은색	raṃ	배꼽의 뿌리	루드라
풍風	GHs	원	세안약 덩어리	ya	미간	이슈와라
	SCn	육각	어두운색	yaṃ	심장의 연꽃	이샤

180) yadbhinnāñjanapuñjasaṃnibhamidaṃ tattvaṃ bhruvorantare vṛttaṃ vāyumayaṃ yakārasahitaṃ yatreśvaro devatā …… //GHs 3. 62//

181) ākāśaṃ suviśuddhavārisadṛśaṃ yadbrahmarandhre sthitaṃ tatrādyena sadāśivena sahitaṃ tattvaṃ hakārānvitam …… //GHs 3. 63//

182) SSd에도 이와 유사한 내용이 나온다. 뒤의 3. *Śivasvarodaya*의 5요소에서 살펴볼 것이다.

183) Woodroffe(2001), pp. 141~142, p. 145 참조. SCn 4, 14, 19, 22, 28송 참조.

구분		모양	색상	종자소리	위치	신격
공空	GHs	완전하게 순수한 물		ha	brahmarandhra	근원의 sadāśiva
	SCn	원	흰색	haṃ	목구멍	sadāśiva

이 표에서 대체로 모양과 색상, 종자 소리, 신격에서는 일치점을 보인다. 단, 모양에서 풍風과 공空이 차이를 보인다. GHs에서는 원이 풍風에 배속된 한편, SCn에서는 공空에 배속되어 있다. GHs의 풍風의 성질 중 색상에서 세안약 덩어리라 표현된 것은 SCn의 설명을 고려해 볼 때 어두운 색에 해당한다고 볼 수 있다.[184] 그리고 공空의 설명 중 모양과 색상에서 '완전하게 순수한 물' 이라는 표현은 SSd의 무형상, 빛나는 많은 색이라는 설명[185]을 반영하여 추정해 보면 '무형상', '무색상' 이라고 할 수 있을 것이다. 위치는 크게 차이를 보이는데, 이는 출발점인 지地 요소에 대한 차크라 배속에서 기인한다. GHs는 지地의 위치를 심장에 있는 anāhata 차크라에 배속하고 있어 SCn의 풍風에 해당하는 것에서 출발한다. 출발점이 다르다. 그래서 위치를 기준으로 차크라 배속을 볼 때 GHs에서는 수水를 viśuddha, 풍風을 ājñā, 공空을 sahasrāra로 보고 있다. 주요 일곱 차크라 중 화火의 위치인 구개에 위치한 것은 없다. 버레이Burley는 하타 요가에서 일반적으로 "첫 다섯 차크라(mūlādhāra로부터 시작해서 위로)와 연관된 요소들은 5요소(조대 요소), 즉 지地·수水·화火·풍風·공空이다. 한편 ājñā 차크라는 '마음'의 자리(antaḥkaraṇa)가 되거나 이의 가장 정미한 측면(붓디)이 된다"[186]고

---

184) bhinnāñjana는 '기름과 섞은 세안약洗眼藥', '눈에 넣는 연고' 라는 뜻이다. 세안약 덩어리가 눈에 들어가 있으면 시야가 어둡게 보일 수 있는 데서 어두운 색이라고 할 수 있다. 또는 세안약이 원래 어두운 색상일 수도 있다. 말린슨Mallinson은 이를 '램프의 그을음 덩어리' 로 번역하고 있다. SSd에서는 '빛나는 검은색' 으로 되어 있다. 뒤의 각주 224)의 본문 참조.

185) 뒤의 각주 225)의 본문 참조.

186) Burley(2000), pp. 160~161.

지적하고 있다. 이런 점에서 GHs의 요소별 위치에 대한 설명은 탄트라나 하타 요가 일반의 통념적인 설명[187]과는 다르다고 볼 수 있다.

결론적으로 세 경전에는 요소들에 대한 설명이 구체적으로 나타나 있지는 않다고 볼 수 있다. 다만 GHs에는 차크라에 배속된 요소의 성질에 대한 설명이 덧붙여져 있다.

187) 버레이Burley는 SCn의 설명을 덧붙여 하타 요가의 차크라론을 일목요연하게 잘 정리해 놓았다. Burley(2000), pp. 161~164 참조.

3. *Śivasvarodaya*의 5요소

(1) 5요소로 된 신체

인간의 물질적 육체를 구성하는 것들에 대해 YBh에서는 다음과 같이 언급하고 있다. "[신체의] 요소dhātu들로는 피부, 피, 살, 근육, 뼈, 골수, 정액이라는 일곱 가지가 있는데, 이 배열은 선행하는 것일수록 바깥에 있다."(3. 29) 그러나 이들이 5요소 중 어느 요소로 주로 이뤄져 있는지에 대해서는 더 이상의 설명이 없다. 그러나 SSd에서 '신체는 5요소로 이뤄져 있다'[188]면서 각 요소별로 신체의 어떤 부분을 구성하고 있는지, 즉 신체에서 나타나는 구체적 · 추상적 성질들에 대해 5가지씩 나열하고 있다. 그 내용은 다음과 같다.

> [신체 내] 지地는 다섯 속성이 있다고 말해진다. [그들은] 뼈, 살, 피부, 혈관, 그리고 다섯째 털이다. [이것은] 신성한 지식에 의해서 말해졌다.[189]

> [신체 내] 수水는 다섯 속성이 있다고 말해진다. [그들은] 정액, 피, 골수, 소변, 그리고 다섯째 침(타액)이다. [이것은] 신성한 지식에 의해서 말해졌다.[190]

---

188) 오, 아름다운 얼굴의 여인이여! 그런 식으로 신체는 5요소, [즉] 지地, 수水, 화火, 풍風, 공空으로 이뤄져 있다는 것을 알아야 한다.(pṛthivyāpastathā tejo vāyurākāśameva ca/ pañcabhūtātmako deho jñātavyaśca varānane//SSd 191//).

189) asthi māṃsaṃ tvacā nāḍī romaṃ caiva tu pañcamam/ pṛthvī pañcaguṇā proktā brahmajñānena bhāṣitam//SSd 192//

마찬가지로 [신체 내] 화火는 다섯 속성이 있다고 말해진다. [그들은] 굶주림, 갈증, 잠, 피로, 게으름이다. [이것은] 신성한 지식에 의해서 말해졌다.[191]

[신체 내] 풍風은 다섯 속성이 있다고 말해진다. [그들은] 달리기, 걷기, 묶기, 수축, 팽창이다. [이것은] 신성한 지식에 의해서 말해졌다.[192]

마찬가지로 [신체 내] 공空은 다섯 속성이 있다고 말해진다. [그들은] 애정, 질투, 부끄러움, 두려움, 당황함이다. [이것은] 신성한 지식에 의해서 말해졌다.[193]

위 내용을 보면 지地에서 공空으로 갈수록 그 성질이 미세해진다는 점이 반영되어 있는 것을 알 수 있다. 지地가 구체적인 물질적 신체, 그 중에서도 신체의 구조를 구성하는 부분이라면 수水는 좀 더 미세한 것들이고, 화火부터는 추상적인 것으로 배열되어 있음을 알 수 있다. 화火에서 공空으로 가는 과정도 좀 더 추상화되고 있다. 화火가 인간의 본능에 가까운 것이라면 풍風은 운동성, 공空은 이성과 감성의 복합적인 정신·감정 작용이라 볼 수 있다. 이는 현대의 뇌 과학이 밝히고

190) śukraśoṇitamajjā ca mūtraṃ lālā ca pañcamam/ āpaḥ pañcaguṇāḥ proktāḥ brahmajñānena bhāṣitam//SSd 193//

191) kṣudhā tṛṣā tathā nidrā klāntirālasyameva ca/ tejaḥ pañcaguṇamproktaṃ brahmajñānena bhāṣitam//SSd 194// Bhatt 본 외 3본(Rai, Sivananda, Satyendre)에는 모두 kānti([신체의] 아름다움)로 되어 있으나 전체 내용으로 볼 때 피로klānti가 더 적합한 것 같아 교정하여 이를 취했다.

192) dhāvanaṃ calanaṃ granthaḥ saṅkocanaprasāraṇe/ vāyoḥ pañcaguṇāḥ proktāḥ brahmajñānena bhāṣitam//SSd 195//

193) rāgadveṣau tathā lajjā bhayaṃ mohaśca pañcamaḥ/ nabhaḥ pañcaguṇaṃ proktaṃ brahmajñānena bhāṣitam//SSd 196//

있는 설명과도 유사하다. 고오스케의 언급을 참고하여 세 요소와 뇌의 연관성을 보면 다음과 같다. 인간만이 가지고 있다는 대뇌피질부의 작용은 지각령 · 운동령 · 연합령으로 구분된다. 이들 각각을 각 요소에 배대하여 살펴보면, 지각령은 감각기관으로부터 받아들인 자극을 느끼는 부분으로 화火의 속성과, 운동령은 받아들인 자극에 대한 반응으로써 운동 명령을 내리는 부분으로 풍風의 속성과, 연합령은 추리 · 판단 · 기억 · 이해 · 의지 · 상상 · 감정 등의 정신활동을 관장하는 부분으로 공空의 속성과 정확하게 일치하지는 않지만 닮아 있다.[194)]

(2) 신체 내에서의 발현

이렇게 형성된 신체 내에서 5요소는 각기 다른 성질을 갖는다. 이들은 ① 색상, ② 모양, ③ 콧구멍 내 호흡 흐름의 위치, ④ 맛, ⑤ 호흡의 길이, ⑥ 신체 부위, ⑦ 종자 소리라는 일곱 가지 구체적인 현상을 통해서 각각의 고유한 성질을 뚜렷하게 드러낸다. 먼저, 요소들이 신체 내에서 보여주는 색상부터 보자. 이는 우리의 육안으로는 볼 수 없으므로 이를 알기 위해서는 다음과 같은 기법을 사용해야 한다.[195)]

> 양 귀[구멍]에 [각각] 두 엄지손가락을, 양 콧방울에 [각각] 두 가운데 손가락을, 그리고 입 꼬리에, 두 눈에 다른 손가락들을 놓아야 한다.[196)]

---

194) 고오스케(1990), p. 40 참조.

195) 그것(요소)의 형태와 움직임, 맛, 위치, 속성, 그것들에 그(요가 수행자)는 정통하게 된다. [그] 사람은 세상에 [요소들이] 뒤섞여 있는 것으로부터도 [그것들을 구분할 수 있는] 방법을 발견한다.(tasya rūpaṃ gatiḥ svādo maṇḍalaṃ lakṣaṇaṃ tvidam/ sa vetti mānavo loke saṃsargādapi mārgavit//SSd 383//).

입과 코, 눈, 귀 부위를 손가락으로 막아야 한다. 요소의 일어남을 알게 된다. [이것이 요가 수행자들이] 가장 사랑하는 ṣaṇmukhī [무드라] 행법이다.[197)]

위 첫 송에서 '다른 손가락들' 이라 지칭된 부분을 구체적으로 설명하면 '입 꼬리에 약손가락과 새끼손가락을, 두 눈에 집게손가락을 놓아야 한다' 가 될 것이다. 왜냐하면 이 행법은 하타 요가에서도 동일하게 ṣaṇmukhī mudrā로 불리거나 또는 다른 이름, yonī mudrā로 불리는 행법과 같기 때문이다. 이 무드라에 대한 설명은 GHs에 나온다.

싯다사나를 하고 앉아서 엄지손가락, 집게손가락, 가운데손가락, 약손가락 등으로 [각각] 귀, 눈, 코, 입을 분명하게 막아야 한다.[198)]

이상의 내용을 알기 쉽게 그림으로 나타내면 다음과 같다.

【도 4】 yoni mudrā[199)]

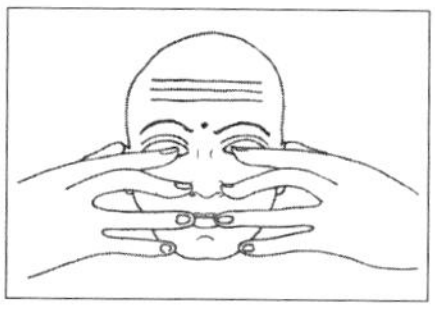

그러나 SSd에서 설명한 이 기법은 외형상 하타 요가의 yoni mudrā

196) śrutyoraṃguṣṭhakau madhyāṃgulyau nāsāpuṭada ye/ vadanaprāntake cānyāṃgulīrdadyācca netrayoḥ//SSd 150//

197) mukhanāsākṣikarṇāntānaṅgulībhirnirodhayet/ tattvodayamiti jñeyaṃ ṣaṇmukhīkaraṇaṃ priyam//SSd 382//

198) siddhāsanaṃ samāsādya karṇacakṣurnasāmukham/ aṅguṣṭhatarjanīmadhyānāmādyaiḥ pidadhīta vai//GHs 3. 33//

199) Sivapriyananda(2005), p. 38.

와 동일하나, 행법의 구체적인 내용과 이를 하는 목적에서는 차이를 보인다. 이들에 대해 GHs에서는 다음과 같이 설명한다.

kākī [무드라]로 숨을 들이쉰 뒤 apāna에 합쳐야 한다. 그리고 현명한 [요가 수행]자는 여섯 차크라를 차례로 명상하고서 huṃ, haṃsa 만트라[200]로 잠든 뱀의 여신을 [쉬바의] 의식으로 데려갈 것이다. [그리고] jīva와 함께 샥티를 지고의 연꽃까지 상승시킨다.[201]

자신을 샥티로 이뤄지게 하고서 지고의 쉬바와 결합한다. 여러 가지 즐거움과 쾌락, 지고의 행복을 생각할 것이다.[202]

쉬바와 샥티의 결합으로부터 지상에서 유일한 목표를 경험하게 될 것이다. 지복으로 찬 마음이 된 후 '나는 브라만이다' 라고 깨달을 것이다.[203]

yoni mudrā는 가장 보호되어야 할 것이다. 신들이라도 획득하기 어렵다. 그래서 [이를] 완전하게 숙달하자마자 그는 틀림없이 삼매 상태에 머물게 된다.[204]

---

200) prāṇamākṛṣya kākībhirapāne yojayettataḥ/ ṣaṭ cakrāṇi kramāddhyātvā huṃ haṃsamanunā sudhīḥ//GHs 3. 34//

201) caitanyamānayeddevīṃ nidritā yā bhujaṅginī/ jīvena sahitāṃ śaktiṃ samutthāpya parāmbuje//GHs 3. 35//

202) śaktimayo svayaṃ bhūtvā paraṃ śivena saṃgamam/ nānāsukhaṃ vihāraṃ ca cintayetparamaṃ sukham//GHs 3. 36//

203) śivaśaktisamāyogādekāntaṃ bhuvi bhāvayet/ ānandamānaso bhūtvā ahaṃ brahmeti saṃbhavet//GHs 3. 37//

204) yonimudrā parā gopyā devānāmapi durlabhā/ sakṛttu labdhasaṃsiddhiḥ samādhisthaḥ sa eva hi//GHs 3. 38//

하타 요가에서 이 행법은 SSd에서처럼 단순히 얼굴에 있는 일곱 개의 구멍을 막아 요소의 색상을 알기 위해 하는 기법이 아니다. 하타 요가에서는 이 행법을 śakticālana mudrā를 한 다음에 해야 하는 것[205]으로, 들이 쉰 프라나를 apāna와 결합하여 척주의 기저에 잠들어 있는 쿤달리니 샥티를 깨우고, 이를 각 차크라들을 거쳐 sahasrāra까지 상승시킴으로써 최종 깨달음의 상태, 즉 삼매를 성취하기 위한 수행법으로 사용한다. 이런 점에서 양자는 큰 차이를 보인다.

SSd로 다시 돌아와 여기서 하고 있는 설명을 살펴보자. 이 기법으로 알게 되는 각 요소별 색상은 다음과 같다.

> 그러면 이의 끝에는 노란색, 흰색, 붉은색, 검은색, [얼룩덜룩한] 점들로 지地 등 요소들에 대한 절대적인 지식이 차차 있을 것이다.[206]

> 수水는 흰색, 지地는 노란색, 화火는 빨간색, 풍風은 파란 구름색, 공空은 모든 색상이다.[207]

둘째, 모양이라는 속성을 통해서 5요소 중 어느 것이 지배적인지 알 수 있다고 한다. 이를 알기 위해서는 거울을 준비해서 아래와 같이 해야 한다. 이렇게 하면 거울에 각 요소의 특정한 형태가 나타난다.

---

205) śakticālana [무드라] 없이 yoni mudrā는 성취할 수 없다. 먼저 [śakti]cālana를 수행하고 그 다음 yoni mudrā를 수행해야 한다.(vinā śakticālanena yonimudrā na sidhyati/ ādau cālanamabhyasya yonimudrāṃ tato ' bhyaset//GHs 3. 48//).

206) asyāntastu pṛthivyādi tattvajñānaṃ bhavetkramāt/ pītaśvetāruṇaśyāmairbindubhirnirupādhikam//SSd 151//

207) āpaḥ śvetāḥ kṣitiḥ pītā raktavarṇe hutāśanaḥ/ māruto nīlajīmūta ākāśaḥ sarvavarṇakaḥ//SSd 155//

a. 거울로 [자신의 얼굴을] 주의 깊게 살펴보면서 거기(거울)에 숨을 내쉬어야 한다. 그리고 현명한 자는 요소들의 차이를 [거울에 생긴] 형태들로 알아야 할 것이다.[208)]

b. 그리고 [이들 형태는] 사각형, 반달, 삼각형, 원형으로 알려져 있다. 또 공空은 요소의 속성이 [얼럭덜럭한] 점들의 형태로 알려진다.[209)]

위 a의 내용이 간결해 이해하기 어려우므로 좀 더 부연 설명이 필요하다. 내쉰 콧김은 거울과 온도 차이가 있어 거울 위에 김을 서리게 만들고, 이 김은 평면 도형으로 상을 맺게 된다. 그렇게 형성된 상들의 대략적 모양을 통해서 지배 요소를 판단할 수 있다. 이해하기 쉽게 이를 그림으로 나타내 보면 다음 페이지와 같다.

셋째, 호흡이 콧구멍 내에서 흐르는 위치를 통해서도 알 수 있다.

실로 지地는 [호흡이] 가운데로, 수水는 아래로, 불火은 위로, 풍風은 비스듬히 흐른다. [호흡이 양 콧구멍에서] 함께 흐를 때 공空이 흐르고 있다.[210)]

즉 '내쉬는 공기가 콧구멍 속에서 특정한 방향을 통과하거나 특정한 방식으로 움직인다면 하나의 요소가 지배적'[211)]이라는 것을 알 수

208) darpaṇena samālokya tatra śvāsaṃ viniḥkṣipet/ ākāraistu vijānīyāttattvabhedaṃ vicakṣaṇaḥ//SSd 152//

209) caturasraṃ cārdhacandraṃ trikoṇaṃ vartulaṃ smṛtaṃ/ bindubhistu nabho jñeyamākāraistattvalakṣaṇam//SSd 153//

210) madhye pṛthvī hyadhaścāpaścordhvaṃ vahati cānalaḥ/ tiryagvāyupravāhaśca nabho vahati saṃkrame//SSd 154//

211) 조하리(2008), p. 92.

【도 5】 요소별 콧김의 모양[212]

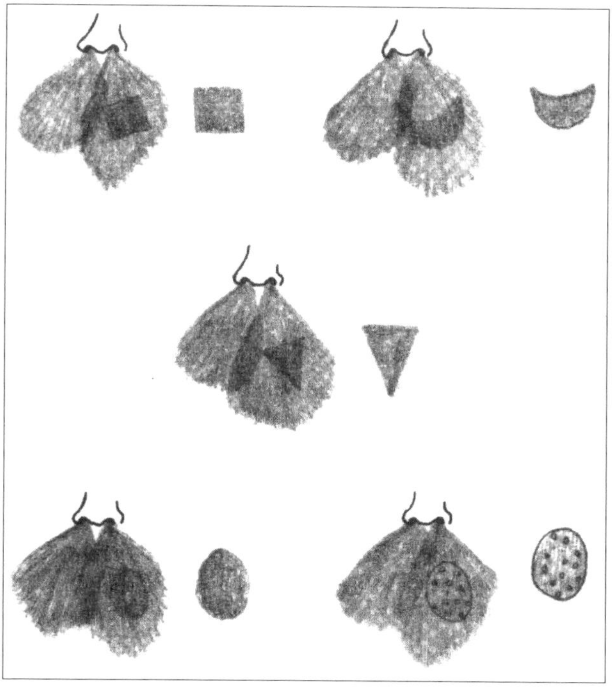

있다. 들이쉬는 공기가 아니라 '내쉬는 공기'인 이유는 들숨을 통해 공기가 들어와서 5요소 중 지배적인 요소의 영향을 받은 상태로 나가기 때문이다.

넷째, 각 요소들은 각기 다른 맛을 가지고 있다.

> 맛에 있어서 지地는 단맛, 수水는 떫은 맛,[213] 그런 식으로 화火는 매운 맛, 풍風은 신맛, 공空은 쓴맛이다.[214]

212) 조하리(2008), p. 94.
213) Rai, Bhatt 본의 번역은 짠맛으로 되어 있다. 조하리는 양자를 병기하고 있다.

다섯째, 각 요소가 지배적일 때 호흡의 길이에 대해서도 설명하고 있다. 여기서 말하는 길이는 시간적 길이가 아니라 물리적 거리를 뜻한다.

> 풍風은 [호흡의 길이가] 여덟 손가락 너비로 흐를 것이다. 화火는 네 손가락 너비로, 지地는 열두 손가락 너비로, 수水는 열여섯 손가락 너비로 [흐를 것이다].[215]

위 송에서 호흡의 길이를 손가락의 너비로 측정한다는 것이 구체적으로 어떻게 하는 것인지 다소 모호하다. 이에 대해 조하리Johari가 제시하는 다음과 같은 구체적인 방법은 참고할 만하다.

> 호흡의 길이는 어떠한 주어진 시간에 어느 요소가 콧구멍 호흡에 나타나 있는지를 측정할 수 있는 실마리를 준다. 내쉬는 숨의 길이를 측정하기 위해서 수행자는 먼저 보드지 위에 아주 작은 솜 한 조각을 놓는다. 그 보드지를 작용하는 콧구멍 쪽으로 가져와서 숨을 내쉰다. 어떤 거리에서 내쉰 숨이 그 솜조각에 영향을 미치기 시작하고, 점차 그것은 눈으로 볼 수 있게 될 것이다. 내쉬는 숨의 힘에 의해서 작은 솜조각이 움직이기 시작하는 지점이 호흡의 세기이고, 또한 그것은 호흡의 길이라고 알려져 있다. 위에서 서술한 기법은 아주 고대의 것이다. 내쉬는 숨의 영향을 보여주는 작은 솜조각이 움직이기 시작하는 지점을 손가락으로 측정한다. 왜냐하면 동일인의 콧구멍과 손가락은 비례관계를

조하리(2008), p. 101 참조.

214) māheyaṃ madhuraṃ svāde kaṣāyaṃ jalameva ca/ tīkṣṇaṃ tejaḥ samīro ' mlaḥ ākāśaṃ kaṭukaṃ tathā//SSd 157//

215) aṣṭāṅgulaṃ vahedvāyuranalaścaturaṅgulam/ dvādaśāṅgula māheyaṃ vāruṇaṃ ṣoḍaśāṅgulam//SSd 158//

가지고 있기 때문이다.[216] 문헌들에서 이러한 측정법을 손가락 너비라고 부른다(아마도 호흡의 길이와 강도를 측정하는 더 빠르고 더 정확한 방법이 만들어질 수 있을 것이다).[217]

여섯 째, "화火는 양 어깨에 위치하고 풍風은 배꼽의 근저에, 지地는 무릎 부위에, 수水는 발의 아래 부위에, 공空은 머리에 있다"[218]고 각 요소의 신체 내 위치를 설명한다.

마지막으로 명상의 대상으로서 5요소에 대해 설명하고 있다. 각기 다른 종자 소리,[219] 모양, 색상, 냄새 그리고 이들에 대해 명상을 했을 때 생기는 초능력 등을 서술하고 있다. 이들 내용은 앞서 하타 요가의 GHs에서 다룬 차크라에 배속된 5요소의 속성과 거의 유사하다. 여기서는 초능력에 대한 부분[220]을 제외하고 5요소의 속성을 중심으로 살펴보자.

> laṃ은 지地의 종자 [소리]이다. 사각형이고, 샛노란색 빛, 좋은 냄새, 황금색 빛[을 가진 이 요소]에 대해 명상해야 한다. ……[221]

---

216) 동양의학의 침구학에서 혈자리를 잡기 위해 사용하는 골도법骨度法 또는 동신촌법同身寸法과 유사하다.

217) 조하리(2008), p. 96.

218) skandhadvaye sthito vahnirnābhimūle prabhañjanaḥ/ jānudeśe kṣitistoyaṃ pādānte mastake nabhaḥ//SSd 156//

219) 종자 소리는 탄트라의 중심 개념 중 하나이다. 이 범주의 만트라들은 더 복잡한 소리 조합의 정수를 뽑아내어 단음절의 만트라를 사용하기 때문에 종자 소리로 불린다. 이렇게 약칭으로 된 만트라들은 특성상 의미가 없고 메타 언어적 기능을 가지고 있기 때문에 탄트라 의례나 요가 수행 중에 음송된다. 이는 또 수행자가 합일하려는 특정 신성을 상징하고 신성들의 일부분이라 생각된다. 이 신비한 음절들은 일곱 개의 차크라와 연관이 있다.

220) 이에 대해서는 뒤의 제5장 *Śivasvarodaya*의 수행론에서 다룬다.

221) laṃbījaṃ dharaṇīṃ dhyāyeccaturasrāṃ supītabhām/ …… //SSd 209//

vaṃ은 수水의 종자 [소리]이다. 빛나는 반달 [모양의 이] 요소에 대해 명상해야 한다.[222]

raṃ은 화火의 종자 [소리]이다. 삼각형이고 빛나는 빨간색(또는 적갈색)[을 가진 이 요소]에 대해 명상해야 한다. ……[223]

yaṃ은 풍風의 종자 [소리]이다. 원 [모양]이고 빛나는 검은색(또는 어두운 색)[을 가진 이 요소]에 대해 명상해야 한다. ……[224]

haṃ은 공空의 종자 [소리]이다. 형상이 없고 빛나는 많은 색으로 된 [이 요소]에 대해 명상해야 한다. ……[225]

위 송들을 GHs의 설명과 비교해 보면 우선 요소의 위치와 신격에 대한, 또 세부적으로는 수水의 색상 속성에 대한 언급이 없다. 그러나 이들을 제외하고는 GHs의 설명과 거의 유사하다.[226] 따라서 이 송들

222) vaṃbījaṃ vāruṇaṃ dhyāyettattvamardhaśaśiprabham/ …… //SSd 210//
223) raṃbījaṃ agniṃ dhyāyettrikoṇamaruṇaprabham/ …… //SSd 211//
224) yaṃbījaṃ pavanaṃ dhyāyedvartulaṃ śyāmalaprabham/ …… //SSd 212//
225) haṃbījaṃ gaganaṃ dhyāyennirākāraṃ bahuprabham/ …… //SSd 213//
226) SSd와 GHs를 비교하여 표로 만들어 보면 아래와 같다.

【SSd와 GHs의 요소별 속성】

구분		모양	색상	종자 소리
지地	SSd	사각	샛노란색	laṃ
	GHs	사각	노란색	la
수水	SSd	반달	—	vaṃ
	GHs	반달	흰색	va
화火	SSd	삼각	빛나는 빨간색	raṃ
	GHs	삼각	불타는 붉은색	ra
풍風	SSd	원	빛나는 검은색	yaṃ
	GHs	원	세안약 덩어리(어두운 색)	ya
공空	SSd	무형상	빛나는 많은 색	haṃ
	GHs	완전하게 순수한 물(무형상, 무색상)		ha

* GHs의 색상칸 ( )안의 내용은 앞서 SSd의 설명을 반영하여 작성한 것임.

또한 차크라에 배속된 요소들의 성질에 대한 설명이라고 할 수 있다.

연이은 송들에서는 신체 내 특정 요소가 지배적일 때 스와라 흐름의 특성과 그러한 스와라가 흐를 때 세속에서 어떤 행위나 일을 해야 하는지 설명한다. 스와라의 흐름이란 호흡의 흐름이란 의미를 내포하고 있기에, 앞서 요소들의 성질(주로 호흡으로 나타나므로)에 대한 설명과 중복되어 서술되는 부분이 많다. 그러나 호흡의 흐름 양태, 흐름 소리, 온도 등은 새로운 내용이다. 행위나 일은 신체 내의 특성이 아니므로 여기서는 이를 제외하고 해당 내용만 살펴보겠다. 아래 송들에서 밑줄 친 부분은 앞서 나오지 않은 성질들이다.

① 지地 요소 :

지地 요소가 [지배적인] 스와라는 노란색이고 조용한 알맞은 흐름이고 무거운 소리와 함께 턱까지 이르며 약간 따뜻하다. ……[227]

지地 요소가 [지배적인 스와라가] 흐를 때 [이는] 노란색이고 사각형이고 단맛이고 가운데 있고(흐르고) 열두 손가락 너비이고 ……[228]

② 수水 요소 :

무거운 소리와 함께 아래로 흐르고 빠르게 움직이며 차갑고 열여섯 손가락 너비로 있는 vāyu(스와라), 이는 수水가 [지배적인 스와라이고] ……[229]

---

227) pītaḥ śanairmadhyavāhī hanuryāvadgurudhvaniḥ/ kavoṣṇaḥ pārthivo vāyuḥ …… //SSd 164//

228) pītavarṇaṃ catuṣkoṇaṃ madhuraṃ madhyamāśritam/ …… pārthivaṃ tattvaṃ pravāhe dvādaśāṅgulam//SSd 169//

229) adhovāhī gurudhvānaḥ śīghragaḥ śītalaḥ sthitaḥ/ yaḥ ṣoḍaśāṅgulovāyuḥ sa āpaḥ …… //SSd 165//

수水 요소가 [지배적인 스와라가] 흐를 때 [이는] 흰색이고 반달 모양이고 떫은맛이며 축축하고 열여섯 손가락 너비이다.[230]

③ 화火 요소 :

그리고 원형으로 움직이고[231] 매우 뜨겁고 빨간색이고 네 손가락 너비이고 위로 흐르고 …… 이것은 화火가 [지배적인 스와라이다].[232]

화火 요소가 [지배적인 스와라가] 흐를 때 [이는] 빨간색이고 삼각형이고 매운맛이고 윗부분으로 흐르고 네 손가락 너비이다.[233]

④ 풍風 요소 :

따뜻하고[234] 검은색이고 비스듬하게 움직이고 여덟 손가락 너비인 vāyu는 풍風이라 불린다. ……[235]

풍風 요소가 [지배적인 스와라가] 흐를 때 [이는] 파란색이고 원형이고 새콤달콤한 맛이고 흔들리며 비스듬하게 있으며 여덟 손가락 너비로 알려진다.[236]

---

230) śvetamardhendusaṃkāśaṃ svādukāṣāyamārdrakam/ lābhakṛdvāruṇaṃ tattvaṃ pravāhe ṣoḍaśāṅgulam//SSd 170//

231) '회전한다' 는 뜻이다.

232) āvarttagaścātyuṣṇaśca śoṇābhaścaturaṅgulaḥ/ ūrdhvavāhī ca yaḥ …… sa taijasaḥ//SSd 166//

233) raktaṃ trikoṇaṃ tīkṣṇaṃ ca ūrdhvabhāgapravāhakam/ dīptaṃ ca taijasaṃ tattvaṃ pravāhe caturaṅgulam//SSd 171//

234) 원어로는 뜨거움uṣṇaḥ과 차가움śītaḥ으로 되어 있으나 뜨겁고 찬 상태는 없다. 형용 모순이다. Muktibodhananda, Rai, Bhatt 본 모두 '온난한temperate' 이라는 번역어를 채택하고 있다. 이를 받아들여 '따뜻한' 으로 번역하였다.

235) uṣṇaḥ śītaḥ kṛṣṇavarṇastiryaggāmyaṣṭakāṅgulaḥ/ vāyuḥ pavanasaṃjñastu …… //SSd 167//

⑤ 공空 요소 :

균형 잡히게 모든 [다른] 요소의 속성을 가지고 있는 vāyu는 공空[이 지배적인 스와라]로 알아야 한다. ……[237]

공空 요소가 [지배적인 스와라가 흐를 때] 색상과 형태에, 맛과 흐름에 구분됨이 없고 편재하고 ……[238]

이상으로 신체 내에서 각 요소들이 지배적일 때 각각의 성질들에 대해 알아보았다. 이해의 편의를 위해 전체 내용을 요약하여 도표로 작성해 보면 아래와 같다.

【표 3】 요소별 신체 내 성질

구분	지地	수水	화火	풍風	공空
① 색상	노란색	흰색	붉은색	검은색	모든 색상/ [얼룩덜룩한] 점
② 모양	사각형	반달	삼각형	원형	점들
③ 콧구멍 내 위치	가운데	아래	위	비스듬	양 콧구멍에서 함께
④ 맛	단맛	떫은맛	매운맛	신맛 / 새콤달콤	쓴맛
⑤ 호흡의 길이[239]	열둘	열여섯	넷	여덟	—
⑥ 신체 부위	무릎	발 아래 부위	어깨	배꼽 근저	머리
⑦ 종자 소리[240]	laṃ	vaṃ	raṃ	yaṃ	haṃ
⑧ 움직임	조용하고 알맞음	빠름	원형(회전)	흔들리며 비스듬함	[모든 방향]
⑨ 소리	무거움	무거움	[가벼움]	—	[소리 없음]

236) nīlaṃ ca vartulākāraṃ svādvamlaṃ tiryagāśritam/ capalaṃ mārutaṃ tattvaṃ pravāhe ' ṣṭāṅgulaṃ smṛtam//SSd 172//

237) yaḥ samīraḥ samarasaḥ sarvatattvaguṇāvahaḥ/ ambaraṃtaṃvijānīyād …… // SSd 168//

238) varṇākāre svādavāhe avyaktaṃ sarvagāminam/ …… nābhasaṃ tattvaṃ …… //SSd 173//

239) 단위는 손가락 너비.

240) 차크라에 배속된 요소의 성질들 중 종자 소리를 제외한 모양과 색상은 표내 ①, ②의 내용과 동일하다.

구분	지地	수水	화火	풍風	공空
⑩ 느낌	따뜻함	차가움	매우 뜨거움	[건조함]	[차지도 따뜻하지도 않음]
※ 기타	턱까지 도달	축축함	–	–	모든 다른 요소의 속성을 가짐/편재함

*[ ] 안의 내용은 필자의 추정

위의 각 속성들 중에서 고전 요가에 나타나는 설명의 연장선상에서 생각해 볼 수 있는 것들이 몇 가지 있다.[241] 색상 · 모양 · 맛 · 신체 부위 · 종자 소리 등은 고전 요가의 속성 묘사와 연관 지어 생각하기는 어렵지만, 콧구멍 내의 위치 · 소리 · 느낌과 관련해서는 유사성이 보인다. 또 해당 송들 및 전체 내용에는 나타나 있지 않지만([표 3]에서 비어 있는 칸) 대략 어떠한 속성을 띨 것이라고 추정해 볼 수 있는 것들도 있다.

먼저, ③ 콧구멍 내의 위치 항목부터 보면 지地가 가운데로 흐른다는 점은 근거를 알 수 없지만, 수水는 고전 요가의 무거움이라는 설명과 연관시켜 보면 아래로 흐른다는 점이 이해가 된다. 이런 식으로 화火는 상승 운동성 · 가벼움이라는 묘사에서 위로 흐르고, 풍風은 비스듬한 움직임이라는 성질에 의해 비스듬하게 흐른다는 점도 마찬가지로 추론해 볼 수 있다. 공空의 경우는 모든 방향으로 움직임 · 편재함에 의해 양 콧구멍에서 함께 흐른다고도 할 수 있지만, 이런 흐름은 공空이 이다와 핑갈라의 균형, 즉 수슘나의 흐름이라는 사실에 보다 더 근본적인 토대를 둔 현상이다.

다음으로 ⑨ 소리의 속성인 지地와 수水의 무거움은 각각 고전 요가의 무게와 무거움이라는 설명과 일치한다. 화火 · 풍風 · 공空의 속성은 비어 있는데, 고전 요가의 설명에 비추어 추론해 보면 화火의 가벼움 · 상승 운동성, 공空의 응집성 없음이란 성질을 고려해 볼 때 전자

241) 제3장의 1. 고전 요가의 5조대 요소에 대한 내용 참조.

는 가벼운 소리, 후자는 소리 없음 정도에 해당한다고 할 수 있겠다. 풍風의 경우는 대응되는 유사한 성질이 보이지 않는다.

그리고 ⑩ 느낌에서 지地의 따뜻함은 연관성을 찾을 수 없지만 수水의 차가움과 화火의 뜨거움은 각각 고전 요가의 차가움과 연소라는 설명이 그대로 반영되어 있음을 볼 수 있다. 풍風과 공空의 속성은 나타나 있지 않지만 전자는 고전 요가의 건조함이란 설명이 적합할 듯하고, 후자는 위 송에도 나오듯이 기본적으로 모든 요소의 속성을 가지고 있으므로 차지도 따뜻하지도 않은 느낌이라 하겠다.

⑧ 움직임 항목에서 공空의 움직임 속성 또한 위 송들에서 나타나 있지 않은데, 이에는 고전 요가에서 말한 모든 방향으로 움직임이라는 묘사를 그대로 적용할 수 있겠다.

(3) 5요소의 지배 시간

포Fouw에 따르면 행성의 요소 지배의 구체적 적용례는 두 분야에서 찾을 수 있다고 한다. 하나는 점성학에서 볼 수 있는 것으로 의심스러운 출생 시간을 교정하는 것이다. 다른 적용의 예는 svarodaya, 즉 탄트라 호흡의 과학에서 찾을 수 있는데, 그 핵심 내용은 매일 특정 시간 동안 특정한 순서로 이들 요소가 지배하는 것이다.[242] 후자와 유사하게 SSd에는 행성의 지배에 근거[243]를 두고 신체 내에 각 요소가 일어나는 순서와 지속 시간에 대해 설명하고 있다.

a. [신체에] 지地는 50pala, 그런 식으로 수水는 40pala, 화火는 30pala,

242) Fouw(2003), p. 78 내용 요약.
243) 이에 대해서는 뒤의 c. 행성 배속 부분 참조.

다시 풍風은 20pala, 공空은 10pala이다.[244)]

b. 처음에 풍風이 흐르고 그와 같이 둘째로 화火가 [흐른다]. 셋째로 지地가 흐르고, 넷째로 수水가 흐른다. [마지막으로 공空이 흐른다].[245)]

c. 그리고 2와 1/2ghaṭi 동안 다섯 [요소]가 [앞의] 순서대로 발생한다. 요소들은 각 나디들에서 순차적으로 일어난다.[246)]

a를 보면 지地로부터 시작해서 각 요소의 지배 시간이 10pala씩 순차적으로 줄어든다. 여기서 1pala는 24초이므로 4분씩 줄어든다. 지地는 20분, 수水는 16분, 화火는 12분, 풍風은 8분, 공空은 4분간 지배한다. 그리고 b에서 요소들이 지배적이 되는 순서는 미세한 데서 조대한 데로 전개하는 순서와는 다르다. 풍風 → 화火 → 지地 → 수水 → 공空의 순이다. c에서 1ghaṭi는 24분이므로 2와 1/2ghaṭi는 60분이다. 또 각 나디들에서 동일한 순서로 발생한다고 보았다.

종합해 보면 1시간 동안 각 요소들은 한 차례씩 지배적이 되는데, 처음에 풍風이 8분간 지배하고, 이어 화火가 12분, 지地가 20분, 수水가 16분, 공空이 4분의 순서로 지배한다. 이런 식으로 요소들은 하루 24시간 동안 24차례 동일한 순서와 지배 시간으로 각 나디들에서 작용한다.

---

244) pṛthivyāḥ palāni pañcāśaccatvāriṃśattathāmbhasaḥ/ agnestriṃśatpunarvāyorviṃśatirnabhaso daśa//SSd 197//

245) prathamaṃ vahate vāyurdvitīyaṃ ca tathā ' nalaḥ/ tṛtīyaṃ vahate bhūmiścaturthaṃ vāruṇo vahet//SSd 71//

246) sārddhadvighaṭike pañca krameṇaivodayanti ca/ kramādekaikanāḍyāṃ ca tattvānāṃ pṛthagudbhavaḥ//SSd 72//

(4) 세속의 일과 관련 된 것들

각 요소가 지배적일 때 세속에서 어떤 종류의 행위나 일을 해야 성취를 이룰 수 있는지에 대해 언급하고 있다. 지地가 지배적인 스와라가 흐를 때는 안정적인 일을[247], 수水는 상서로운 행위를[248], 화火는 무자비한 행위를[249], 풍風은 움직이는 행위 또는 적을 궤멸시키고 뒤엎는 행위를 해야 한다[250]는 것이다.[251] 그러나 공空의 경우는 요가 수행의 성취[252], 즉 해탈을 주지만 세속의 어떤 일도 해서는 안 되고, 설령 한다 한들 아무런 성취를 이룰 수 없다고[253][254] 한다. 그리고 각 요소가 지배적일 때 세속의 일들이 어떻게 전개될 것인지, 그 결과는 어떨지 등에

247) …… [지地가 지배적인 스와라일 때는] 안정적인 일들의 성취가 있다.(…… sthirakāryaprasādhakaḥ//SSd 164//).

248) …… [수水가 지배적인 스와라일 때는] 상서로운 행위를 해야 한다.(…… śubhakarmakṛt//SSd 165//).

249) …… 무자비한 행위를 해야 하는 것, [이것은 화火가 지배적인 스와라이다].(…… krūrakarmakārī …… //SSd 166//).

250) [풍風이 지배적인 스와라일 때는] …… 움직이는 행위에 성취가 있다.(…… carakarmaprasādhakaḥ//SSd 167//).

251) 이와 연관 내용으로 다음과 같은 송이 있다. 지地가 [지배적일] 때는 안정적인 행위들을, 수水가 [지배적일] 때는 움직이는 행위들을, 화火가 [지배적일] 때는 난폭한 행위들을, 풍風이 [지배적일] 때는 적을 궤멸시키고 뒤엎는 [행위들]을 [해야 한다].(pṛthivyāṃ sthirakarmāṇi carakarmāṇi vāruṇe/ tejasi krūrakarmāṇi māraṇoccāṭane ' nile//SSd 160//).

252) [공空이 지배적인 스와라일 때는] …… 요가 수행자들의 요가 수행에 성취를 준다.(…… yogināṃ yogadāyakam//SSd 168//).

253) [공空이 지배적인 스와라일 때는] 해탈을 준다. …… 모든 일에 결과가 없다.(…… mokṣadaṃ …… sarvakāryeṣu niṣphalam//SSd 173//).

254) 공空이 [지배적일] 때 어떤 행위도 해서는 안 될 것이다. [대신] 요가 수행에 전념해야 한다. [이 때는] 모든 일들에 아무 것도 없을 것이다. 이런 점에서 [요가 수행을 제외한 다른] 일들은 고려하지 않는다.(vyomni kiñcinna kartavyamabhyasedyogasevanam/ śūnyatā sarvakāryeṣu nātrakāryā vicāraṇā//SSd 161//).

대해서도 설명하고 있다.

a. 지地와 수水는 성취가 있을 것이고 화火는 죽음, 풍風은 손실이, 공空은 모든 것에 결과가 없게 될 것이다. 요소들에 대한 지식을 가진 자들은 [이를] 알아야 한다.[255)]

b. 지地가 [지배적일] 때 오랜 시간 동안 이익이 있고, 수水 요소의 때는 즉각적인 이익이 있다고 알려진다. 화火와 풍風으로부터 손실이 있을 것이고 공空은 결과가 없게 될 것이다.[256)]

c. 쉿소리 내기, 찢어짐, 깨짐, 떨어짐[과 같은 양태를 가진] 지地 [요소]는 모든 일에서 상태에 따라 알맞은 결과를 준다.[257)]

d. 생활 유지, 승리, 이익, 경작, 돈 버는 일, 만트라 수행, 전쟁에 대한 질문, 외출과 귀가[258)]에 대해 [지地는 유리하다고 여겨진다].[259)]

e. [호흡이] 위로 흐르면 죽음이, 아래로 흐르면 평온함이, 그런 식으로 비스듬히 흐르면 뒤엎음이, 가운데로 흐르면 방해가 있음을 알아야 한다. 공空은 모든 것에 중용이 있다.[260)]

---

255) pṛthvījalābhyāṃsiddhiḥ syānmṛtyurvahnau kṣayo ' nile/ nabhaso niṣphalaṃ sarvaṃ jñātavyaṃ tattvavādibhiḥ//SSd 162//

256) ciralābhaḥ kṣitaujñeyastatkṣaṇe toyatattvataḥ/ hāniḥ syādvahnivātābhyāṃ nabhasoniṣphalaṃ bhavet//SSd 163//

257) phūtkārakṛtprasphuṭitā vidīrṇā patitā dharā/ dadāti sarvakāryeṣu avasthāsadṛśaṃ phalam//SSd 200//

258) '여행' 이라는 번역도 가능하다. Muktibodhananada번역 참조.

259) jīvitavye jaye lābhe kṛṣyāṃ ca dhanakarmaṇi/ mantrārthe yuddhapraśne ca gamanāgamane tathā//SSd 178//

f. 낮에 지地의 작용은 이익이 있을 것이고, 밤에는 수水[의 작용]이 이익을 가져올 것이다. 화火에 죽음이, 풍風은 파괴가, 공空 상태는 때로 불로 인한 손실이 있을 것이다.[261]

g. 수水 요소 때 적이 가까이 온다. 지地 [요소] 때 상서롭다. 풍風 [요소] 때 적이 다른 곳으로 간다. 공空과 화火 때 손실과 죽음이 있다.[262]

h. 지地에는 식물의 뿌리에 대한 생각이 있을 것이다. 수水와 풍風에는 생명에 대한 염려가 있을 것이다. 화火에는 광물에 대한 생각이 있을 것이다. 공空에는 아무 것도 없다고 말할 수 있다.[263]

이상의 내용들은 앞서 살펴본 '성취할 수 있는 행위' 의 연장선상에서 설명하고 있고, 또한 더 구체적인 내용을 포함하고 있다. 우선 다소 불명확해 보이는 e와 f의 내용을 좀 더 명확히 알아볼 필요가 있다. '콧구멍 내 스와라 흐름의 위치' 라는 요소의 성질[264]을 적용하여 e를 풀이해 보자. 그러면 '화火 요소가 지배적일 때는 죽음이, 수水 요소 때는 평온함이, 풍風 요소 때는 뒤엎음이, 지地 요소 때는 방해가, 공空 요소 때는 중용이 있다' 가 된다.

다음으로 a~e와 달리 f에서는 '낮에 지地, 밤에 수水의 작용이 이익

260) ūrdhvaṃ mṛtyuradhaḥ śāntistiryaguccāṭanaṃ tathā/ madhye stambhaṃ vijānīyānnabhaḥ sarvatra madhyamam//SSd 159//

261) lābhaḥ pṛthvīkṛto ' hniḥ syānniśāyāṃ lābhakṛjjalam/ vahnau mṛtyuḥ kṣayo vāyurnabhasthānaṃdahetkvacit//SSd 177//

262) āyāti vāruṇe tattve śatrurasti śubhaḥ kṣitau/ prayāti vāyuto ' nyatra hānimṛtyu nabho ' nale//SSd 179//

263) pṛthivyāṃ mūlacintā syājjīvasya jalavātayoḥ/ tejasā dhātucintāsyācchūnyamākāśatovadet//SSd 180//

264) 앞의 [표 3] 참조.

을 산출한다' 고 하여 낮, 밤을 구분하여 지배 요소별 세속 일의 결과를 다루고 있다. 한편 나머지 요소들에 대해서는 낮과 밤의 구분 없이 세속 일의 결과만 말하고 있어서 이들은 낮, 밤별로 어떤 결과를 산출하는지 알 수 없다. 전자는 다음과 같이 이해해 볼 수 있다. SSd의 기본 원리들 중 낮에는 태양 스와라가, 밤에는 달 스와라가 지배적이라는 원리를 적용해 보면, 이러한 구분은 상당히 타당성이 있다. 왜냐하면 지地와 수水 양자 모두 이익을 산출한다는 점에서는 같지만, 요소별 지배 행성[265]을 보면 오른쪽 스와라가 흐를 때 태양은 지地에, 왼쪽 스와라가 흐를 때 달은 수水에 있게 되어 그 특성이 더 강하게 작용한다고 볼 수 있기 때문이다. 이 논리의 연장선상에서 후자는 다음과 같이 추론해 볼 수 있다. 기본적으로 화火에는 태양과 화성이, 풍風에는 토성이, 공空에는 목성이 있다. 오른쪽 스와라의 영향력이 지배적인 낮에는 태양의 영향을 받는 행성인 태양 · 토성 · 화성이 강하고, 왼쪽 스와라의 영향력이 지배적인 밤에는 수성 · 달 · 금성 · 목성이 강하다. 따라서 화火 · 풍風은 낮에 특성이 더 강하게, 공空은 밤에 특성이 더 강하게 작용할 것이다. 그래서 "달 [스와라]에 지地와 수水가 있거나 태양 [스와라]에 화火가 있을 때, 그때 상서롭고 불길한 [모든] 일이 이루어질 것이다. 의심의 여지가 없다"[266]고 할 수 있게 된다. 다시 말해 수성이 있는 지地와 달, 금성이 있는 수水는 왼쪽 스와라가 있을 때, 태양과 화성이 있는 화火는 오른쪽 스와라가 있을 때 특성이 강해진다.

---

265) SSd 182~184송(각주 280), 281), 278))과 [표 5] 참조. 태양의 영향을 강하게 받는 행성은 태양, 화성, 토성이고 달의 영향을 강하게 받는 행성은 달, 수성, 금성, 목성이다. 각 행성들은 일곱 요일에 배대되므로 각 요일도 행성과 동일하게 태양과 달, 즉 태양 스와라와 달 스와라의 영향을 받는다. 제5장의 2. 수행의 기본 원리와 실천 지침 : 점성학 원리와 연관성 참조.

266) candre pṛthvījale syātāṃ sūrye 'gnirvā yadā bhavet/ tadā siddhirnasaṃdehaḥ saumyāsaumyeṣu karmasu//SSd 176//

따라서 전자 때 상서로운 일이, 후자 때 불길한 일이 모두 이루어진다. 이상의 '(4) 세속의 일과 관련된 것들'의 전체 내용을 도표로 정리해 보면 아래와 같다.[267)]

【표 4】 세속의 길흉과 각 요소의 속성

구분	지地	수水	화火	풍風	공空
제160, 제164~167송	안정적인 일	상서로운 행위	무자비한 행위	움직이는 행위/ 적을 궤멸시키고 뒤엎는 행위	요가의 성취, 해탈/ 어떤 일도 안 됨
제162송	성취	성취	죽음	손실	결과 없음
제163송	오랜 기간 이익	즉각적 이익	손실	손실	결과 없음
제159송	방해	평온함	죽음	뒤엎음	중용
제177송	이익(낮)	이익(밤)	죽음	파괴	때로 불로 인한 손실
제179송	상서로움	적이 가까이 옴	죽음	적이 다른 곳으로 감	손실
제180송	식물 뿌리에 대한 생각	생명에 대한 염려	광물에 대한 생각	생명에 대한 염려	아무것도 없음
제178송	지地의 요소 : 생활 유지, 승리, 이익, 경작, 돈 버는 일, 만트라 수행, 전쟁에 대한 질문, 외출과 귀가(또는 여행)				
제200송	지地의 요소 : 모든 일에서 상태에 따른 알맞은 결과				

위 표를 통에 나타난 각 요소의 속성들은 크게 두 가지 성격을 띤 것들로 나눌 수 있다. 하나는 유익한 것이고 다른 하나는 불길함과 죽음 또는 무익한 것이다. 전자는 지地와 수水, 그 중에서도 특히 지地라고 볼 수 있다. 178송과 200송을 보면 지地의 유익함이 매우 상세하게 단독 송으로 언급되고 있다. 후자는 화火·풍風·공空이다. SSd 174송에는 "지地와 수水는 상서로운 두 요소이고 화火는 섞인 결과를 산출한다. 공空과 풍風은 사람들에게 손실과 죽음과 불길함이 있다"[268)]고 되어 있으나, 위 표를 보면 화火가 '섞인 결과'를 산출하기보다는 풍風처럼 주로 죽음과 손실을 주는 요소로 작용한다. 따라서 이 송의 화火에 대한 표현은 적합하지 않다. 후자 셋 중에서도 공空의 속성은 약간 독특

---

267) 이 절, 즉 제3장 3. (4) 내 각주의 해당 송 참조.

268) pṛthvījale śubhe tattve tejo miśraphalodayam/ hānimṛtyukarau puṃsāmaśubhau vyomamārutau//SSd 174//

함을 갖는다. 공空은 세속의 모든 일에 결실을 맺음이 없기에 손실만 불러일으킬 뿐이다. 한편 이 요소가 지배적일 때는 요가의 성취, 즉 해탈을 위한 수행에 매우 적합한 상태가 된다.

이상의 내용은 수행을 해나가기 적합한 상태를 유지하는 것과 세속에서 성취를 잘 이룰 수 있는 상태를 만드는 것 사이에 양립하기 어려운 특성이 있음을 보여준다. 그러나 한편으로 뒤집어 생각해 보면 이러한 요소들의 지배 상태를 잘 알아서 그때에 알맞은 행위를 선택적으로 할 수 있고, 한 걸음 더 나아가 해당 행위를 하기에 알맞은 요소가 지배적이 되도록 만들 수 있다고 볼 수도 있다. 이는 출가 수행자가 아니라 세속 생활을 해나가며 수행을 해야 하는 재가 수행자들에게 수행과 세속 생활의 균형을 어떻게 적절히 이루어나갈 수 있을 것인가, 즉 수행과 세속 양자에서 모두 성취와 성공을 거둘 수 있을 것인가, 하는 문제에 대한 실마리를 제공해 주고 있다고 할 수 있다.

위 표에 요약되어 있는 속성들에 고전 요가의 5조대 요소에 대한 추상적인 묘사가 어떤 식으로 투영되어 있는지 살펴보자. 지地의 경우 안정성과 방해와 모든 것에 유용함이 각각 안정적인 일과 생활 유지, 방해, 모든 일에서 상태에 따른 알맞은 결과를 얻음으로, 수水는 보호·정화·부드러움에서 상서로운 행위와 평온함으로 적용되었음을 추론해 볼 수 있다. 화火는 파괴의 성질이 지배적으로 투영되어 무자비한 행위와 죽음, 손실로 이어지고, 풍風은 움직임·내던짐·가변성·충동이 움직이는 행위와 파괴·손실·뒤엎는 행위로 나타난다 하겠다. 공空은 응집성 없음, 모든 방향으로 움직임, 방해 없음이 세속의 모든 일에서는 결과 없음과 손실, 아무 일도 안 됨으로, 반대로 세속을 초월하는 수행에서는 성취와 해탈을 얻을 수 있음으로 그 성질을 발현하게 된다고 생각할 수 있다.

(5) 방위 배속과 천체와의 연관성[269)]

1) 방위 배속

각 요소별로 해당 방위를 배속하고 있다.

> 지地는 동쪽에서 서쪽, 화火는 남쪽, 그런 식으로 풍風은 북쪽으로 알려져야 한다. 공空은 가운데 위치한다.[270)]

> 지地 등을 각각 동, 서, 남, 북에서 가장 강력한 요소에 할당한다.[271)]

위 두 송을 종합해 보면, 지地는 동쪽, 수水는 서쪽, 화火는 남쪽, 풍風은 북쪽, 공空은 중앙에 해당한다.

2) nakṣatra 배속

천체와 관련하여 SSd에서는 5요소를 nakṣatra[272)]에 각기 배속하고

---

269) SSd의 수행론과 점성학과의 구체적인 내용은 뒤의 제5장 *Śivasvarodaya*의 수행론에서 다루고 여기서는 각각의 용어를 중심으로 내용을 정리하겠다.

270) āpūrvapaścime pṛthvī tejaśca dakṣiṇe tathā/ vāyuścottaradigjñeyo madhye koṇagataṃ nabhaḥ//SSd 175//

271) pūrvasyāṃ paścime yāmye uttarasyāṃ yathākramam/ pṛthivyādīni bhūtāni baliṣṭhāni vinirdiśet//SSd 190//

272) nakṣatra는 별자리 또는 달의 수宿라 번역되는 용어로 인도 점성학에서 매우 중요한 개념이다. 달의 수라 불리는 이유는 달이 그 별자리에 머무는 기간을 근거로 산출되기 때문이다. nakṣatra의 구체적인 내용은 다음과 같다.
"별자리星座라는 의미이다. 27개 또는 28개로 된 성좌들이다. √nakṣ는 '근접하다' 라는 의미에서 파생되었다. tra는 도구를 뜻한다. 그러므로 nakṣatra는 우주적 힘과 연결하고 인간의 마음을 우주적 마음에까지 확장시키는 수단이다. 어떤 이들은 '파괴할 수 없는' 이라는 의미를 끌어낸다. 일반적인 어법에서 이

있다.

dhaniṣṭhā, rohiṇī, jyeṣṭhā, anurādhā, śravaṇa, abhijit, uttarāṣāḍhā는 지地 요소[의 nakṣatra]로 불린다.[273]

오, 아름다운 이여! pūrvāṣāḍhā, aśleṣā, mūla, ārdrā, revatī, uttarābhādrapadā, śatabhiṣa는 수水 요소[의 nakṣatra]이다.[274]

bharaṇī, kṛttikā, puṣya, maghā, pūrvā, phālgunī, pūrvābhādrapadā, svātī는 화火 요소[의 nakṣatra]라고 [불린다오,] 아름다운 이여.[275]

단어는 항성을 의미한다. 그러나 실제로 이는 시간을 측정하는 것으로, 달이 한 별자리대를 통과할 때 그 각은 13도 20분이다. 황도대에서 360도는 27개의 구역으로 나눠지고 각각은 13도 20분씩의 폭을 가진다. 이들 구역은 각 구역을 지배하는 주요 항성의 이름을 따서 붙였다. 예를 들자면 첫 13도 20분은 첫 번째 항성인 aśvatī, 26도 40분에서 40도까지로 된 셋째 구역은 kṛttikā 성좌 구역이라는 등이다. 달이 한 구역을 통과할 때의 지속 시간에 그 성좌의 이름이 주어지게 된다. 예를 들자면 달이 26도 40분 구역을 통과할 때 그 구역의 주요 성좌는 kṛttikā 또는 kārttika로 이름 붙여진 kṛttikā이다. 이런 식으로 각 성좌는 13도 20분의 구역을 가지고 있고 대체로 황도대의 360도는 나눠져 27개 구역이 되고 27개 성좌의 이름이 주어진다. 평균적으로 달이 황도대에서 그러한 하나의 성좌를 완전히 통과하는 데 60nāḍika, 즉 대략 24시간 걸린다. 항성이란 용어는 현재 nakṣatra와 동의어로 그릇되게 쓰인다. 항성은 이 용어의 참 의미를 전달할 수 없다. nakṣatra, 즉 항성은 행성들 궤도의 바깥 둘레 한계들을 구별하고 분리하는 지점으로 기능하는 빛나는 대상이다. 한편 별자리는 항성에 의해 구분되는 13도 20분의 구역이고 행성들은 이를 통과하며 움직인다. 이런 식으로 360도로 된 황도대에는 27개의 별자리가 있다." Muthuswamy(2006), pp. 98~99.

273) dhaniṣṭhā rohiṇī jyeṣṭhā 'nurādhā śravaṇaṃ tathā/ abhijiduttarāṣāḍhā pṛthvītattvamudāhṛtam//SSd 201//

274) pūrvāṣāḍhā tathā ' 'śleṣā mūlamārdrā ca revatī/ uttarābhādrapadā toyatattvaṃ śatabhiṣak priye//SSd 202//

275) bharaṇī kṛttikā puṣyo maghā pūrvā ca phālgunī/ pūrvābhādrapadā svātī tejastattvamiti priye//SSd 203//

viśākha, uttaraphālgunī, hasta, citra, punarvasu, aśvinī, mṛgaśīra는 풍風 요소[의 nakṣatra]로 불린다.[276]

인도 점성학에서는 일반적으로 nakṣatra를 27개로 분류하는데, 때로는 28개로 분류하기도 한다. SSd에서 28개 분류법을 채택하여 abhijit가 부가되어 있다. abhijit는 uttarāṣāḍhā와 śravaṇa 사이에, 더 엄밀히 말하자면 uttarāṣāḍhā의 마지막 1/4도(대략 3도 30분)와 śravaṇa의 53분에 해당한다.[277]

3) 행성 배속

행성별 지배 요소를 살펴보면 "지地는 수성이, 수水로부터는 달과 금성이, 화火는 태양과 화성이, 풍風은 rāhu와 토성이, 그런 식으로 공空은 목성이 [있다고] 말해진다."[278] 이러한 기본 배속에 더하여 스와라의 흐름별로도 각 행성별 요소가 달라지는 것으로 보았다.

오른쪽 [콧]구멍으로 [스와라가] 흐른다면, 화성은 화火에, 태양은 지地에, 토성은 수水에, rāhu[279]는 풍風에 위치한다.[280]

---

276) viśākhottaraphālgunyau hastacitre punarvasuḥ/ aśvinīmṛgaśīrṣe ca vāyutattva-mudāhṛtam//SSd 204//

277) Muthuswamy(2006), p. 99 참조. 그러나 이 별자리를 삽입하게 되면 각 별자리가 황도대에서 13도 20분씩 동일하게 차지하는 균형이 깨지게 되어 현재는 잘 쓰이지 않는다. 택일 점성학electional astrology에서 이따금씩 사용된다. Fouw(2003), p. 203 참조. 이런 이유로 현대 점성학 서적들의 내용과 SSd의 내용이 일치하지 않게 되는 것으로 보인다.

278) pṛthvī budho jalādinduḥ śukro vahniḥ raviḥ kujaḥ/ vāyu rāhuśanī vyoma gururevaṃ prakīrtitaḥ//SSd 184// 이는 인도 점성학에서도 동일하게 나타난다. Fouw(2003), p. 78 참조.

279) rāhu는 ketu와 쌍을 이루는 천문, 점성학적 개념이다. 전자를 용두龍頭, 후자를 용미龍尾로 번역하기도 한다. 무투스와미Muthuswamy는 이 둘을 다음과 같이 설

왼쪽 나디에 [스와라가] 있을 때 달은 수水에, 수성은 지地에, 목성은 풍風에, 금성은 화火에 있다.[281)]

이상의 내용을 이해하기 쉽게 표로 정리해 보면 아래와 같다.

【표 5】 5요소와 행성, 두 콧구멍의 연관성

구분	5요소별 행성 위치	스와라 흐름과 행성 위치	
		오른쪽	왼쪽
지地	수성	태양	수성
수水	달, 금성	토성	달
화火	태양, 화성[282)]	화성	금성
풍風	rāhu, 토성	rāhu	목성
공空	목성	—	—

* 공空은 양쪽으로 흐르기 때문에 비어 있다.

rāhu는 행성이 아님에도 불구하고 5요소별 행성 위치에 배대되어 있다. 그 이유는 다음과 같다. 베다 점성학에서는 일곱 행성과는 별개로 행성과 연관된 특정 중요 지점을 덜 중요하거나 부차적인 행성들로 간주하는데, rāhu와 ketu는 이 경우에 해당되어 그림자 행성으로 여겨진다는 것이다.[283)]

명한다. 이 둘(rāhu와 ketu)은 황도대의 명확하고 민감한 두 지점으로 지구를 둘러싼, 달과 태양 궤도의 교점이다. 이들은 상승 교점rāhu과 하강 교점ketu으로 불리고 천문학적으로 서로 직경 방향으로 정반대이다. 그래서 또한 이 두 점의 황도를 따른 움직임은 태양과 달의 움직임에 반대 방향이다. Muthuswamy(2006), p. 221 참조.

280) kujo vahniḥ raviḥ pṛthvī saurirāpaḥ prakīrtitaḥ/ vāyusthānasthito rāhurdakṣarandhrapravāhakaḥ//SSd 182//

281) jalaṃ candro budhaḥ pṛthvī gururvātaḥ sito 'nalaḥ/ vāmanāḍyāṃ sthitāḥ sarve sarvakāryeṣu niścitāḥ//SSd 183//

282) 인도 점성학에서는 ketu를 화火에 배대한다. Frawley(1992), p. 71 참조.

283) Frawley(1992), pp. 101~102 참조.

위 표에서 알 수 있는 사실은 우선, 오른쪽 스와라 즉 태양 나디가 흐를 때는 태양이 비교적 강한 영향을 미치는 행성들(토성 · 태양 · 화성)이, 왼쪽 스와라 때는 달이 비교적 강한 영향을 미치는 행성들(달 · 수성 · 금성 · 목성)이 각 요소에 배속된다는 점이다. 그리고 요소별 행성의 기본 위치에서 각기 강한 영향을 받는 행성이 제 위치에 있으면 그대로 유지되고, 그렇지 않으면 반대되는 행성으로 바뀐다. 예를 들면 왼쪽 스와라가 흐를 때 지地에 수성, 수水에 달과 같이 요소와 행성 관계가 원래 상태에 있게 되는 반면, 오른쪽 스와라가 흐를 때는 지地에 태양, 수水에 토성과 같이 바뀌게 된다.

이러한 행성과 지배 요소의 관계에서 예측할 수 있는 세속의 일로는 다음과 같은 것들을 언급하고 있다.

> a. [응답자에게] 태양 [스와라가 흐를] 때 만일 rāhu가 풍風에 있는 경우, 멀리 간 사람에 대한 질문이 [있다면] 그때 그 [사람은] 이동해서 다른 장소에 [있을 것으로] 예상된다고 알려진다.[284]

> b. 수水 요소 때는 [멀리 간 그가] 돌아올 것이고 지地 때는 [있는] 거기에서 잘 지낸다. 풍風 때는 멀리 간 그가 다른 장소에 [있을 것이고] 화火 때는 죽음만이 있을 것이다.[285]

rāhu에 대해서는 SSd에 구체적으로 나오지 않으므로 인도 점성학에서 사용되는 관념을 차용해 보면, rāhu는 상승하고 확장하며 외면화하는 영향력을 가지고 있고 매우 부정적인 힘을 가지고 있다고 한다.

---

284) pravāsapraśna āditye yadi rāhurgato ' nile/ tadāsau calito jñeyaḥ sthānāntara-mapekṣate//SSd 185//

285) āyāti vāruṇe tattve tatraivāsti śubhaḥ kṣitau/ pravāsī pavane ' nyatra mṛtyurev-ānale bhavet//SSd 186//

따라서 위의 a를 풀이해 보면 rāhu가 풍風에, 즉 자기 위치에 있어서 상승과 확장과 같은 영향력을 보인다고 할 수 있고, 풍風의 속성은 움직임이 기본이므로 이동해서 다른 장소에 있을 것이라고 추론해 볼 수 있다. rāhu와 풍風의 부정적인 속성을 감안해 보면 잘 지내고 있다고 보기는 힘들 것이다.[286)]

b에는 각 요소별 속성이 그대로 투영되어 있다.[287)] 수水 요소는 적이 가까이 옴이란 속성에서 '가까이 옴' 이란 방향성과 상서로운 행위, 성취 등의 속성에 주목하면 돌아온다는 예측이 가능할 것이다. 지地의 속성 중 무게와 안정성, 유익함 등을 고려해 보면 있는 장소에 머물며 잘 지낸다고 할 수 있다. 수水에서처럼 풍風에서도 적이 다른 곳으로 간다는 '감' 에 초점을 두고, 또 움직임이라는 속성을 감안해 보면 멀리 간 그가 다른 장소에 있을 것이라고 생각해 볼 수 있다. 마지막으로 화火의 경우는 그 속성의 거의 대부분이 부정적이고 특히 죽음을 나타내고 있으므로 당연히 죽음이 있을 것이라 예측할 수 있다.

286) 참고로 인도 점성학의 각 행성별 기본 성질을 보면 다음과 같다. 목성과 금성은 본래 유익하고, 화성, 토성, rāhu, ketu는 본래 해롭다. 태양은 무자비하고, 달은 태생적으로 차는 동안은 이롭지만 이우는 동안은 해롭다. 수성은 화성, 토성 등과 같은 본래 해로운 것들과 연관되지 않을 때는 천성적으로 유익하지만 그들과 연관되면 해로운 본성을 갖는다. Fouw(2003), p. 85 참조.

287) [표 4] 세속의 길흉과 연관한 각 요소별 속성 참조.

제4장

신체론

신체론

1. 수행에서 신체의 중요성

사실상 인도철학에서 신체를 어떻게 보는가, 라는 질문을 받는다면 각양각색의 전통들이 설명하는 신체론을 따라서 수많은 답변이 가능할 것이다. 콜러Koller는 모든 전통들을 종합해 보면 인도철학 전반의 신체관은 크게 두 가지 공통적 양상을 띤다고 보는데, 이를 정리해 보면 다음과 같다. 첫째는 인간의 신체를 복잡한 정신적 · 육체적 변화를 통합한 생명 작용, 즉 인간 신체가 단지 몸뿐이라든가, 마음이 어떤 식으로 붙어 있는 몸이라든가, 하는 식이 아니라 정말 몸과 마음 둘이라고 보는 관점이다. 둘째는 불교와 차르바카를 제외한 인도철학 전통에서는 본질적으로 초월적이고 구체적인 조건으로부터 독립적인 참자아의 도구로 몸과 마음을 간주하는 경향이 있다는 입장이다.[288] 위의 첫 번째 관점은 서양의 심신이원적 관점이라 할 수 있는데, 이는 인도철학에서 주요 관심의 대상이 아니다. 두 번째 관점이 인도철학에서 가장 중요하게 여기는 관심사이다. 정신성과 물질성을 함께 지닌 유기체로서의 개체적 인간과 모든 구체적 형상을 초월한 궁극적

288) Koller(1993), pp. 45~46 참조.

실재, 절대와의 관계이다. 상키야에서는 이를 근본원질과 순수정신의 관계로 설명하고 있고, 불이일원론 베단타에서는 마야māyā 즉 환영의 나타남으로 간주되는, 구체적 형상을 띤 현상 세계와 브라만 사이의 관계라는 용어로 표현되고 있다.

그렇다면 이러한 개별 유기체와 궁극적 실재 사이의 연관성에 대한 힌두이즘의 관점은 어떤가? 이에 대해 홀드레지Holdrege는 다음과 같이 구체적이고 설득력 있게 정리하고 있다. "의례 전통, 고행주의 운동, 의학적 전통, 법전들, 철학 체계, 박티 운동, 탄트라 전통, 드라마와 춤, 성 관련 과학, 무예를 포함한 상이한 힌두 전통들의 이론과 실천 수행법들이 가지고 있는 다양한 관점들로부터 신체는 묘사되고 수행되고 통제되고 발전되어 왔다."[289] 이들 전통은 신체에 대해 다음과 같은 네 가지의 공통된 특정한 토대적 기본원리를 가지고 있다. 첫째, 인간의 신체는 조대하고 미세한 층위를 가진 정신적·물질적 특질을 공유하는 기관이다. 둘째, 인간의 신체는 환생의 역사를 가지고 있다. 그 속에서 미세 신체는 조대 신체의 연속으로 재탄생한다. 셋째, 신체는 포괄적 통일체로 된 위계 속에서 다층위, 즉 신성한 신체, 우주적 신체, 사회적 신체, 인간의 신체로 현현한다.[290] 넷째, 인간의 신체는 신성한 신체, 우주적 신체, 사회적 신체 사이의 교류를 매개하기 위해

289) Holdrege(1998), p. 346.

290) 이들 네 층위의 신체에 대해서는 좀 더 구체적으로 이해할 필요가 있다. 이에 대해 홀드레지Holdrege는 다음과 같이 설명한다. "초기 베다의 설명에서 신성한 신체는 우주적, 사회적, 인간적 신체의 구조로 자신을 복제하는 근원적인 총체이다. 신성한 신체의 차별적 현현인 우주적 신체는 세계의 본체이고, 사회적 신체는 신성한 신체의 구조 속에 내재하는 사회 계급 체계varṇa이며, 인간적 신체는 사회적 신체 속의 계층과 성에 따라 위계 지워진 신성한 신체의 소우주적 현현이다. 그러므로 신성한 신체와 우주적 신체 양자를 포함하는 대우주macrocosm와 개별 인간의 신체인 소우주microcosm, 그리고 대우주와 소우주 사이의 매개 구조로 사회적 신체인 중간 우주mesocosm사이에 상동관계적 체계가 성립된다." Holdrege(1998), p. 349.

서 다양한 양태를 띤다.[291]

힌두 전통에서는 이런 공통적 기본 원리를 바탕에 둔 신체관이 수행주의 전통, 특히 요가 수행과 관련하여서는 두 가지 성격으로 나타난다고 할 수 있다. 하나는 신체를 수행에 부정적인 것으로 보는 것이고, 다른 하나는 긍정적인 것으로 보는 것이다. 즉 신체가 오염의 원천이자 참자아의 깨달음을 방해하는 것이냐 아니면 신이 거주하는 장소이자 깨달음의 도구냐, 하는 관점이다. 우파니샤드의 다음과 같은 구절은 전자의 견해를 잘 반영하고 있다.

> "존자시여, 뼈, 피부, 근육, 골수, 살, 정액, 혈액, 콧물, 눈물, 분비물, 대변, 소변, vāta, pitta, kapha의 덩어리인 악취 나고 실체가 없는 이 신체에서 욕망의 향수가 무슨 [의미가] 있겠습니까? 욕망, 분노, 탐욕, 미망, 공포, 낙담, 질투, 결핍, 불쾌, 기아, 갈증, 노화, 죽음, 질병, 비애 등으로 괴로워하는 이 신체에서 욕망의 향수가 무슨 [의미가] 있겠습니까?"[292]

우파니샤드와 후대의 고행주의 전통에서는 조대 신체와 미세 신체와 같은 모든 형태의 구체화를 속박의 원천으로 보았다. 즉 미세 신체는 업의 저장고이자 끊임없이 재탄생되는 것이고 조대 신체는 부모로부터 유전적 영향을 받은 현실의 생명 유기체이기에, 두 전통에서는 참자아 또는 궁극적 절대를 윤회에 묶는 족쇄로 간주해 왔다. 이런 관점은 고전 요가에도 이어지고 있다.

> 자신의 사지를 혐오할 때, 청정을 고수하는 자는 신체의 결함을 보

291) Holdrege(1998), pp. 346~349 참조.

292) *Maitrī Upaniṣad* Ⅰ. 3.

고서 신체에 집착하지 않는 고행자가 된다. 아울러 신체의 본성을 보고서 남들과 교접하지 않고 자신의 몸도 포기하려 하며, 흙이나 물 따위로 정화하고 있더라도 신체가 청정하다고는 보지 않는다. 이처럼 도무지 정결할 수 없는 남들의 몸과 어떻게 교접할 수 있겠는가?[293]

이렇듯 탄트리즘의 등장 이전까지는 신체를 초월해 존재하는 궁극적 본성에 대한 깨달음이 부정한 신체의 극복을 통해서 이룰 수 있다고 여겨졌다. 그러나 대략 4세기 초에 등장하여 6세기 이후 전인도적으로 유행한 탄트리즘에 이르렀을 때, 인도의 정신사에서 일찍이 유래를 찾아볼 수 없을 정도로 인체의 중요성을 강조하게 되었다.[294] 참된 자아에 상반되는 것으로 여겨졌던 인체를 탄트라에서 중시하는 이유는 그 근본 사상에서 찾아볼 수 있다. 쿠마라스와미Coomaraswamy의 다음과 같은 서술은 이 사조의 핵심을 잘 드러내고 있다.

모든 사상의 마지막 성취는 영혼과 물질, 주체와 객체의 동일성에 대한 인식이다. 그리고 이러한 재통합은 천국과 지옥의 결혼이며, 시간의 산물을 위한 영원의 사랑에 응하여 축소된 우주에서 벗어나 자유를 향해 가는 것이다. 그때 거기에는 성과 속, 영성과 관능이 없다. 단지 존재하는 모든 것은 순수와 공空뿐이다. 태어남과 죽음으로 된 바로 이 세계는 또한 위대한 심연이다.[295]

즉 윤회와 열반, 현상 세계와 초월 세계의 동일성일 뿐 아니라 개별자아와 보편 자아, 육체적 존재와 영적 존재를 통합하는 사상이다. 따

293) YBh 2. 40. 이는 Ys의 경, "청정을 통해 자신의 사지四肢를 혐오하고 남들과 교접하지 않는다"에 대한 주석이다.

294) 엘리아데(1989), p. 195, p. 220 참조.

295) Coomaraswamy(1918), p. 103.

라서 육체는 고통의 근원이 아니라 죽음을 정복할 수 있는, 해탈의 유용한 도구로 인식되었다.

하타 요가의 개조인 마트시엔드라나트Matsyendranāth나 고라크샤나트Gorakṣanāth가 Siddha 전통 요가파의 한 계열인 Nātha파라는 점을 볼 때 하타 요가는 그 뿌리를 탄트리즘에 두고 있음에 틀림없다. 특히 마트시엔드라나트는 Siddha 전통의 Kaula파와 연관된다.[296] 이런 점에서 *Kulārvana Tantra*의 다음과 같은 서술은 하타 요가에도 여전히 유효하다.

> 몸이 없다면 어떤 것도 인간이 마땅히 추구해야 할 덕목을 획득하지 못한다. 그러므로 [인간의] 신체라는 보물이 되었으면 [마땅히] 선행들을 해야 한다.[297]

> 8백4천만 신체들 중에 인간의 신체가 [가장 중요하다]. [인간의 신체] 외에 다른 [형태]로는 진리에 대한 앎을 얻을 수 없다.[298]

> 데비Devi여, [인간의] 신체는 신이 거주하는 장소이다. 개아jīva는 신sadāśiva이다. 무지의 시든 꽃을 버리고 소함(so 'ham, 그것이 나다)의 [의식] 상태로 경배해야 한다.[299]

296) 호이에르슈타인(2008), p. 756, p. 760 참조. 하타 요가의 개시적 문헌이라 할 수 있는 그의 저작인 *Kaulajñānanirṇaya*(카울라의 지식에 대한 확정)라는 제명에서도 알 수 있다.

297) vinā dehena kasyāpi puruṣārtho na vidyate/ tasmāddehadhanaṃ prāpya puṇyakarmāṇi sādhayet//Kulārvana Tantra 1. 18//

298) caturaśītilakṣeṣu śarīreṣu śarīriṇām/ na mānuṣyaṃ vinānyatra tattvajñānantu labhyate//Kulārvana Tantra 1. 14//

299) deho devālayo devi jīvo devaḥ sadāśivaḥ/ tyajedajñānanirmālyaṃ so 'hambhāvena pūjayet//Kulārvana Tantra 9. 41//

SSd에도 이러한 관점이 다음과 같은 송들에서 드러난다.

> 이들 doṣa와 dhātu의 부정함이 신체를 파괴시킨다. 그러나 [신체 내] 균형 잡힌 vāyu는 힘과 생기를 증가시킨다.[300)]

> 신체는 보호되어야만 한다. 왜냐하면 법dharma 등을 성취하기 위한 수단이기 때문에. 요가 수행으로 [질병에 대한] 성공적인 치료의 가능성이 생긴다. [요가 수행을 통한] 치료를 하지 않으면 신체를 죽인다. 거기에 [다른] 방지수단은 없다.[301)]

엘리아데Eliade는 이러한 인체 인식이 탄트리즘에서 크게 두 가지 입장으로 수렴된다고 보았다. 하나는 해탈 성취의 필수 요소인 생명에 대한 총제적 체험을 중시하는 태도로, 이는 탄트리즘의 대부분의 학파들이 받아들이는 것이다. 다른 하나는 인체를 신성한 몸으로 바꾸기 위한 육체 통달의 의지이다. 특히 후자는 하타 요가의 입장인데, 육체의 통달이란 당연히 신체에 대한 정확한 지식을 바탕으로 시작해야 한다.[302)] 그래서 탄트라와 하타 요가에는 서양의학의 물질적 육체 생리학을 넘어서 있는 비의秘義적 생리학이 매우 발달해 있다.

이 생리학과 관련하여 우선 알아두어야 할 중요한 관념들 중 하나는 소우주, 즉 인체 속에 대우주가 그대로 반영되어 있다는 것이다. 이와 더불어 나디 · vāyu · 차크라, 이들 세 주요 개념에 대한 이해 또

---

300) śarīraṃ nāśayantyete doṣā dhātumalāstathā/ samastu vāyurvijñeyo balatejovivardhanaḥ//SSd 371//

301) rakṣaṇīyastato deho yato dharmādisādhanam/ yogābhyāsātsamāyānti sādhuyāpyāstu sādhyatām/ asādhyāḥ jīvitaṃ ghnanti na tatrāsti pratikriyā//SSd 372//

302) 엘리아데(1989), p. 221 참조.

한 이 유파의 신체관 및 수행론을 이해하는 데 필수적이다.

세 주요 개념 중 SSd에는 나디와 vāyu에 대해서만 주로 설명하고 있고, 이들 개념이 하타 요가의 그것과 매우 유사한 부분이 많다. 그러므로 여기서는 나디와 vāyu에 대해 SSd의 관념을 중심으로 하타 요가의 그것을 비교하며, SSd 설명의 모호한 부분을 명확히 하고 양자의 차이점을 살펴보겠다. 비의적 신체론의 원리적 근간이 된다고 할 수 있는 대우주 · 소우주론은 뒤 제5장 *Śivasvarodaya*의 수행론에서 구체적으로 다루도록 하겠다.

2. 하타 요가와 *Śivasvarodaya*의 나디관

'나디nāḍī' 라는 용어는 신체에서 쓰일 때 흔히 '동맥이나 정맥 같은 관 모양의 기관' 을 의미한다. 탄트라와 하타 요가의 비의적 생리학에서 흔히 호흡, 즉 프라나prāṇa의 통로라는 개념으로 많이 사용된다.[303)]

고전 요가에서 나디가 사용된 경우는 총제와 그로 인해 얻게 되는 효과에 대해 설명하면서 "거북[모양]의 나디에 [총제함으로써, 마음의] 안정을 [얻는다.]"(Ys 3. 31)[304)]에서 한 차례 나온다. 이는 "[목]구멍 아래의 가슴에" 있다고 YBh에 주석되어 있다. 가슴에 있으면서 마음의 안정을 얻는다는 점으로 볼 때 YBh 1. 36에 사용된 "심장의 연꽃"[305)] 이라는 용어를 떠올릴 수 있다. 또한 비갸나 빅슈Vijñāna Bhikṣu는 이것이 똬리를 튼 뱀처럼 있기 때문에 거북의 형태로 심장의 연꽃에 위치한 nāḍīcakra로 이해했다.[306)] 이 nāḍīcakra는 중심에 계란 형상의 기관인 nāḍīkanda를 둔, 열두 개의 바퀴살을 가진 바퀴로 이들 살은 중심으로부터 열두 방향으로 수평으로 나와서 위로 올라가거나 아래로 내

303) Ss에는 프라나뿐 아니라 '감정' 도 운반하는 역할을 하는 것으로 보았다. "이들 나디는 감정을 나르고 vāyu를 운반하는 능력이 있다. [나디들은] 이 신체에서 서로 엮어 짜지고 [신체를] 관통하여 퍼져 있다."(etā bhogavahā nāḍyo vāyusaṃcā -radakṣakāḥ/ otāḥ protāśca saṃvyāpya tiṣṭhantyasminkalevare//Ss 2. 32//).

304) 맥관이란 번역어를 모두 나디로 바꿈.

305) "심장의 연꽃에 전념함으로써 통각을 의식하게 된다. 왜냐하면 통각의 순질은 [장애 없는] 창공[에 있는 것]처럼 빛을 발하기 때문이다. 거기서 명석함이 확립됨으로써 [직접지각의] 효력은 태양, 달, 별, 보석의 빛과 같은 형상을 띠게 된다." 연꽃이란 용어는 차크라로 대체 할 수 있기에 이를 심장 차크라로도 부를 수 있다.

306) 정승석(2010), p. 185 각주 87) 참조.

려가는[307] 차크라이다. 그리고 이 나디의 이름은 3종 하타 요가 문헌들과 SSd에는 나오지 않는다. 이러한 점에서 볼 때 일반적으로 요가에서 사용되는 나디 관념이라기보다는 차크라 관념에 더 가깝고 할 수 있어서,[308] 엄밀한 의미에서는 나디 관념이 나타나지 않는다고 볼 수 있다. 하타 요가의 나디관은 SSd의 그것과 유사한 부분이 많다. 이 장에서는 SSd의 내용을 하타 요가의 관념과 비교하여 차이나는 점들을 알아보고 미흡한 부분은 하타 요가의 관념을 빌어 SSd의 설명을 보완해 보겠다.

(1) 나디의 종류와 속성

나디는 흔히 인간의 신체에만 존재한다고 생각된다. 그러나 SSd에 따르면 지상계에서 진실계에 이르기까지 우주 전체 세계[309]에 존재하는 생명체의 신체는 모두 5요소로 되어 있다. 이에는 모두 나디가 존재하는데, 다만 존재 양태만 다르다고 한다.[310] 이는 뒤의 제5장 *Śivasvarodaya*의 수행론에서 대우주가 소우주에 반영되어 있다고 하

307) Philosophico Literary Research Department of Kaivalyadhama S.M.Y.M. Samiti Lonavla(1991), p. 157 참조. 여기서는 Varāhopaniṣad 22송과 Yogaśikhopaniṣad 27송을 인용하여 nāḍīkanda와 nāḍīcakra를 상기 본문의 내용과 같이 정의내리고 있다.

308) 고팔란Gopalan은 이 거북 모양의 나디를 부차적인 차크라로 분류하고 있다. 그리고 이는 수행자의 마음에 참된 지식의 여명이 천천히 떠오르게 하는 작용을 한다고 설명한다. Gopalan(2004), p. 255 참조.

309) 뒤의 제5장 1. 소우주, 대우주의 반영 참조.

310) 지상계에서 진실계에 이르기까지 모든 세계에 존재하는 생명체의 신체는 다른 요소[로 되어 있는 것]이 아니다. [그러나 신체의] 나디는 제각기 다르다.(sarvalokasthajīvānāṃ na deho bhinnatattvakaḥ/ bhūlokātsatyaparyantaṃ nāḍībhedaḥ pṛthakpṛthak//SSd 144//).

는 관념의 연장선상에서 볼 때 당연한 논리적 귀결이라 할 수 있다.[311)]

나디는 인간의 신체에 다음과 같이 존재한다. 총 7만 2천 개[312)]가 있고 이들 중 24개가 비교적 직접적으로 쿤달리니 샥티와 연관되어 있다. 이 중 10개의 vāyu가 흐르는 10개의 나디가 중요하다고 한다.

a. [나디들은] 배꼽 부위에서부터 어깨 위를 향해 싹들처럼 생겨난다. 7만 2천 나디들이 신체 내에 존재한다.[313)]

b. 나디들에 있는 쿤달리니 샥티는 뱀의 형상으로 잠들어 있다. 거기(신체)에 위로 향한 10개의 나디들이 있고 10개도 마찬가지로 아래로 향해 있다.[314)]

c. [이들 중] 두 나디는 각각 비스듬하게 [서로 꼬여가며] 뻗어 있다. [그래서] 합이 24개가 된다. 그러나 [이들 중에서] 열 개의 vāyu가 흐르는 열 개의 나디가 중요하다.[315)]

d. 그런 식으로 비스듬하고 위로 향하고 [아래로 향한] 나디들은 vāyu의 나타남과 연관되어 있다. 신체에서 모든 [나디들]은 바퀴처럼 있

---

311) 제5장의 1. 소우주, 대우주의 반영 참조.

312) 일반적으로 7만 2천 개로 받아들여지나 다른 개수를 언급하는 문헌들도 있다. 예컨대 Ss는 3십5만 개가 있다고 보았다. "인간의 신체 내에는 3십5만 개의 나디가 있다." (sārdhalakṣatrayaṃ nāḍyaḥ santi dehāntare nṛṇām/ …… //Ss 2. 13//).

313) nābhisthānātskandhordhvamaṅkurāiva nirgatāḥ/ dvisaptatisahasrāṇī dehamadhye vyavasthitāḥ//SSd 32//

314) nāḍīsthā kuṇḍalīśaktirbhujaṅgākāraśāyinī/ tato daśordhvagā nāḍyodaśaivādhaḥ pratiṣṭhitāḥ//SSd 33//

315) dve dve tiryaggate nāḍyau caturviṃśatisaṃkhyayā/ pradhānā daśanāḍyastu daśa vā yupravāhīkāḥ//SSd 34//

고 프라나에 의지한다.[316)]

위 b를 보면 위로 10개, 아래로 10개 그래서 합하여 20개의 나디가 흐른다는 것을 알 수 있다. 그 중 중요한 10개의 명칭이 아래 a · b에 소개되어 있다. 그러나 c에서 "[그래서] 합이 24개가 된다"고 하는데 여기서 20개 이외의 나머지 4개가 무엇인지 설명되어 있지 않다. 아래 Ss의 2. 14송과 2. 15송에 이 4개가 어떤 것들인지 언급하고 있다. 이 두 송을 보면 중요한 나디가 14개 있다고 하며, 위 b의 10개에 4개가 더해져 있다. 구체적인 내용은 이 두 송을 다루는 부분에서 살펴보겠다. 이상과 같은 열 개의 vāyu가 흐르는 열 개의 중요한 나디의 명칭과 위치를 다음과 같이 설명한다.

a. 이들 중에서 10개가 중요하고, [이] 10개 중에서도 3개가 가장 중요하다. 이다, 핑갈라, 수슘나 셋이다.[317)]

b. 그런 식으로 gāndhārī, hastijihvā, pūṣā, yaśasvinī, alambuṣā, kuhū, śaṅkhinī이다.[318)]

c. 이다는 [신체의] 왼쪽 부위에 있고 핑갈라는 오른쪽 [부위에] 있다고들 한다. 그리고 신체의 가운데 수슘나가 있다. gāndhārī는 왼쪽 눈에 있다.[319)]

316) tiryagūrdhvāstathānāḍyo vāyudehasamanvitāḥ/ cakravatsaṃsthitā dehe sarvāḥ prāṇasamāśritāḥ//SSd 35//

317) tāsāṃ madhye daśa śreṣṭhā daśānāṃ tisra uttamāḥ/ iḍā ca piṅgalā caiva suṣumnā ca tṛtīyakā//SSd 36//

318) gāndhārī hastijihvā ca pūṣā caiva yaśasvinī/ alambuṣā kuhūścaiva śaṅkhinī daśamī tathā//SSd 37//

319) iḍā vāme sthitā bhāge piṅgalā dakṣiṇe smṛtā/ suṣumnā madhyadeśe tu

d. 그리고 hastijihvā는 오른쪽 [눈]에 있고 pūṣā는 오른쪽 귀에 [있다]. yaśasvinī는 왼쪽 귀에 있고 alambuṣā는 입에 있다.[320]

e. 그리고 kuhū는 생식기에 있고 śaṅkhinī는 항문 부위에 있다. 그런 식으로 10개의 나디들은 [신체의] 10개의 구멍과 관련되어 위치하고 있다.[321]

f. 핑갈라, 이다, 수슘나는 프라나의 통로에 있다. 그리고 실로 이 10개의 나디들은 신체 내에 위치되어 있다.[322]

위 내용처럼 비교적 자세하게 나디의 종류를 설명하고 있는 문헌은 Ss이다. 이에는 위 송들과는 설명이 약간 다르게 나타난다. 먼저 중요한 나디가 14개 있다고 보았다.[323] 이들의 종류는 다음과 같다.

[이들은] suṣumṇā, iḍā, piṃgalā, gāndhārī, hastijihvikā, kuhū, **sarasvatī**, pūṣā, śaṃkhinī, **payasvinī**,[324]

---

gāndhārī vāmacakṣuṣi//SSd 38//

320) dakṣiṇe hastijihvā ca pūṣā karṇe ca dakṣiṇe/ yaśasvinī vāmakarṇe ānane cāpyalambuṣā//SSd 39//

321) kuhūśca liṅgadeśe tu mūlasthāne tu śaṅkhinī/ evaṃ dvāraṃ samāśritya tiṣṭhanti daśanāḍikāḥ//SSd 40//

322) piṅgaleḍā suṣumnā ca prāṇamārge samāśritāḥ/ etāhi daśanāḍyastu dehamadhye vyavasthitāḥ//SSd 41//

323) 인간의 신체 내에는 3십5만 개의 나디가 있다. 이들 중 가장 중요한 나디들은 열네 개이다.(sārdhalakṣatrayaṃ nāḍyaḥ santi dehāntare nṛṇām/ pradhānabhūtā nāḍyastu tāsu santi caturdaśa//Ss 2. 13//).

324) suṣumṇeḍā piṃgalā ca gāndhārī hastijihvikā/ kuhūḥ sarasvatī pūṣā śaṃkhinī ca payasvinī//Ss 2. 14//

vāruṇī, alambuṣā, **viśvodarī**, yaśasvinī이다. 이들 중 셋, 이다iḍā, 핑갈라piṃgalā, 수슘나suṣumṇā가 으뜸이다.[325)]

SSd보다 sarasvatī, payasvinī, vāruṇī, viśvodarī, 이렇게 네 개 더 많다. 중요하게 여기는 세 나디는 이다, 핑갈라, 수슘나로 양자가 동일하다. 그러나 Ss에서는 이 셋 중에서도 '수슘나'가 가장 중요하다고 보았다.

이 셋 중에 수슘나만이 제일이다. [수슘나는] Yogīndra의 연인이다. 실로 신체를 가진 존재들에 있어 다른 나디들은 이것(수슘나)과 밀접하게 연관되어 있다.[326)]

이러한 관점은 Hp에도 그대로 드러난다.

신체에 7만 2천 개의 나디라는 통로들이 있다. [이들 중] 수슘나는 Śāṃbhavī의 힘이다. 그리고 나머지는 실로 쓸모없다.[327)]

이들이 담고 있는 내용은 하타 요가가 나디의 정화를 통해 mūlādhāra에 잠들어 있는 쿤달리니를 각성시켜 sahasrāra로 상승시키는 데 주요 목적을 두고 있다는 점을 잘 보여 준다. 이다와 핑갈라가 달과 태양, 여성성과 남성성, 샥티와 쉬바를 상징하는 데서도 알 수 있듯

325) vāruṇyalambuṣā caiva viśvodarī yaśasvinī/ etāsu tisro mukhyāḥ syuḥ piṃgaleḍā suṣumṇikā//Ss 2. 15//

326) tisṛṣvekā suṣumṇaiva mukhyā yogīndravallabhā/ anyāstadāśrayaṃ kṛtvā nāḍyaḥ santi hi dehinām//Ss 2. 16//

327) dvāsaptatisahasrāṇi nāḍīdvārāṇi pañjare/ suṣumnā śāṃbhavī śaktiḥ śeṣāstveva nirarthakāḥ//Hp 4. 18//

이 이 둘은 우리가 현재 살고 있는 이원성의 세계를 상징하는 반면, 수슘나는 이원성을 초월한 절대의 세계를 의미한다. 따라서 Ss와 Hp의 경우는 해탈만을 지고의 목표로 삼는 수행서여서 해탈·수행의 핵심이 되는 수슘나의 중요성을 강조하는 반면, SSd는 세속에서의 성공과 해탈의 성취 달성 양자를 모두 중시 여기기에 세속의 일들을 이루어 나가는 데 필요한 이다와 핑갈라도 중요하다고 여기는 것이다.

그리고 위 Ss의 e는 10개의 나디가 신체의 10개의 구멍과 연관되어 있다고 설명하고 있는데 물질로 된 육체적 신체에는 9개의 구멍만이 존재한다. 열 번째는 수슘나 나디의 맨 위에 있는 brahmarandra를 지칭하는 것으로[328] 육체적인 신체에는 존재하지 않고 프라나로 이뤄진, 나디가 흐르는 미세 신체에 존재하는 것이다. 또 c에서 이다와 핑갈라의 경우는 신체의 왼쪽 부위와 오른쪽 부위라고 설명되어 있는데, 10개의 구멍과 연관시켜 보면 왼쪽 콧구멍과 오른쪽 콧구멍을 뜻함을 알 수 있다. 이는 Ss의 다음 송들에서 명확히 드러난다.

> a. 그리고 이다라 불리는 그 나디는 왼쪽 길에 위치되어 있다. 가운데 나디(수슘나)에 결합되어 있고 왼쪽 콧구멍으로 간다.[329]

> b. 핑갈라로 불리는 그 나디는 오른쪽 길에 위치되어 있다. 수슘나에 결합되어 있는 그것(핑갈라)은 오른쪽 콧구멍으로 간다.[330]

세 나디의 위치는 SSd와 동일하게 나타나는데 SSd보다 묘사가 좀

---

328) Johari(2000), p. 42 참조.

329) iḍānāmnī tu yā nāḍī vāmamārge vyavasthitā/ madhyanāḍīṃ samāśliṣya vāmanāsāpuṭe gatā//Ss 2. 25//

330) piṃgalā nāma yā nāḍī dakṣamārge vyavasthitā/ suṣumṇāṃ sā samāśliṣya dakṣanāsāpuṭe gatā//Ss 2. 26//

더 구체적이다.

기본적으로 나디가 동맥 · 정맥과 닮은 관 모양의 기관이라는 점과 위 a · b의 내용을 고려하여 보면, 10개의 나디는 각각 신체의 10개의 구멍에 머물러 존재하는 것이 아니라 mūlādhāra의 쿤달리니 샥티가 있는 데서 뻗어 나와 각각의 구멍으로 가서 조대한 물질적 육체에 외화外化되어 나타난다.[331] 위의 나디들, 그 중에서 이다와 핑갈라가 콧구멍으로 연결되어 나타난다는 점은 SSd 수행론에서 중요한 의미를 갖는다. 왜냐하면 이 수행론의 핵심 기법이 조대한 신체의 좌 · 우 콧구멍의 호흡 조절을 통해 미세 신체의 이다와 핑갈라 나디의 스와라 흐름을 조절하는 것이기 때문이다.

중요한 세 나디로 꼽히는 이다 · 핑갈라 · 수슘나에 대한 SSd의 구체적인 설명을 살펴보자.

> 이다는 왼쪽에 있다고 알려지고 핑갈라는 오른쪽에 있다고 말해진다. 이다 나디의 위치는 왼쪽이고 핑갈라[의 위치]는 반대(오른)쪽이다.[332]

이 송의 '이다는 왼쪽, 핑갈라는 오른쪽에 위치한다'는 서술을 앞의 Ss 2. 25, 2. 26송과 2. 27송[333], 즉 "이다와 핑갈라의 가운데 실로 수

---

331) 나디별 조대 신체의 외화 구멍을 표로 정리해 보면 아래와 같다.

【나디별 해당 신체 부위】

나디명	해당 신체 부위	나디명	해당 신체 부위
이다	왼쪽 콧구멍	pūṣā	오른쪽 귀
핑갈라	오른쪽 콧구멍	yaśasvinī	왼쪽 귀
수슘나	brahmarandra	alambuṣā	입
gāndhārī	왼쪽 눈	kuhū	생식기
hastijihva	오른쪽 눈	śaṃkhinī	항문

332) iḍā vāme ca vijñeyā piṅgalā dakṣiṇe smṛtā/ iḍānāḍīsthitā vāmā tato vyastā ca piṅgalā//SSd 49//

333) 각주 329), 330) 참조.

슘나가 있다. 요가 수행자들은 [수슘나의] 여섯 위치(차크라)에 여섯 연蓮이 있다고 안다"[334]는 설명에 비추어, 더 엄밀하게 말하자면 왼쪽과 오른쪽에 있다는 의미는 아니다. 왜냐하면 이다는 척주의 기저에 있는 mūlādhāra의 왼쪽에서 시작하여 수슘나를 우좌로 교차하며 위로 올라가 왼쪽 콧구멍에 이르고, 핑갈라는 mūlādhāra의 오른쪽에서 시작하여 마찬가지로 좌우로 교차하며 오른쪽 콧구멍에 이르기 때문이다. 그리고 이다와 핑갈라가 수슘나를 교차할 때 양자는 서로 만나고, 이다 · 핑갈라 · 수슘나가 만나는 각각의 지점이 척주를 따라 형성되어 있는 여섯 차크라이다. 이다와 핑갈라의 모양새는 뱀 두 마리가 지팡이 아래에서부터 위로 서로 교차하며 감겨져 있는 헤르메스의 지팡이, 카두세우스Caduceus와 유사하다.[335] 다음의 SSd 송들은 세 나디의 속성들, 특히 양 콧구멍의 들숨과 날숨의 활성화 정도에 따른 특성을 잘 나타내고 있다.

a. 그리고 이다에 달이 위치하고 핑갈라에 태양이 [있다]. Śambhu는 자신의 형태로 haṃsa를 취하여 수슘나에 있다.[336]

b. 내쉴 때 ha 음절이라고 말해진다. 들숨은 sa 음절로 [말해진다]. ha 음절은 쉬바의 형태로, sa 음절은 샥티[의 형태]라고 말해진다.[337]

334) iḍāpiṃgalayormadhye suṣumṇā yā bhavetkhalu/ ṣaṭsu sthāneṣu ṣaṭpadmaṃ yogino viduḥ//Ss 2. 27//

335) Woodroffe(2001), p. 151 참조.

336) iḍāyāṃ tu sthitaścandraḥ piṅgalāyāṃ ca bhāskaraḥ/ suṣumnā śambhurūpeṇa śambhurhaṃsasvarūpataḥ//SSd 50//

337) hakāro nirgame proktaḥ sakāreṇa praveśanam/ hakāraḥ śivarūpeṇa sakāraḥ śaktirucyate//SSd 51//

c. 왼쪽 나디로 흐르게 하는 것은 달이다. [이는] 샥티의 형태로 있다. 그리고 오른쪽 나디로 흐르게 하는 것은 태양이다. [이는] Śambhu의 형태로 있다.[338)]

d. 달은 여성이고 태양은 남성이다. 달은 흰색이고 태양은 검은색이다. ……[339)]

이해의 편의를 위해 나디의 활성화를 중심으로 위 송들을 정리해 표로 만들면 아래와 같다.[340)]

【표 6】 주요 세 나디의 속성

나디	콧구멍	들숨 / 날숨	천체	통제 신격	성性	색상
핑갈라	오른쪽	날숨ha	태양	쉬바	남	검은색
이다	왼쪽	들숨sa	달	샥티	여	흰색
수슘나	[짧은 순간씩 양쪽 교대로(또는 양쪽 동일)]	[멈춘 숨] haṃsa	[일 · 월식, brahmam uhūrta]	Śambu	[Ardhanā riśivara]	[얼룩덜룩한 점 (또는 모든 색)]

※ [ ]안의 내용은 위 송들에는 없는 내용이나 아래의 논의를 반영하여 작성.

위 송들에서 통제 신격 항목을 제외하고는 수슘나에 대한 설명이 없다. 여기서는 SSd의 내용과 인도철학 관련 지식 등을 바탕으로 비어 있는 항목들에 적합한 내용을 추정해 보겠다.

338) śaktirūpaḥ sthitaścandro vāmanāḍīpravāhakaḥ/ dakṣanāḍīpravāhaśca śambhurūpo divākaraḥ//SSd 52//

339) candraḥ strī puruṣaḥ sūryaścandro gauro 'sito raviḥ/ …… //SSd 60//

340) Ss에는 이다, 핑갈라, 수슘나를 각각 달, 태양, 불의 성격을 나타낸다고 보았다. "그리고 [이 세] 나디들은 아래로 향하고 연蓮의 줄기를 닮아 있다. [이들은] 척주에 모이게 되고 [각각] 달, 태양, 불의 성격을 [나타낸다]."(nāḍyastu adhovadanāḥ padmatantunibhāḥ sthitāḥ/ pṛṣṭhavaṃśaṃ samāśritya somasūryāgnirūpiṇī//Ss 2. 17//).

먼저, 콧구멍의 활성화 항목부터 보자. 위 내용에 수슘나가 흐르는 경우에 대한 설명은 없으나 이때의 호흡 흐름을 다른 송들에서 다음과 같이 설명하고 있다.

a. marut가 한 순간 왼쪽에, 한 순간 오른쪽에 흐를 때 이것은 수슘나로 알려져야 하고 ……[341]

b. 정해진 연속성을 건너뛰어 그의 두 나디가 흐를 때 ……[342]

c. 한 순간 왼쪽에, [다음] 한 순간 오른쪽에 [흐른다면] 불규칙하게 [스와라가] 일어난다고 알려져야 한다. ……[343]

b의 '정해진 연속성을 건너뛴다'는 표현과 '불규칙하게'라는 표현은 동일한 것이다. 왜냐하면 가령, 콧구멍에서 오른쪽 → 왼쪽 → 오른쪽 순서로 동일한 시간씩 흐르는 것이, 오른쪽 → [왼쪽] → 오른쪽 → 왼쪽으로 나타난다고 해도 오른쪽이 좀 더 긴 시간 흐르다 왼쪽으로 옮겨가는 것이기에 시간상 불규칙하게 나타날 뿐이다. 그래서 불규칙하다는 것은 시간으로 이해해야 한다. 따라서 '동일한 시간 길이는 아니지만 짧은 순간씩 양쪽 교대로 흐른다'고 볼 수 있다. 사실상 이는 호흡 흐름의 미세한 느낌까지 관찰할 수 있는 경우에 해당한다. 왜냐하면 라마Rama의 설명처럼 양쪽 콧구멍 호흡 변화가 육체적으로 코 내의 발기성 조직층 내 모세혈관의 팽창 정도에 따라 일어나기 때문이다. 즉 콧구멍 안의 비개골과 격막을 덮고 있는 조직이 팽창하면

---

341) kṣaṇaṃ vāme kṣaṇaṃ dakṣe yadā vahati mārutaḥ/ suṣumnā …… //SSd 124//
342) yadānukramamullaṃghya yasyanāḍīdvayaṃ vahet …… //SSd 126//
343) kṣaṇaṃ vāme kṣaṇaṃ dakṣe viṣamaṃ bhāvamādiśet …… //SSd 127//

서 부어오를 때 다른 쪽 콧구멍 조직은 덜 부어오르는 경향으로 인해 한쪽이 다른 쪽보다 호흡의 흐름이 상대적으로 용이하게 된다.[344] 따라서 이런 모세혈관의 팽창 정도는 급격히 확연하게 달라질 수 없으므로 양자가 엇비슷한 균형 상태를 유지한다는 것은 아주 미세한 차이의 변화를 그 속에 내포하고 있다. 이런 느낌의 차이를 구분하려면 일정한 숙련 과정이 필요하다. 그래서 현대의 스와라 요가 개설서에서는 "양쪽 콧구멍이 동시에 작용"[345]하는 것으로 표현하고 있다.

둘째, 들숨/날숨 항목을 보면 핑갈라가 날숨, 이다가 들숨으로 언급하고 있으나 수슘나의 숨의 상태에 대한 설명이 없다. 위 a · b에서 수슘나를 날숨 ha와 들숨 sa를 결합한 haṃsa로 표현하고 있는 점으로 보아 들숨과 날숨, 날숨과 들숨의 교차점에 잠깐 멈추어지는 '멈춘 숨' 을 가리키는 것으로 보인다. 또 양 콧구멍의 동일한 흐름, 즉 이다와 핑갈라의 균형으로 각성되는 나디가 수슘나라는 점을 고려해 보면 두 숨이 공존할 수 있는 상태는 ① 한쪽 콧구멍으로는 들이쉬고 다른 쪽으로는 내쉬든지 ② 숨이 같이 멈추든지, 둘 중 하나에 해당된다. ①은 불가능하므로 ②의 상태라고 추정해 볼 수 있다. 따라서 수슘나는 '멈춘 숨' 의 상태라고 할 수 있다.[346]

셋째, 천체 항목은 지구에서 보면 태양과 달이 결합하는 현상인 '일 · 월식' 에 해당한다고 볼 수 있다. 또 하루 중에는 밤낮 · 낮밤이 바뀌는 브라만의 시간대brahmamuhūrta라고 할 수도 있다. 양자, 특히 전자는 실천 수행에서 매우 중요한 때로 여겨진다. 먼저, 일 · 월식의 수행에서의 의미부터 살펴보겠다. 인도의 천문학자 하리Hari는 이에 대해 다음과 같이 적절하게 설명하고 있다.

---

344) 라마(1986), pp. 102～105 참조.
345) 조하리(2008), p. 42.
346) 김재민(2008), p. 206 참조.

대우주와 소우주, 천체와 인체의 연관 모델의 토대는 "아발론 Avalon[347]이 '뱀의 힘'으로 불렀던 요가 샥티, 즉 쿤달리니에 대한 주로 일 · 월식의, 부차적으로 초승달과 보름달의 영향이나 자극이었다."[348] 이 중에서 "일 · 월식의 영향은 시간으로 된 뱀[349]인 달의 교점들에 대한 발견으로 나아갔다. 북쪽 교점, 즉 rāhu는 출생의 상징이 되고, [남쪽 교점, 즉] śikhi[350]는 죽음 · 해탈 · 생해탈의 상징이 되었다. 한편 태음 · 태양 현상은 인간의 영적 추구를 상징하였다."[351]

Mātṛkābhedatantra(이하 MBt)에 일 · 월식 때의 상서로움, 요가의 성취를 촉진하는 데 달의 교점과 태음 · 태양 현상의 역할 등이 설명되고 있다. 이 중 일식에 대한 내용은 아래와 같다.[352]

---

347) Sir John Woodroffe의 필명이다.

348) Hari(2005-1), p. 2. 하리Hari에 따르면, 인도인들은 종교적 삶과 연관하여 천문현상들에 대해 다음과 같은 관념을 가지고 있다고 한다. "태음, 태양 현상, 즉 태음 30일은 인도인들에게 가장 중요한 시간 단위이다. 그 중에서도 특히 신월과 만월, 상현과 하현 [때]는 경배upāsana를 위해 더 중요하고 일, 월식 [때]는 가장 신성한 시간이다." Hari(2005-2), p. 2.
본고에서 사용하고 있는 하리Hari의 저술과 관련하여 먼저 서술해 두어야 할 점이 있다. 하리Hari는 탄트라, 요가 등의 문헌에 나타나는 대우주, 소우주론을 현대 천문학의 천체론을 바탕으로 천체와 인체와의 연관을 밝히는 연구를 하고 있는 인도의 천문학자이다. 필자가 조사해 본 결과, 이러한 연구 방법론을 취하여 연구 결과를 발표하고 있는 연구자를 거의 찾아보기 어려웠다. 그래서 그에게 조언을 구하고자 필자의 연구 방향과 당시 연구 내용의 핵심을 메일로 보냈는데, 답신이 왔다. 그가 자신의 저술 중 말라얄람어로 쓴 Jyotischakram의 내용이 필자의 연구에 도움이 될 것이라며, 해당 저술의 내용을 영역한 별쇄본들을 메일로 보내 왔다. 이들 중 본 논의에 필요한 2종류를 사용하였다.

349) 쿤달리니를 가리킨다.

350) ketu와 동의어.

351) Hari(2005-1), p. 3.

352) MBt 산스크리트본을 구하지 못해 Hari(2005-1), p. 3의 인용문을 교정하여 재인용하였다.

[Sri Caṇḍikā가 물었다.]

a. Parameśvara여, rāhu는 불가촉천민caṇḍāla[353]에게 널리 퍼져 있습니다. 어떻게 이 일식日蝕이 상서로운 시간입니까?[354]

b. 마찬가지로 월식月蝕도. Nātha여, 나의 마음속에 의심이 있습니다. Parānanda여, [이것을 먼저] 말해주십시오. 다른 것은 나중에 알려주십시오.[355]

[Sri Śaṃkara가 답했다.]

c. 들어라, 사랑스런 사지四肢를 가진 이(Cārvaṃgisubhaga)여! [일, 월]식은 가장 최고로 [상서로운 때다.] [일 · 월]식은 세 종류이다. 데비여, 달과 태양과 불의 결합이다.[356]

d. 불은 언제나 샥티의 이마에 있는 눈(제3의 눈)에 있다. 그런 식으로 달은 왼쪽 눈에, 태양은 오른쪽 [눈에] 위치하고 있다.[357]

e. Deveśī여, Śambhu가 연인과 하나가 될 때 [일 · 월]식이 있고, 그 때 실로 쉬바는 샥티와 결합한다.[358]

---

353) Hari(2005-1), p. 4.

354) rāhuścaṇḍālevikhyātaḥ sarvatraparameśvaraḥ/ puṇyakālaḥ kathaṃ tasyasparśe divākare//MBt 6. 6//

355) niśākare tatha nātha iti me saṃśayo hṛdi/ kathayasva parānanda paścādanyatprakāśya//MBt 6. 7//(밑줄 친 부분 : hradi에서 교정).

356) śṛṇu cārvaṃgisubhage grahaṇañcottamottamamaṃ/ grahaṇaṃ trividhaṃ devī candrasūryāgnisaṃyutam//MBt 6. 8//

357) śakterlalāṭake netre vahnistiṣṭhati sarvadā/ vāmanetre tathā candrao dakṣe sūrya pratiṣṭhita//MBt 6. 9//(밑줄 친 부분 : tiṣṭati, ṣṭitaḥ에서 각각 교정).

358) śambhunāthenadeveśī ramaṇaṃ kriyate yadā/ tadaivagrahaṇaṃ devī śaktiyukto yadā śivaḥ//MBt 6. 10//(밑줄 친 부분 : deveśi에서 교정).

f. 왼쪽 눈에 입맞춤할 때 월식이 있고, 오른쪽 눈에 입맞춤할 때 일식이 있다. 이마[의 눈]에 입맞춤할 때, 불의 식蝕이 있다.[359]

g. [이는] 쉬바의 정액과 연관되어 있다. Parameśvarī여, [그런 이유로] 불의 결합은 보이지 않는다.[360]

h. Rāhu와 쉬바는 3질[을 산출하는] 샥티로 간주된다. Parameśvarī여, [일 · 월]식은 쉬바와 샥티의 결합이다.[361]

위 내용에 따르면 e와 h에서 일 · 월식은 기본적으로 쉬바와 샥티의 결합을 의미한다. 이는 수행에서 궁극의 목적을 성취하는 데 가장 중요한 이원성二元性의 극복, 즉 일원一元으로의 환합還合이라는 뜻을 내포하고 있다고 볼 수 있다.

c에서 일 · 월식은 세 종류가 있다고 하는데, f와 연관하여 보면 이것이 세 단계를 거쳐 일어나는 것으로 생각할 수 있다. f에서 눈眼은 '나디'를 가리키는 것이고 입맞춤은 수행적 의미에서의 '각성'을 뜻하는 것으로 보인다. 각 단계를 순서대로 살펴보면, 먼저 왼쪽 눈 — 입맞춤 — 월식은 천체의 달과 연관되어 있는 이다 나디의 각성이 일어난다는 뜻으로 해석할 수 있다. 다음으로 오른쪽 눈 — 입맞춤 — 일식은 천체의 태양과 연관되어 있는 핑갈라의 각성이 일어나는 것이고, 마지막으로 이마의 눈 — 입맞춤 — 불의 식은 수슘나의 각성이

359) vāmanetre cumbane tu śaśāṅkagrahaṇaṃ tadā/ dakśanetre cumbane ca bhāskaragrahaṇaṃ tadā//MBt 6. 11//

360) lalāṭe cumbane cāgnīgrahaṇaṃ parameśvarī/ śivavīryayuto vahniratoadṛśyaḥ sureśvarī//MBt 6. 12//

361) rāhuśivaḥsamākhyātastriguṇāśaktirīrītā/ śivaśaktyoḥsamāyogo grahaṇaṃ parameśvarī//MBt 6. 13//

일어나는 것으로 볼 수 있다. 또 한편으로는 달과 이다에 해당하는 샥티와 태양과 핑갈라에 해당하는 쉬바가 결합하여 불火과 수슘나의 각성을 일으키는 것으로 이해할 수도 있다. 이를 도식화해 보면, '샥티(달, 이다) + 쉬바(태양, 핑갈라) = 양자 결합 상태(불, 수슘나)' 이다. 따라서 일 · 월식은 세 종류가 있지만 본질적으로 이 현상을 규정짓는 것이자 이 현상의 결과로 나타나는 것은 쉬바와 샥티의 결합 상태, 즉 수슘나의 각성을 의미한다.

다음, 브라만의 시간대brahmamuhūrta에 대해서 살펴보자. 이 시간대는 인도 수행 전통에서 수행을 하기에 매우 적합한 때로 여겨진다. 피셔-슈라이버Fischer-Schreiber에 따르면, 이 시간대는 밤이 낮으로 바뀌고 낮이 밤으로 바뀌는 동틀녘이나 해질녘이라고 한다.[362] 달과 태양이, 태양과 달이 서로 교차하는 시기로, 대략 일출과 일몰을 중심으로 앞뒤 30분~1시간 정도를 포함한 시간대로 볼 수 있다. 그러나 SSd에서는 이 시간대에 대한 언급은 나타나 있지 않다.

그러나 SSd의 미세 신체 생리학에 근거해서 다음과 같이 생각해 볼 수 있다. 하루 중 수슘나가 24회 일시적으로 각성된다. 왜냐하면 양 콧구멍 호흡 강도의 변화, 즉 이다와 핑갈라의 교대가 24차례 있는데, 이때 교대의 점이시간대에 짧은 시간 동안 양자가 균형을 이뤄 수슘나가 활성화된다고 볼 수 있기 때문이다. 이는 신체에서 매 시간마다 4분간 공空 요소가 활성화되는 것으로 나타난다.[363] 이와 관련한 조하리Johari의 다음과 같은 언급은 참고할 만하다. "수슘나는 매 시간[이 4분에서] 40초 동안 작용한다. 해 뜰 때와 해 질 때 그날의 콧구멍이

---

362) Fischer-Schreiber(1994), p. 44 참조. 이 시간대에 대해 티와리Tiwari는 '베다에 따르면 영적 수행에 가장 상서로운 시간은 오전 4시경' 이라 한다. Tiwari(2002), p. 154 참조. 데바난다Devananda는 '오전 4시에서 6시 사이' 로 본다. Devananda(1999), p. 10 참조.

363) 앞의 '제3장 5요소론의 3. (3) 5요소의 지배 시간' 참조.

작용하기 전에 수슘나는 [다른 때]보다 더 긴 시간 동안 작용한다. … … 이것이 베다, 우파니샤드, 탄트라의 현자들이 새벽과 황혼에 예배를 행해야 한다고 서술한 하나의 이유이다. 수슘나가 작용하고 있는 동안 5요소 중 어떤 것도 움직이지 않고 모든 육체적 · 정신적 욕망이 멈추어서 마음이 고요해진다. 왜냐하면 정신적인 동요가 없기 때문이다."[364] 즉 브라만의 시간대가 다른 때보다 생리학적으로 수슘나를 더 긴 시간 활성화시키므로 수행에 더 유리한 시간대이다. 따라서 이 시간대도 수슘나의 특성이 보다 잘 나타나는 때라고 할 수 있다.

넷째, 통제 신격을 보면 Śambhu의 통제 대상 나디가 모호하다. a에는 '수슘나에 있다'고 되어 있으나 c에는 오른쪽 나디, 즉 태양에 있다고 되어 있다. 그리고 b에서는 쉬바가 핑갈라(=날숨=ha)에 있다고 한다. Śambhu와 쉬바가 핑갈라에서 겹쳐진다. 쉬바는 전신前身이 루드라로 기본적으로 파괴성을 갖고 있으며 세계의 종말 시기에 우주를 파괴한다고 묘사된다.[365] 한편 Śambhu는 쉬바의 한 측면으로 우주가 휴면에 들어가 평온하고 불변하는 상태[366]를 나타낸다. 핑갈라의 활동적, 파괴적 속성과 수슘나의 이다와 핑갈라의 균형 상태라는 점을 고려해 볼 때 핑갈라에 쉬바를, 수슘나에 Śambhu를 배속하는 것이 적합할 것이다. 이렇게 될 때 샥티인 이다와 쉬바인 핑갈라가 균형을 이뤄서, 창조와 파괴가 없는 휴면의 상태이자 쉬바와 샥티로 이원화되기 전으로 회귀하게 된다는 탄트라의 설명과도 일맥상통하게 된다.

다섯째, 수슘나의 성별은 이다와 핑갈라의 속성을 모두 지닌 양성兩性이라고 할 수 있다. 이에 해당하는 신격이 있는데, 그는 Ardhanāriśvara이다. 이 신격은 세계 창조의 원인으로서 모든 음양적 형태의 불

364) 조하리(2008), p. 81.
365) Stutley(2003), pp. 130~131 참조.
366) Stutley(2003), p. 122 참조.

가분성을 나타내는 남녀양성의 형태를 한, 쉬바의 온화한 한 측면으로 오른쪽은 쉬바(陽), 왼쪽은 배우자인 파르바티(陰)로 되어 있다.[367] 이 신격의 속성이 수슘나의 특징과 매우 닮아 있어 이에 해당한다고 볼 수 있다.[368]

여섯째, 수슘나의 흐름의 때에 공(空) 요소가 지배적이 되므로 이 요소의 색상인 모든 색상 또는 흰색과 검은색이 얼룩덜룩하게 점처럼 흩어져 있는 색상이라 추정해 볼 수 있다. 후자는 한편으로는 이다의 흰색과 핑갈라의 검은색의 혼재 상태라 생각해 볼 수도 있다.

(2) 독자적 관념

이 문헌에서는 각 나디별 기본 성질에 기초를 둔 기본 원리에 따라 세속에서 좋은 결과를 낳을 수 있는 일들에 대해 구체적으로 설명하고 있다. 물론 필자가 생각하기에 이들 중 원리에 정확하게 부합되지는 않는다고 생각되는 일들도 있으나 일단 모두 정리해 보겠다. 왜냐하면 이 문헌에 소개된 세속의 일들은 당시 사회상과 관념을 기준으로 한 것들이기에 지금의 관념과는 다를 수도 있기에 당시 관념으로는 타당할 수도 있기 때문이다.

367) Stutley(2003), p. 11 참조.

368) 조하리Johari도 수슘나를 Ardhanāriśivara에 배속하고 있다. 조하리(2008), pp. 56~57 참조.

1) 이다의 흐름과 세속 길흉吉凶

① 세속 길흉 원리

앞에서 살펴본 바처럼 이다는 달 · 여성성 · 들숨 · 왼쪽 콧구멍을 의미한다. 달과 여성성의 이미지를 좀 더 확장하여 이해해 보면 수동성 · 수용성 · 차가움의 속성을 갖고, 육체 생리학적으로는 뇌의 우반구와 연결되어 있어 이와 유사한 기능적 특성을 가진다. 또 부교감신경의 역할과도 닮아 있다.[369] 이런 성격의 이다가, 전개된 이 세계에서 어떤 성격을 띠게 되는지에 대해 SSd에서는 아래와 같이 설명하고 있다.

> a. 그리고 왼쪽에 [있는 나디는] 감로와 같을 것이고 완전하게 세계를 지탱한다. ……[370]

> b. …… 왼쪽 [나디]는 모든 상서로운 일에 지복을 준다.[371]

> c. [달 스와라가 있다면] 밤낮 동안 한 모든 일이 성취된다. 또한 달은 모든 상서로운 일에 이롭다.[372]

---

369) 여기서 육체 생리학과의 연관은 조하리Johari와 샨나호프-칼사Shannahoff-Khalsa 참조. 후자는 콧구멍별 호흡 강세와 뇌의 연관관계를 연구한 논문이다. 조하리(2008), pp. 37~40, Shannhoff-Khalsa(2008), pp. 141~179 참조. 아래의 핑갈라에 대한 육체 생리학적 설명도 이와 동일한 자료를 참조하였다.

370) vāme cāmṛtarūpā syājjagadāpyāyanaṃ param …… //SSd 57//

371) …… sarvatra śubhakāryeṣu vāmā bhavati siddhidā//SSd 58//

372) sarvakāryāṇi siddhyanti divārātrigatānyapi/ sarveṣu śubhakāryeṣu candracāraḥ praśasyate//SSd 113//

d. …… 달 나디가 흐를 때 즐거운 일을 해야 한다.[373)]

e. 그리고 [집에서] 나갈 때 왼쪽 [나디]가 상서롭고, …… 달 [나디]는 안정과 덕성이고……[374)]

f. 이다는 요가 수행 등의 행위에 성취를 준다고 말해진다. 그러나 [이 나디에서도] 풍風, 화火, 공空만은 피해야 한다.[375)]

a에서 '감로amṛta'는 이다의 성질을 잘 나타낸다. 감로란 신의 음식이나 음료를 지칭하는 것으로 죽음을 극복하는 효능을 갖고 있는[376)] 것으로 알려져 있다. 하타 요가에서도 동일한 의미를 나타낸다. GHs의 "배꼽의 근저에 태양이 있고 구개의 근저에 달이 있다. 태양이 감로를 삼키면 사람은 죽음에 머문다"[377)]는 송에 잘 표현되어 있다. 이러한 성질로 인해 세계를 완전하게 지탱하고, f에서처럼 요가 수행 등의 행위에 성취를 주는 것으로 나타난다.

e는 다소 애매한데, 원래는 핑갈라와 대비하며 서술된 것이다. 완전한 송은 "그리고 나갈 때 왼쪽 [나디]가 상서롭고, 돌아올 때 오른쪽 [나디]가 상서롭다. 달 [나디]는 안정과 덕성이고, 태양 [나디]는 언제나 불안정하다"[378)]이다. 이의 내용을 원리적으로 이해해 보면, 외출할 때

373) …… candranāḍīpravāheṇa saumyakāryāṇi kārayet//SSd 60//

374) nirgame tu śubhā vāmā …… / candraḥ samaḥsuvijñeyo …… //SSd 59//

375) iḍāyāṃ siddhidaṃ proktaṃ yogābhyāsādi karma ca/ tatrāpi varjayedvāyuṃ teja ākāśameva ca//SSd 112//

376) Stutley(2003), p. 7 참조.

377) nābhimūle vasetsūryas tālumūle ca candramāḥ/ amṛtaṃ grasate sūryastato mṛtyuvaśo naraḥ//GHs 3. 29//

378) nirgame tu śubhā vāmā praveśe dakṣiṇā śubhā/ candraḥ samaḥsuvijñeyo ravistu viṣamaḥ sadā//SSd 59//

란 바깥의 활동을 시작하는 때를 의미하므로 바깥 활동을 잘 유지할 수 있도록 하는 이다가 상서롭고, 돌아올 때란 활동의 유지·지속이 끝나는 종말을 의미[379]하므로 핑갈라가 상서롭다고 할 수 있다.

위 송들의 전체 내용을 요약해 보면 이다는 기본적으로 '세계를 유지하는 힘이고 모든 상서로운 일에 좋은 결과를 낳는다. 그리고 요가 수행에도 성취를 준다. 단, 부정적 속성을 가진 요소들, 즉 화火·풍風·공空이 지배적일 때는 그렇지 못하다고 한다.

② 해야 할 상서로운 일

앞의 원리에 근거하여 실제로 세속에서 어떤 일들을 해야 하는지 SSd에서는 구체적으로 제시하고 있다. 이들은 아래와 같다.

> a. 안정적인 작업, 장식하기, 장거리 여행에, 마찬가지로 아슈람과 사원 건축, 물건 수집에도,[380]

> b. 연못, 우물, [물]탱크 만들기, 신상神像에 봉헌, 여행, 보시, 결혼, 옷의 장식과 꾸밈에,[381]

> c. 마음에 평화를 주는 일, 세속적 번영을 위한 일, 신성한 약초와 약물의 복용, 자신의 스승과 만남, 친구 사귀기, 상업, 곡물 집화,[382]

---

379) 아래 '2) 핑갈라의 흐름과 세속 길흉吉凶 중 ① 세속 길흉 원리' 참조.

380) sthirakarmaṇyalaṅkāre dūrādhvagamane tathā/ āśrame dharmaprāsāde vastūnāṃ saṃgrahe ' pi ca//SSd 102//

381) vāpīkūpataḍāgādeḥ pratiṣṭhā stambhadevayoḥ/ yātrā dāne vivāhe ca vastrālaṅkāra bhūṣaṇe//SSd 103//

382) śāntike pauṣṭike caiva divyauṣadhirasāyane/ svasvāmidarśane mitre vāṇijyeka ṇasaṃgrahe//SSd 104//

d. [새로 지은 집에] 들어감, 시중들기, 경작, 씨뿌리기, 덕행, 동맹 [맺기], 외출에 달 [스와라]는 상서롭다.[383]

e. 학습의 시작, 친척을 만남, 출생과 해탈, 종교적 의례, 종교의 입문식, 만트라 수행,[384]

f. 시간에 대한 지식이 담긴 수트라[의 독송], 네 발 짐승을 집에 둠, 죽을병의 치료, 그와 같이 주인을 부름에,[385]

g. 코끼리나 말 타기, 예민한 코끼리나 말의 묶어둠, 자선慈善, 그와 같이 저장고의 보존에,[386]

h. 노래 [부르기], 악기 [연주] 등과 춤추기, 무용 서적에 대한 고찰, 도시나 마을에 들어감, tilak 바르기와 부동산의 획득에 달 [스와라]는 상서롭다.[387]

i. 열에 들뜨고 감각이 마비되는 열병과 쇠약, 친척 및 자신의 주인과 결속, 식량과 나무의 축적,[388]

---

383) gṛhapraveśe sevāyāṃ kṛṣau ca bījavāpane/ śubhakarmaṇi sandhau ca nirgame ca śubhaḥ śaśī//SSd 105//

384) vidyārambhādikāryeṣu bāndhavānāṃ ca darśane/ janmamokṣe ca dharme ca dīkṣāyāṃ mantrasādhane//SSd 106//

385) kālavijñānasūtre tu catuṣpādagṛhāgame/ kālavyādhicikitsāyāṃ svāmisambodhane tathā//SSd 107//

386) gajāśvārohaṇe dhanvigajāśvānāṃ ca bandhane/ paropakaraṇe caiva nidhīnāṃ sthāpane tathā//SSd 108//

387) gītāvādyādinṛtyādau nṛtyaśāstravicāraṇe/ puragrāmaniveśe ca tilakakṣetradhāraṇe//SSd 109//

j. 뻐드렁니 등 [치아]의 장식, 강우, 그런 식으로 스승에 대한 경배, 음독飮毒의 중화에 [달 스와라는 상서롭다]. 오! 아름다운 얼굴의 여인이여.[389)]

대부분 세상의 유지, 수행, 땅과 연관된 일 또는 여성성과 관련된 장식 등의 일이다. 그리고 h의 '노래 부르기나 악기 연주, 춤추기' 등과 같은 예술적인 일이 눈에 띈다. i의 '열에 들뜨고 감각이 마비되는 열병과 쇠약' 에 이다의 흐름이 상서로운 이유는 이 나디의 기본 성질이 차기에 열을 내리고, 감로의 성격을 띠기에 쇠약함을 회복시키는 역할을 하기 때문일 것이다.[390)]

2) 핑갈라의 흐름과 세속 길흉吉凶

① 세속 길흉 원리

이다와 반대되는 특성을 가진 핑갈라는 태양 · 남성성 · 날숨 · 오른쪽 콧구멍을 의미한다. 태양과 남성성의 이미지를 좀 더 확장해 보면 능동성 · 역동성 · 따뜻함, 육체 생리학적으로는 뇌의 좌반구와 연결되

---

388) ārtiśokaviṣādeṣu jvaritemūrcchite ' pi vā/ svajanasvāmisambandhe annāderdārusaṃgrahe//SSd 110//

389) strīṇāṃ dantādibhūṣāyāṃ vṛṣṭerāgamane tathā/ gurupūjāviṣādīnāṃ cālane ca varānane//SSd 111//

390) 앞서 이다가 뇌 우반구의 기능적 특성과 유사하다고 했는데, 이해의 확장을 위해 참고로 이 뇌의 기능을 살펴보면 다음과 같다. 비언어적(몸짓이나 표정으로 의사 표시, 몸짓 언어), 종합적(여러 사물을 종합적으로 파악), 구체적(실물 그대로를 표현), 유사적(여러 사물의 유사성을 보고 비유적 관계로 이해), 비시간적(시간 감각이 없음, 과거와 현재 공존), 비합리적(사실이나 추론을 거치지 않고 판단), 공간적(여러 사물의 위치 상관관계, 부분과 전체의 관계를 파악), 공간적(여러 사물의 위치 상관관계, 부분과 전체의 관계를 파악), 직관적(육감, 느낌, 시각적 영상 등을 근거로 순간적으로 통찰), 총체적(단번에 사물 전체를 파악, 큰 틀로 내용을 파악하고 당돌한 결론을 내리기도 함) 등이다. 안의태(2005), p. 54 참조.

어 있어 이의 기능적 특성을 보인다. 또 교감신경의 역할과도 유사하다. 핑갈라는 이 세계에서 다음과 같은 성격을 갖는다고 SSd는 설명하고 있다.

a. …… 오른쪽에 [있는 나디는] 움직이는 성질로 항상 세계를 창조할 것이다.[391)]

b. …… 돌아올 때 오른쪽 [나디]가 상서롭다. …… 태양 [나디]는 언제나 불안정하다.[392)]

c. 태양 나디가 흐를 때 몹시 힘든 일들을 해야만 한다. ……[393)]

d. 모든 격렬한 일과 움직임이 [필요한] 여러 가지 [일들], 그것들은 태양에 의해서 성취된다. 거기에 의심의 여지는 없다.[394)]

이 나디의 지배 신격인 쉬바의 파괴성을 고려해 보면, a의 세계를 창조할 것이라는 활동성의 의미에는 파괴성이 내포되어 있다고 볼 수 있다. b와 관련해서는 위 '이다의 ① 세속 길흉 원리'에서 살펴보았다.

위 송들의 전체 내용을 통해서 볼 때, 핑갈라는 세계를 창조·파괴하는 힘이고, 불안정한 성격을 갖고 또 격렬한 활동과 움직이는 일에 성공적인 결과를 낳는다고 할 수 있다.

---

391) …… dakṣiṇe carabhāgena jagadutpādayetsadā//SSd 57//

392) …… praveśe dakṣiṇā śubhā/ …… ravistu viṣamaḥ sadā//SSd 59//

393) sūryanāḍī pravāheṇa raudrakarmāṇi kārayet …… //SSd 61//

394) krūrāṇi sarvakarmāṇi carāṇi vividhāni ca/ tāni siddhyanti sūryeṇa nātrakāryāvicāraṇā//SSd 123//

② 해야 할 상서로운 일

이상의 ①의 원리에 근거하여 세속에서 행했을 때 좋은 결과를 낳는 일을 구체적으로 다음과 같이 제시하고 있다.

a. 어렵고 끔찍한 지식들의 배움과 가르침, 그와 같이 여성과 교제 및 음행, 큰 배에 승선,[395]

b. 악한 행위들, 음주, 비라—만트라 등에 대한 숭배, 동요 상태, 나라를 파괴, 적들을 독살함,[396]

c. 그리고 논서 학습, 여행, 사냥, 가축의 판매, 벽돌 [만들기], 나무 [자르기], 돌 쪼개기, 보석 연마에 [태양 스와라는 상서롭다].[397]

d. 움직임 반복 연습, 얀트라와 탄트라 [수행], 성채나 산악 오르기, 도박, 도둑질, 코끼리와 말 등과 전차[의 운전법을] 습득하여 운전함,[398]

e. 체육, 살해와 적을 파괴함, 여섯 행법 등의 수행, 여성 야차, 남성 야차, 귀신, 독毒 같은 것 등의 파괴,[399]

---

395) kaṭhinakrūravidyānāṃ paṭhane pāṭhane tathā/ strīsaṃgaveśyāgamane mahāna-ukādhirohaṇe//SSd 114//

396) bhraṣṭakārye surāpāne vīramantrādyupāsane/ vihvaloddhvaṃsadeśādau viṣad-āne ca vairiṇām//SSd 115//

397) śāstrābhyāse ca gamane mṛgayāpaśuvikraye/ iṣṭikākāṣṭhapāṣāṇaratnagharṣaṇ-adāraṇe//SSd 116//

398) gatyabhyāse yantratantre durgaparvatarohaṇe/ dyūte caurye gajāśvādirathasād-hanavāhane//SSd 117//

399) vyāyāme māraṇoccāṭe ṣaṭkarmādikasādhane/ yakṣiṇīyakṣavetālaviṣabhūtādi

f. 당나귀와 낙타, 버팔로 등과 코끼리와 말 타기, 그와 같이 강과 바다를 건넘, 약품[의 사용], 편지나 책 쓰기,[400]

g. [다른 사람을] 살해, 현혹함, 마비시킴, [사람들 사이에] 증오[를 불러일으킴], [다른 사람을] 통제함, [다른 사람을] 강제함, 경작, 격앙, 보시, 매매,[401]

h. 초령술招靈術, 적개심, 적을 궤멸시킴, 또 손에 검을 듦, 적과의 전쟁, 또는 세속적 즐거움, 왕을 알현함, 식사, 목욕, 일상의 행동, 두드러진 행동의 성취에 태양이 상서롭다.[402]

i. 소화의 불이 약할 때 바르게 먹는 법, 여인을 매혹하기 등의 행위, 수면睡眠은 태양이 흐르는 동안에 현명한 자들에 의해 언제나 행해진다.[403]

위 송들에 소개된 일들은 주로 활동적인 것, 파괴적이고 부정적인 종류의 것들이다. 그 외에 남성성의 반영으로 여성을 매혹하거나 그녀와 교제하기 등과 같은 내용도 있다.[404]

---

nigrahe//SSd 118//

400) kharoṣṭramahiṣādīnāṃ gajāśvārohaṇe tathā/ nadījalaughataraṇe bheṣaje lipilekhane//SSd 119//

401) māraṇe mohane stambhe vidveṣoccāṭane vaśe/ preraṇe karṣaṇe kṣobhe dāne ca krayavikraye//SSd 120//

402) pretākarṣaṇavidveṣe śatrunigrahaṇe ' pi ca/ khaḍgahaste vairiyuddhe bhoge vā rājadarśane/ bhojye snāne vyavahāre dīptakārye raviḥ śubhaḥ//SSd 121//

403) bhuktamārge ca mandāgnau strīṇāṃ vaśyādikarmaṇi/ śayanaṃ sūryavāhena kartavyaṃ sarvadā budhaiḥ//SSd 122//

404) 앞서 이다와 뇌의 기능적 특성(각주 390) 참조)을 알아보았듯이 핑갈라와 우뇌의 기능을 살펴보면 다음과 같다. '언어적(낱말을 사용, 이름을 붙임, 말이나 글로 의사 표

3) 수슘나의 흐름과 세속 길흉吉凶

① 세속 길흉 원리

아래의 수슘나 흐름의 특성은 앞서 살펴본 5요소 중 공空이 흐를 때의 특성과 거의 동일하다.[405] 수슘나가 흐를 때 공空이 활성화되기 때문이다. 나머지 네 요소에 대해서도 속성과 세속의 일과의 연관을 고려해 보면 대략적으로 지地와 수水는 이다에, 화火와 풍風은 핑갈라에 해당한다고 볼 수 있다. 아래는 수슘나 나디가 흐를 때 세속에서 일어날 일의 기본적 성격에 대한 것들이다.

> a. 호흡이 한 순간 왼쪽에, 한 순간 오른쪽에 흐를 때 이것은 수슘나로 알려져야 하고 모든 일이 안 된다는 것을 기억해야 한다.[406]

> b. 이 나디에 있는 화火는 [모든 것을] 파괴할 때처럼 불탄다. 이것火을 독이고 모든 일을 파괴하는 것으로 알아야 한다.[407]

> c. 정해진 연속성을 건너뛰어 그의 두 나디가 흐를 때, 그때 그에게

현), 분석적(단계적, 체계적으로 사물을 파악, 차근차근 분석), 추상적(하나의 실마리로 전체를 제시), 상징적(부호나 기호 등의 상징을 사용), 시간적(시간을 재고 일의 순서를 정함), 합리적(사실을 근거로 추론하여 결론을 유도), 계수적(숫자를 사용하여 셈함, 사물의 형태와 관계를 수치로 파악), 논리적(수학의 공식이나 진지한 토론처럼 논리적 순서에 따른 결론을 얻음), 순차적(생각을 차례로 전개, 생각을 순서대로 연관하여 집중적으로 결론 맺음)' 등이다. 안의태(2005), p. 54 참조.

405) 앞의 '3장의 3. *Śivasvarodaya*의 5요소 (4) 세속의 일과 관련 된 것들' 참조.

406) kṣaṇaṃ vāme kṣaṇaṃ dakṣe yadā vahati mārutaḥ/ suṣumnā sā ca vijñeyā sarvakāryaharā smṛtā//SSd 124//

407) tasyāṃ nāḍyāṃ sthito vahnirjvalate kālarūpakaḥ/ viṣavattaṃ vijānīyātsarvakāryavināśanam//SSd 125//

불길하다는 것을 알아야 한다. 거기에 의심의 여지는 없다.[408]

d. 한 순간 왼쪽에, [다음] 한 순간 오른쪽에 [흐른다면] 불규칙하게 [스와라가] 일어난다고 알려져야 한다. 거꾸로 된 결과가 있음이 알려지고 알아야 할 것이다. 오, 아름다운 얼굴의 여인이여.[409]

e. 가운데 [나디는] 모든 행위에서 잔인하고 사악하다. ……[410]

f. 현명한 사람들은 실로 양 [나디]의 불규칙한 흐름, 이를 독과 같다 [고 말한다]. 잔인하거나 상서로운 일들, 그 모든 일에 결과가 없을 것이다.[411]

b에서 화火가 더욱 강력하게 작용하는 원리는 다음과 같다. 수슘나는 기본적으로 공空의 속성을 띠므로 세속의 모든 일에 '결과 없음' 또는 '부정적인 결과'를 낳는다. 이에 '무자비함', '손실', '죽음'의 성격을 가진 화火가 더해지면 더 나쁜 결과를 초래하게 된다.

이상으로 위 송들의 내용 전체를 종합해 보면, 수슘나가 흐를 때 공空의 지배성이 강해져서 세속의 모든 일이 이 요소의 속성처럼 모두 흩어져버려 결실을 얻지 못하게 된다. 또는 설령 결과를 맺는다 하더라도 전도顚倒된 것을 얻게 된다. 세속의 일을 하는 데 있어서는 가장 좋지 못한 나디라고 할 수 있다. 반드시 피해야 한다. 그러나 공空의

408) yadānukramamullaṃghya yasyanāḍīdvayaṃ vahet/ tadā tasya vijānīyādaśubhaṃ nātra saṃśayaḥ//SSd 126//

409) kṣaṇaṃ vāme kṣaṇaṃ dakṣe viṣamaṃ bhāvamādiśet/ viparītaṃ phalaṃ jñeyaṃ jñātavyaṃ ca varānate//SSd 127//

410) madhyamā bhavati krūrā duṣṭā sarvatra karmasu …… //SSd 58//

411) ubhayoreva sañcāraṃ viṣavattaṃ vidurbudhāḥ/ na kuryātkrūrasaumyāni tatsarvaṃ viphalaṃ bhavet//SSd 128//

속성이 세속의 일에는 끔찍한 것이기는 하지만 해탈을 위한 수행에는 가장 상서로운 것이기에, 이 나디가 흐른다는 것은 해탈을 위한 요가 수행에는 최상의 상태라는 것을 의미한다고 볼 수 있다. 이는 아래의 세속에서 해야 할 일을 보면 보다 뚜렷하게 알 수 있다.

② 해야 할 일

아래 송들의 내용, 즉 수슘나가 흐를 때 해야 할 일들을 보면 성聖과 속俗, 해탈을 위한 수행과 세속에서의 일상적 삶의 공존과 균형이란 것이 얼마나 힘든지를 이해할 수 있다.

> a. 나디들이 변할 때나 요소들이 합쳐질 때도 적선 등 어떤 상서로운 일을 결코 해서는 안 될 것이다.[412)]

> b. 불규칙한 [스와라가] 일어난다면 마음으로 [어떤 일]도 생각조차 해서는 안 된다. [만일 그렇게 한다면] 그에게 손실이 생기는 여행, 죽음, 고통이 있을 것이다. [거기에] 의심의 여지는 없다.[413)]

> c. 태양[이 지배적일] 때 수슘나가 반복해서 흐른다면 저주를 하든 이익을 주든 양자는 효과가 없을 것이다.[414)]

> d. 삶, 죽음, 질문, 이익, 손해, 승리, 패배[가 있고], [이때] 불규칙하고

412) nāḍīsaṃkramaṇe kāle tattvasaṅgamane ' pi ca/ śubhaṃ kiñcinna karttavyaṃ puṇyadānādi kiñcana//SSd 132//

413) viṣamasyodayo yatra manasā ' pi na cintayet/ yātrā hānikarī tasya mṛtyuḥ kl-eśo na saṃśayaḥ//SSd 133//

414) sūryeṇa vahamānāyāṃ suṣumnāyāṃ muhurmuhuḥ/ śāpaṃdadyādvaraṃ dad-yātsarvathaiva tadanyathā//SSd 131//

반대인 [스와라에 직면] 한다면 세상의 이슈와라를 떠올려야 한다.[415]

e. [이러한] 경우에 승리, 이익, 즐거움을 갈구하는 자들은 [이 모두를 내려놓고] 이슈와라에 대한 생각에 [집중하고] 요가 수행에 전념하는 등의 행위를 해야 할 것이다.[416]

f. 시작이 없는 불규칙한 합류점이 [흐르는 동안] 음식을 먹지 않고 고요한 상태인 [요가 수행자는] 지고의 미세함으로 환합還合하게 된다. 현자들에 의해서 그것(수슘나)이 합류점으로 말해진다.[417]

g. [현명한 자는] 합류점 [그 자체]를 합류점으로 부르지 않는다. [진짜] 합류점을 합류점이라고 부른다. 프라나가 불규칙한 합류점에 있을 때 그 합류점이 [진짜] 합류점이라고 말해진다.[418]

a의 '나디의 변화', '요소들의 합쳐짐', b의 '불규칙한 스와라', f와 g의 '불규칙한 합류점'은 모두 수슘나 흐름의 특성을 나타내는 것이다. g의 합류점이란 수슘나 맨 아래의 mūlādhāra에서 이다 · 핑갈라 · 수슘나가 만나는 지점을 가리킨다. 이다와 핑갈라가 흐를 때는 어느 한쪽의 흐름이므로 합류점이라 할 수 없고, 양자의 균형으로 흐르기 시작하는 수슘나만이 셋이 함께 흐르게 되는 진짜 합류점이라 할 수

415) jīvite maraṇe praśne lābhālābhe jayājaye/ viṣame viparīte ca saṃsmarejjagadīśvaram//SSd 129//

416) īśvare cintite kāryaṃ yogābhyāsādi karma ca/ anyattatra na karttavyaṃ jayalābhasukhaiṣibhiḥ//SSd 130//

417) anādirviṣamaḥ sandhirnirāhāro nirākulaḥ/ pare sūkṣme vilīyeta sā sandhyā sadbhirucyate//SSd 136//

418) na sandhyā sandhirityāhuḥ sandhyā sandhirnigadyate/ viṣamaḥ sandhigaḥ prāṇaḥ sa sandhiḥ sandhirucyate//SSd 138//

있다는 뜻으로 이해해야 한다.

a~c는 세속의 일에 수슘나 흐름이 미치는 영향을 매우 직설적으로 표현하고 있다. 즉 세속에서 어떤 일을 하더라도, 설령 그것이 자선과 같은 선행이라 할지라도 결실을 맺지 못하고 손실이 발생할 것이라고 한다. 그렇기에 d~g의 내용처럼 어떤 일을 할 때라도 수슘나가 흐를 때면 하던 모든 일을 그만두고 해탈을 위한 요가 수행에 전념해야 한다.

3. 전통적 요가와 *Śivasvarodaya*의 vāyu관

vāyu는 ⓐ 세계전개 원리의 5요소 중 하나인 풍風을 나타내기도 하고, ⓑ 호흡이나 숨을 뜻하기도 하고, ⓒ 이러한 의미의 연장선상에서 미세 신체에 있는 나디를 통해서 흘러다니는 생명유지 필수 에너지의 의미로도 쓰인다. 또 의학에서는 ⓓ 세 체질 중 하나의 의미로 쓰인다.[419] 이처럼 다양한 의미로 쓰이는 vāyu는 요가의 미세 신체론에서 호흡이나 숨보다 더 미세한 것으로, 주로 위의 ⓒ의 의미로 쓰인다. vāyu에 대한 관념이 고전 요가, 하타 요가, SSd에서는 각기 어떻게 나타나는지 살펴보겠다.

(1) 고전 요가

고전 요가에서 총제總制를 설명하면서 " 'udāna' [420]를 정복함으로써 물, 진흙, 가시 따위와 접착하지 않으며, [사후에] 상승한다"(Ys 3. 39)는 구절에서 다섯 주요 vāyu 중 하나가 등장한다. 이 경에 대해 YBh에서는 주요 vāyu 다섯 가지를 모두 설명하고 있다.

> 그것(생명)의 작용은 다섯 가지이다. '프라나'는 얼굴과 코를 기점起點

---

419) MW(1993), p. 942 ; Philosophico Literary Research Department(1991), pp. 257 ~258 참조.

420) 5종의 vāyu 중 프라나를 제외한 나머지 넷은 모두 로마자화된 범어를 사용한다. 예) 상승하는 숨 → udāna

으로 가지며 [코끝으로부터] 심장에 이르기까지 활동한다. 그리고 'samāna'는 [양분을] 균등하게 운반하기 때문에 [심장으로부터] 배꼽에 이르기까지 활동한다. 'apāna'는 [배설물을] 아래로 운반하기 때문에 [배꼽으로부터] 발바닥에 이르기까지 활동한다. 'udāna'는 위로 운반하기 때문에 [코끝으로부터] 머리에 이르기까지 활동한다. 'vyāna'는 [신체에] 널리 퍼지는 것이다. 그것들 중에서 가장 중요한 것은 '프라나'이다.(YBh 3. 39)

이러한 관념은 7세기경 문헌인 Yd에도 Sk 29송에 대한 주석 중 다섯 vāyu에 대해 구체적으로 서술하고 있다. 그 주요 개념과 기능을 정승석 교수는 다음과 같이 잘 요약해 놓고 있다.[421]

① prāṇa(生氣) : 들어오는 숨, 들숨. 코와 입을 통해 몸 안으로 들어오는 숨.

② apāna(下氣) : 하강하는 숨, 날숨. 숨을 내쉴 때 하강하여 항문으로 나가는 기운. 분비물, 배설물, 정액, 월경 등을 배출하는 작용.

③ samāna(等氣) : 균배均配하는 숨. 심장 안에 존재하면서 들숨과 날숨을 통제하는 작용. 외적으로는 타자他者와의 결속력으로 작용.

④ udāna(上氣) : 상승하는 숨. 머리로 상승하는 기운. 언어의 현시력, 자기 우월감으로 작용.

⑤ vyāna(媒氣) : 편재하는 숨. 전신에 편재하여 기운을 활성화하며, 친밀과 결속의 원인으로 작용.

YBh와 Yd의 내용을 비교해 보면 숨의 운동 방향성, 활동 영역, 작용 등에서 설명되지 않고 있는 부분이 일부 있지만, 다섯 vāyu 각각에 대한 설명에서 대체로 그 내용이 일치한다. 양자 중 보다 후대 문헌인 Yd는 vāyu 작용에 대한 설명이 YBh보다 더 구체적이다. 따라서 양자를 상호 보완하면 좀 더 완전한 형태로 이해할 수 있다.

(2) *Śivasvarodaya*와 하타 요가

SSd에서는 고전 요가의 다섯 vāyu에 다섯을 더해 열 가지 주요 vāyu를 열거하고 있다.

> 나디들의 이름들을 [말했다]. 이제 나는 vāyu들의 [이름을] 말할 것이다. [이들은] 실로 프라나, apāna, samāna, udāna, vyāna가 있다.[422)]

> 그리고 nāga, kūrma, kṛkala, devadatta, dhanañjaya가 있다. ……[423)]

이 열 가지는 Ss와 GHs[424)]에도 나오는데, Ss에서는 앞서 나디의 종류에서 중요한 것이 열네 개라고 하여 차이를 보였으나, 주요 vāyu의 개수에서는 SSd와 동일하다.

---

422) nāmāni nāḍikānāṃ tu vātānāṃ tu vadāmyaham/ prāṇo ' pānaḥ samānaśca udānovyāna eva ca//SSd 42//

423) nāgaḥ kūrmo ' tha kṛkalo devadatto dhanañjayah/ …… //SSd 43//

424) 이 내용은 GHs의 3종 판본 중 Digambaraji본과 Mallinson본에는 없고 Bahadur본에만 있는 내용이다.

GHs :

프라나, apāna, samāna, udāna, vyāna 그리고 그와 같이 nāga, kūrma, kṛkala, devadatta, dhanañjaya가 있다.[425]

Ss :

a. 프라나는 작용의 차이로 다양한 이름들을 가지고 있다. 이들 모두를 말할 수는 없다.[426]

b. 프라나, apāna, samāna, udāna와 다섯 째 vyāna, nāga, kūrma, kṛkala, devadatta, dhanañjaya가 있다.[427]

c. 나는 주요한 열 개의 이름을 여기 이 문헌에서 말했다. 자신들의 업業에 의해 보내지게 된 그것vāyu들은 여기서(신체에서) 일들을 한다.[428]

위 세 문헌 중 Ss에서는 단순히 vāyu의 종류만 열거하고 있는 것이 아니다. a에 하타 요가의 프라나 개념과 관련된 중요한 점이 나타나 있다. "프라나는 작용의 차이로 다양한 이름들을 가지고 있다"는 언급은 우드로페Woodroffe의 다음과 같은 설명으로 보다 구체적으로 명확하게 이해할 수 있다.

---

425) prāṇo 'pānaḥ samānaś codāna-vyānau tathaiva ca/ nāgaḥ kūrmaś ca kṛkaro devadatto dhanañjayaḥ//GHs 5. 60//

426) prāṇasya vṛttibhedena nāmāni vividhāni ca/ vartante tāni sarvāṇi kathituṃ naiva śakyate//Ss 3. 3//

427) prāṇo 'pānaḥ samānaścodāno vyānaśca paṃcamaḥ/ nāgaḥ kūrmaśca kṛkaro devadatto dhanaṃjayaḥ//Ss 3. 4//

428) daśa nāmāni mukhyāni mayoktānīha śāstrake/ kurvanti te 'tra kāryāṇi preritāśca svakarmabhiḥ//Ss 3. 5//

> vāyu는 생기 활동의 우주적 힘인 프라나[429]가 각각의 개별 존재 속으로 들어간 신체적 측면으로 알려져 있다. 이 vāyu는 열 가지 작용vṛtti으로 나뉘고, 이들 중 다섯 가지가 주요하다. 첫 번째 vāyu는 전체로 간주되는 힘에 붙여진 이름과 동일한 이름을 가지고 있다.[430]

위 인용문에 따르면 vāyu는 우주적 힘인 프라나가 개별 신체로 들어갔을 때 부르는 명칭이다. 그래서 프라나가 특정한 양태의 생기 에너지를 의미할 때, 즉 위 열 종류의 vāyu 중 하나로서 프라나라는 의미로 쓰일 때는 좁은 의미이고, 넓은 의미에서 프라나는 모든 생기 에너지를 지칭하는 것이다.[431] SSd 48송의 "현명한 자는 이다 · 핑갈라 · 수슘나 세 나디로 신체 내 프라나의 흐름을 명확하게 알아야 한다"[432]에서 사용된 프라나도 넓은 의미, 그 중에서도 신체 내의 프라나인 vāyu와 동일한 범주로 이해할 수 있다. 그리고 c에서 'vāyu의 신체 내 작용이 각자의 업業에 의한 것'이라 한 점은 흥미롭다. 이는 미세 신체와 업業과 윤회의 연관 관계의 단초를 보여주고 있다.

다음으로 열 가지 vāyu에 대해 SSd에서 서술하고 있는 내용을 보면 다음과 같다. 우선 프라나를 비롯한 다섯 가지의 위치에 대해 알아보자.

> …… 영원한 프라나는 심장에 있고 apāna는 항문에 있다.[433]

---

429) 이때 프라나는 아트만이나 브라만과 연결된 개념이다. Woodroffe(2001), pp. 73~74 참조.

430) Woodroffe(2001), p. 76.

431) Burley(2000), p. 151 각주 12) 참조.

432) prakaṭaṃ prāṇasañcāraṃ lakṣayeddehamadhyataḥ/ iḍāpiṅgalāsuṣumnābhirnāḍībhistisṛbhirbudhaḥ//SSd 48//

433) nāgaḥ kūrmo ' tha kṛkalo devadatto dhanañjayah/ hṛdi prāṇo vasennityamapāno gudamaṇḍale//SSd 43//

그리고 samāna는 배꼽 부위에, udāna는 인후의 가운데 있다. vyāna는 신체 전체에 퍼져 있다. [앞의] 열 개의 vāyu가 가장 중요하다.[434)]

Ss와 GHs에서도 다섯 vāyu의 위치가 SSd와 동일하게 나타난다.

Ss :

a. 다시 열 개 중에서도 여기 다섯 개의 주요한 나디가 있다. 거기에서도 가장 중요한 둘은 프라나, apāna라고 나는 말한다.[435)]

b. 프라나는 심장에, apāna는 항문에, samāna는 배꼽 주위에, udāna는 인후 부위에, vyāna는 신체 전체에 있다.[436)]

GHs :

a. 프라나는 언제나 심장에서 흐르고 apāna는 항문 부위에, samāna는 배꼽 부위에, 그리고 udāna는 인후 가운데에서 흐른다.[437)]

b. 그리고 vyāna는 신체 [전체]에 퍼져 있다. [이들] 다섯 vāyu는 가장 중요하다. 프라나로 시작하는 것들이 다섯으로 알려져 있고 nāga로 시작하는 것들이 다섯[으로 알려져 있다].[438)]

---

434) samāno nābhideśe tu udānaḥ kaṇṭhamadhyagaḥ/ vyāno vyāpī śarīreṣu pradhānāḥ daśa vāyavaḥ//SSd 44//

435) atrāpi vāyavaḥ paṃca mukhyāḥ syurdaśataḥ punaḥ/ tatrāpi śreṣṭhakartārau prāṇāpānau mayoditau//Ss 3. 6//

436) hṛdi prāṇo gude 'pānaḥ samāno nābhimaṇḍale/ udānaḥ kaṇṭhadeśe syādvyānaḥ sarvaśarīragaḥ//Ss 3. 7//

437) hṛdi prāṇo vahen nityam apāno guda-maṇḍale/ samāno nābhideśe tu udānaḥ kaṇṭha-madhyagaḥ//GHs 5. 61//

438) vyāno vyāpya śarīre tu pradhānāḥ pañca vāyavaḥ/ prāṇādyāḥ pañca vikhyātā

먼저 각 vāyu들이 있는 곳을 신체의 특정 부위로 한정하고 있다. 이 점을 위 YBh와 Yd의 설명에 비추어 보면 YBh는 특정 vāyu의 활동 영역을, Yd와 SSd와 하타 요가의 세 문헌은 vāyu의 위치 또는 움직임 방향을 지칭하는 것으로 이해할 수 있다. 이 내용을 표로 만들어 보면 아래와 같다.

【표 7】 문헌별 주요 다섯 vāyu의 위치 또는 활동 영역(방향)

구분	SSd*	YBh	Yd
프라나	심장	코끝~심장	코, 입을 통해 들어옴
samāna	배꼽	심장~배꼽	심장 안
apāna	항문	배꼽~발바닥	내쉴 때 항문으로 나감
udāna	인후	코끝~머리	머리로 상승
vyāna	신체 전체	신체 전체	전신 편재

* SSd의 내용이 하타 요가의 세 문헌과 동일하므로 대표로 이 문헌을 사용하였다.

위 세 문헌을 종합하여 정리해 보면 프라나는 코와 입으로 들어와 심장에 이르고, samāna는 심장 안에서 바깥으로 나와 배꼽까지 가고, apāna는 배꼽에서 아래로 움직여 항문으로 나가게 되고, udāna는 코끝 또는 인후에서 정수리 방향으로 상승하고, vyāna는 전신에 편재하고 있다고 할 수 있다. vāyu의 신체 내 주요 활동 영역에 대한 이런 설명은 현대 요가에서도 널리 받아들여지고 있다.[439)]

다음으로, 중요한 vāyu의 개수에서 차이가 난다. SSd에서는 열 개(이 장의 처음에 열거했던)가, Ss에서는 다섯 개, 그 중에서도 프라나와 apāna 둘이[440)], GHs에서는 다섯 vāyu가 중요하다고 보았다. 일반적으로는 GHs처럼 신체 내 다섯 vāyu를 중시 여긴다. 그러나 Ss의 내용

nāgādyāḥ pañca vāyavoḥ//GHs 5. 62//

439) Satyananda(1996), pp. 364~366. ; Saradananda(2009), p. 39, p. 63, p. 83, p. 105, p. 129 참조.

440) Ss 3. 6. 각주 435) 참조.

이 하타 요가 수행의 본질적 측면을 더 잘 반영하고 있다고 볼 수 있다. 우드로페Woodroffe는 이 점을 다음과 같이 명료하게 설명하고 있다.

> Haṭha라는 용어는 Ha와 Ṭha 음절로 이뤄져 있는데, 각각 '태양'과 '달' 즉 프라나와 apāna vāyu를 뜻한다. *Ṣaṭcakranirūpaṇa* 8송에서는 (심장에 거주하는) 프라나는 (mūlādhāra에 거주하는) apāna를 끌어당기고 apāna는 프라나를 끌어당긴다. 마치 날아가려 할 때 다시 당겨져 돌아오는 줄에 묶인 매처럼. 반대되는 속성에 의해 이 둘은 서로 신체에서 떠나는 것을 막는다. 그러나 화합하게 되면 신체에서 떠난다. 수슘나에서 둘을 결합시키고, 또 거기로 이 둘을 이끄는 과정 양자를 호흡법prāṇayāma이라 부른다.

YBh에서는 '프라나가 가장 중요하다'[441]고 한다. 왜냐하면 Tv의 설명처럼 "모든 숨들은 '프라나'가 나아가는 것을 뒤따라 나아가기"[442]때문이다. 즉 호흡을 생각해 보면 들숨으로 일단 숨이 들어오고 난 뒤에야 apāna, samāna 등의 움직임이 일어나기 때문이다.

나머지 다섯 vāyu의 신체 내 작용에 대해서 SSd는 아래와 같이 언급하고 있다.

> SSd :
>
> 트림을 할 때 nāga라고 불리고 눈 깜박거릴 때 kūrma라고 말해진다. kṛkala는 재채기하는 것으로 알려져 있고 하품할 때 devadatta이다.[443]

441) 앞의 (1) 고전 요가 참조.

442) 이는 '*Bṛhadāraṇyaka-up*(4. 4. 3)의 한 구절로, Tv에서 프라나가 중요한 이유로 이 구절을 인용하며 주석하고 있다.' 정승석(2010), p. 190 각주 105).

443) udgāre nāga ākhyātaḥ kūrma unmīlane smṛtaḥ/ kṛkalaḥ kṣutakṛtajjñeyo devadatto vijṛmbhaṇe//SSd 46//

[신체] 전체에 퍼져 있는 dhanañjaya는 죽은 뒤에도 떠나지 않는다. [열 가지 vāyu는] 살아 있는 신체의 이들 나디 모두에 흘러 다닌다.[444)]

이들 vāyu의 작용에 대해서는 Ss와 GHs에도 나오는데 다음과 같다.

Ss :

nāga로 시작하는 vāyu 다섯, 이들은 신체에서 [다음과 같은 작용을] 한다. [nāga는] 트림, [kūrma는] 눈뜸, [kṛkala는] 배고픔과 목마름, [devadatta는] 하품, 다섯 째 [dhanañjaya는] 딸꾹질.[445)]

GHs :

그리고 그 다섯 [vāyu]의 위치를 나는 말한다. nāga는 트림할 때 [작용한다]고 말해지고 kūrma는 눈을 뜰 때 [작용한다고] 기억해야 한다.[446)]

kṛkala는 재채기할 때 [작용한다고] 알려져야 하고 devadatta는 하품할 때 [작용한다고 알려져야 한다]. dhanañjaya는 [신체] 전체에 퍼져 있고 죽고 [난 뒤]에도 [신체에서] 떠나지 않는다.[447)]

nāga는 의식을 이해하는 [작용을] 하고 kūrma는 눈 깜빡임을, kṛkala

444) na jahāti mṛtaṃ vāpi sarvavyāpī dhanañjayaḥ/ ete nāḍīṣu sarvāsu bhramante jīvarūpiṇaḥ//SSd 47//

445) nāgādivāyavaḥ paṃca kurvanti te ca vigrahe/ udgāronmīlanaṃ kṣuttṛḍjṛmbhā hikkāṃ ca paṃcamīm//Ss 3. 8//

446) teṣām api ca pañcānāṃ sthānāni ca vadāmy aham/ udgāre nāga ākhyātaḥ kūrmas tūnmīlane smṛtaḥ//GHs 5. 63//

447) kṛkaraḥ kṣutkṛte jñeyo devadatto vijṛmbhaṇe/ na jahāti mṛtaṃ vāpi sarvavyāpī dhanañjayaḥ//GHs 5. 64//

는 배고픔과 목마름을, 그리고 넷째 [devadatta는] 하품을 [관장한다]. dhanañjaya로부터 소리가 있을 것이고 [이 vāyu는] 단 한순간도 [신체에서] 나가지 않는다.[448)]

위 세 문헌을 비교해 보면 각 vāyu별 작용 내용에서 차이를 보인다. 이를 일목요연하게 표를 작성하여 대비해 보면 아래와 같다.

【표 8】 문헌별 vāyu들의 작용

구분	SSd	Ss	GHs	
nāga	트림	트림	트림	의식 이해
kūrma	눈 깜박임	눈뜸	눈뜸	눈 깜박임
kṛkala	재채기	배고픔과 목마름	재채기	배고픔과 목마름
devadatta	하품	하품	하품	하품
dhanañjaya	죽은 뒤에도 떠나지 않음	딸꾹질	신체 전체에 퍼져 있고 죽은 뒤에도 떠나지 않음	소리가 있고 단 한순간도 신체에서 나가지 않음

※ 밑줄 친 내용은 vāyu의 설명에서 차이가 나는 것들임.

먼저 GHs에서는 동일한 vāyu에 대해 두 차례 설명하는데 내용에서 차이가 있다. vāyu 관련 내용은 앞서 지적한 바와 같이 세 판본 중 바하두르Bahadur본에만 있는 내용으로, SSd와 Ss의 내용을 다 담으려 한 흔적이 있다. kṛkala에서 보다 확연히 보인다. 주요한 다섯 vāyu들에서는 보이지 않던 차이가 나는 점으로 보아 이들은 부차적인 vāyu여서, 앞서의 것들에 비해 확고한 관념이 정립되지 않고 통용되었을

448) nāgo gṛhṇāti caitanyaṃ kūrmaś caiva nimeṣaṇam/ kṣuttṛṣaṃ kṛkaraś caiva caturthena tu jṛmbhaṇaṃ/ bhaved dhanañjayāc chabdaḥ kṣaṇamātraṃ na niḥsaret//GHs 5. 65//

수도 있다. 또 고전 요가에서 언급되지 않고 있는 점으로 보아 그다지 중요하게 다루어지지 않았을 수도 있다. 현대 요가에서 뒤의 다섯 vāyu에 대한 언급은 거의 찾아보기 어렵다. 이들은 실수행 기법들과 연관된 설명이 거의 없는 vāyu들이다.

제5장

*Śivasvarodaya*의 수행론

*Śivasvarodaya*의 수행론

앞장에서는 세속의 생활에서 주요 세 나디의 흐름이 갖는 의미를 살펴보았다. SSd에서는 세 나디의 흐름이란 콧구멍을 통한 호흡의 흐름으로 나타나고, 이 호흡의 조절을 통해 나디의 흐름을 변화시킬 수 있다고 본다. 즉 이 요가를 수행하는 수행자는 자신이 맞닥뜨리게 될 상황별로 각 나디의 흐름을 조절하여 세속에서의 성공과 수행에서의 성취를 모두 이룰 수 있게 된다는 수행법을 제시하고 있다.

1. 소우주, 대우주의 반영

탄트라 수행론의 흥미로운 점들 가운데 하나는, 말 그대로 인체를 대우주 전체가 반영되어 담겨 있는 대우주의 축소판으로 생각했다는 것이다. 이 말의 의미에 대해 우드로페Woodroffe는 다음과 같이 명료하게 핵심을 잘 담아 정리해 놓고 있다.

> 탄트라에 따르면 우주는 단일한 광대 우주Mahābrahmāṇḍa와 수많은 대우주Bṛhatbrahmāṇḍa들로 구성되어 있다. 광대 우주의 일곱 층위로부터 셀 수 없이 많은 거대한 세계들이 전개되었다. 이들 각각의 세계는 또 일곱 층위로 나뉜다. 각각의 행성, 위성, 항성들, 그리고 각각의 세계 속에 있는 모든 생명체는 그 자체로 [대우주의] 축소된 세계이고 그 속에 힘의 일곱 센터들과 일곱 신격들을 가지고 있다.[449)]

먼저, 위 인용에는 일반적으로 소우주의 반영 대상으로서 대우주라는 하나의 개념이 둘로 구분되어 단일한 광대 우주와 수많은 대우주로 나타난다. 여기서 광대 우주는 일곱 층위로 나눠지기 전의 하나의 우주라는 관념이고, 대우주는 메루를 중심에 둔 기본 일곱 층위의 세계를 가진 우주라고 할 수 있다.[450)] 이 일곱 세계는 다시 각각 아래로

449) Woodroffe(1991), pp. 104~105.

450) Woodroffe(2004), p. 35 참조. 우드로페Woodroffe는 위 인용에 연이은 설명에서 "대우주Bṛhatbrahmāṇḍa는 세로로 정상에서 밑 부분까지 뻗어 있는 메루, 즉 척주를 가지고 있다. 정상에 진실 세계satya loka가 있고 맨 밑 부분에 무간 지옥avīci이 있다"고 한다. Woodroffe(1991), p. 105. 이에서 광대 우주와 대우주를

일곱 층위씩을 갖는다고 할 수 있다. 이러한 구분은 앞서 서술한 홀드레지Holdrege의 네 층위의 신체[451]와 대비해 보면 더 명확히 이해된다. 신성한 신체는 근원의 절대인 광대 우주에, 우주적 신체는 대우주에, 인간적 신체는 소우주에 해당되고, 사회적 신체는 양 우주와 소우주를 매개하는 역할에 해당된다.[452]

이러한 대우주에 대한 관념은 고전 요가에도 나오는데, Ys 3. 26 "태양에 총제함으로써 [온갖] 세계를 안다"에 대한 YBh의 자세한 설명에서 잘 나타나고 있다. 여기서도 우주를 일곱 층위로 파악하고 있고,[453] 기본 관념은 위의 내용과 거의 유사하다. 이러한 우주론은 비슈누 purāṇa나 Bhāgavata purāṇa, Vāyu purāṇa 등과 같은 purāṇa들에도 있다. 그러나 이들은 힌두교의 전통적인 신화적 우주관을 반영한 것이지만, 성전에 따라 혼잡한 양상을 드러낸다. 따라서 이를 고정적이고 확정된 것으로 받아들일 수는 없다.[454]

다음으로 힘의 일곱 센터들, 즉 생명체의 미세 신체 내 차크라들을 각 세계와 연관하여 제시하고 있다. 이는 대우주가 소우주에 반영되어 있는 양상들 중 일면을 지적하고 있다. 각 세계들과 차크라의 대응관계를 표로 정리해 보면 아래와 같다.[455]

분명하게 구분할 수 있다. 인용문의 무간 지옥은 지상 세계 내 일곱 지옥 중 맨 아래에 있는 것이다.

451) 앞의 각주 290) 참조.

452) 그래서 홀드레지Holdrege는 이를 링컨Lincoln의 용어를 빌어 중간 우주mesocosm라 부른다. Holdrege(1998), p. 373, 각주 25) 참조.

453) 이를 열거하자면 다음과 같다. ① 지상 세계Bhū loka, ② 중간 세계Antarikṣa loka, ③ 위대한 인드라의 세계Mahendra loka, ④ 프라자파티의 거대 세계Prājāpatya Mahar loka, ⑤ 중생의 세계Jana loka, ⑥ 고행자의 세계Tapas loka, ⑦ 진실 세계Satya loka. ③~⑦은 천상 세계Svar loka로 분류(그 내에서도 ⑤~⑦은 브라만의 세계 Brāhma loka에 해당)되므로, 크게 보면 천상 세계, 중간 세계, 지상 세계 이렇게 셋으로 나눌 수 있다. 정승석(2010), p. 175, 각주 55) 참조.

454) 정승석(2010), p. 175, 각주 55) 참조.

【표 9】 대우주 세계와 차크라 대응표[456]

구분	세계		차크라[457]
	우드로페	(YBh)	
7	Satya loka	(Satya loka)	Sahasrāra
6	Tapa loka	(Tapas loka)	Ājña=Jñāna
5	Jana loka	(Jana loka)	Viśuddha
4	Svar loka	(Prājāpatya Mhar loka)	Anāhata
3	Mahar loka	(Mahendra loka)	Maṇipūra
2	Bhuvar loka	(Antarikṣa loka)	Brīma=Śvādhiṣṭhāna
1	Bhūr loka	(Bhū loka)	Brahma=Ādhāra(Mūlādhāra)

고전 요가에는 대우주에 대한 설명[458]은 있으나, 대우주가 축소 반영된 소우주로서 인체라는 관념이 없으므로 양자의 연관 관계에 대한 언급은 없다. 그러나 이러한 우주관은 하타 요가에는 그대로 이어지고 있는데, Ss에 가장 잘 표현되어 있다.

a. 이 신체에 일곱 섬으로 둘러싸인 메루가 있다. 거기에 강과 대양들, 영토들과 통치자들이 있다.[459]

b. 성취자들과 성자들, 그와 같이 모든 nakṣatra들과 행성들이 있다. 그리고 성지와 성소들, 성소의 신격들이 있다.[460]

---

455) Woodroffe(1991), 2권 pp. 105~106.

456) 우드로페가 소개하는 탄트라의 세계를 YBh의 세계와 비교해 보는 것도 의미가 있다고 생각하여 삽입하였다. 각 세계를 지칭하는 용어 비교의 편의를 위해 산스크리트 로마나이즈를 사용했다.

457) 이 책에서는 차크라를 연꽃Padma으로 표현하고 있다.

458) 앞의 각주 442) 참조.

459) dehe 'sminvartate meruḥ saptadvīpasamanvitaḥ/ saritaḥ sāgarāstatra kṣetrāṇi kṣetrapālakāḥ//Ss 2. 1//

460) ṛṣayo munayaḥ sarve nakṣatrāṇi grahāstathā/ puṇyatīrthāṇi pīṭhāni vartante pīṭhadevatāḥ//Ss 2. 2//

c. [이 신체에] 창조와 파괴의 실행자인 태양과 달이 움직인다. 그런 식으로 공空, 풍風, 화火, 수水, 지地가 있다.[461]

d. 삼계에 있는 것들은 모두 신체에도 있다. 메루를 둘러싸고 있는 모든 곳에서 [그것들의] 활동이 일어난다.[462]

e. 이 모든 것을 아는 자, 그 자는 요가 수행자이다. 이에 의심의 여지가 없다.[463]

이상과 같은 탄트라와 하타 요가의 우주론에 따르면 광대 우주도 신성한 신체로, 지상 세계에서 천상 세계까지의 일곱 세계도 우주적 신체로 인체에 반영되어 있다. 이러한 관념의 연장선상에서 중간 세계에 해당하는 북극성과 행성, 항성 따위의 별[464] 또한 인체와 직접적인 연관이 있다. 이는 위 Ss의 내용들, 특히 b와 c에서 잘 드러난다. 이 둘 중에서도 c에서 탄트라의 기본원리이자 SSd의 핵심 사상이 잘 드러난다. 즉 창조와 파괴의 실행자인 태양과 달은 각기 탄트라에서 쉬바와 샥티를 의미하고 이들은 신체 내에서 핑갈라와 이다로 나타난다. 뒤의 제6장 아유르베다의 영향에서 살펴보겠지만 점성학[465]의 영

461) sṛṣṭisaṃhārakartārau bhramantau śaśibhāskarau/ nabho vāyuśca vahniśca jalaṃ prthvī tathaiva ca//Ss 2. 3//

462) trailokye yāni bhūtāni tāni sarvāṇi dehataḥ/ jānāti yaḥ sarvamidaṃ sa yogī nātra saṃśayaḥ//Ss 2. 5//

463) jānāti yaḥ sarvam idaṃ sa yogī nātra saṃśayaḥ//Ss 2. 5//

464) 정승석(2010), p. 290 참조.

465) 천체와 인사人事의 연관 관계를 잘 파악하여 연구한 분야가 점성학이다. 이에서는 앞서 살펴본 [표 9]의 미세 신체 내 각 차크라를 일곱 세계에 배속시키는 연장선상에서 일곱 행성을 배속하고 있다. mūlādhāra는 태양, svādhiṣṭhāna는 달, maṇipūra는 화성, anāhata는 수성, viśuddhi는 목성, ājñā는 금성, Dvadasanta는 토성. Murthy(1993), p. 290 참조. 점성학은 이러한 논리에서 한

향을 받은 SSd는 실제로 천체의 태양과 달의 움직임이 핑갈라와 이다 나디의 흐름에 강력한 영향을 미친다고 보았다.

e에서 대우주와 이의 축소 반영체인 소우주를 아는 자를 참다운 요가 수행자라고 지칭하고 있다. 이러한 관점은 고전 요가에도 나타난다. 앞서 언급한 Ys 3. 26경에 대한 YBh 주석에서 "태양의 문에 총제하고 나서, 요기는 이것(모든 세계)을 직관해야 하며, 그 다음에는 [태양 이외의] 다른 대상에 대해서도 [총제한다.] 이와 같이 그(요기)는 이 모든 것을 볼 때까지 그만큼 [총제를] 실천해야 한다"고 설명하고 있다. 여기서 모든 것을 볼 때까지 총제를 해야 한다는 말은 총제를 통해 그 모든 것을 알게 될 때 참다운 요가 수행자가 된다는 말이라는 뜻을 내포하고 있다는 점에서 앞서 e와 맥이 닿아 있다.

걸음 더 나아가 요가 수행자는 수행하여 해탈을 얻을 수 있는 자질을 이미 가지고 태어난다고 본다. "쿤달리니 요가에서 Śakticalana와 고급 기법들을 수행하는 사람은 놀랄 만하게 강력한 천궁도를 가지고 있어야만 한다. 그 힘은 다른 행성들의 우호적인 배열에도 불구하고 태양과 달, 금성, rāhu의 우호적인 배열에서 파생하는 것이다. 결국 인간의 신체는 작은 유기체 구조로 우주를 나타내고 초의식의 획득을 위해서는 신체에 최소한의 자질들이 필요하다. 이들 자질을 가지고 일단 요가 수행자가 된다면, 그는 시간과 공간을 초월하게 될 것이기 때문에 그 이후에 수행하는 데는 이들 자질의 도움이 거의 필요없게 될 것이다." Murthy(1993), p. 292.

2. 수행의 기본 원리와 실천 지침

(1) 수행의 기본 원리 : 점성학과 연관성

스와라 요가 수행법은 천체의 운행, 특히 달의 운행과 밀접한 연관이 있다. 인도 역법에서는 한 달을 각 반 달씩 백분白分, śuklapakṣa과 흑분黑分, kṛṣṇapakṣa으로 나누어 놓고 있다.[466] 전자는 달의 상승 주기로 태양과 달이 마주 볼 때인 초하루에서 시작하여 보름까지이다. 후자는 달의 하강 주기로 보름에서 시작하여 다음 초하루까지이다. 이 요가 체계에서는 백분白分에 달의 영향력이, 흑분黑分에 태양의 영향력이 더 강하기 때문에 달의 속성을 띤 왼쪽 콧구멍 호흡이 전자의 시기에, 태양의 속성을 띤 오른쪽 콧구멍 호흡이 후자의 시기에 더 세게 작용한다고 본다.

> 백분白分의 첫날에 달 [스와라]가 [흐르고] 백분白分의 다른 쪽(흑분)의 [첫날]에 틀림없이 태양 [스와라가 흐르며] 두 [분分의] 시작하는 각 3일씩은 [이들 스와라가] 일어나는 때라고 말한다.[467]

> 백분白分에 왼쪽 [스와라]가, 흑분黑分에 오른쪽 [스와라]가 일어난다.

466) 당연히 음력, 엄밀히 말해 태음태양력을 채택하고 있고, "역원으로는 2월의 백분白分 제1 일과 춘분이 일치한 날을 채용한다고 서술하고 있다. 당연히 그 날은(엄밀하게는 그 순간) 태양도 달도 누수婁宿, Aśvinī의 시작점(初點, 그것이 춘분점과 일치한다고 가정하면 그렇지만)에 위치하게 된다"고 한다. 야노 미치오(2010), pp. 79~80.

467) ādau candraḥ site pakṣe bhāskaro hi sitetare/ pratipatto dinānyāhustrīṇitrīṇi kṛtodaye//SSd 62//

억제된 마음을 가진 요가 수행자는 [흑, 백분의] 첫날에 이것을 알 것이다.[468]

천문학적으로 볼 때 달이 지구를 한 바퀴 공전하는 데 걸리는 29.5일[469]을 음력 한 달로, 지구가 지축을 한 바퀴 자전하는 데 걸리는 24시간 주기를 하루로 정하고 있다. 지구의 자전과 달의 공전 속도의 차이는 매우 복잡한 패턴을 나타낸다. 실제의 역曆에서는 29일짜리의 작은 달과 30일짜리 큰달을 적당히 섞어 맞추고 있는데, 인도의 역법에서는 이러한 달의 크고 작음을 결정하기 위해 tithi[470]라는 단위를 쓴다.[471] "1tithi는 1삭망월을 30등분한 것, 혹은 반달을 15등분 한 것이다. [따라서] 1삭망월은 대개 30일보다 짧기 때문에 1tithi의 길이는 우리가 보통 생각하는 1일보다 조금 짧다. 1일은 보통 일출부터 계산하지만 tithi는 삭朔을 출발점으로 인공적으로 나눠가기 때문에 tithi의 분절점은 매일 조금씩 어긋나간다."[472] 따라서 tithi는 실재 달의 운행과 우리가 1일이라 부르는 것과 차이를 가질 수밖에 없다. 여기서는 편의상 각 분分을 15일씩으로 가정하고 논의를 전개하겠다.[473]

위 송에 따르면 달이 상승하는 주기의 첫날부터 3일간은 달 스와라

---

468) śuklapakṣe bhavedvāmā kṛṣṇapakṣe ca dakṣiṇā/ jānīyātpratipatpūrvaṃ yogī tadyatamānasaḥ//SSd 65//

469) 이는 달이 음력 초하루에서 다음 초하루까지 되는 데 걸리는 시간을 기준으로 한 삭망월의 경우이다. 만일 기준을 항성월, 즉 달이 어떤 항성을 기준으로 지구 둘레를 공전하여 다시 처음의 자리로 돌아오는 데 걸리는 시간으로 하면 27.3일이 된다.

470) 이는 역법상의 문제뿐 아니라, 생활습관상에서도 큰 역할을 한다. "대개 종교적 행사는 tithi 단위로 행해지고, 날자의 길흉도 tithi에 따라 정해지기 때문이다." 야노 미치오(2010), p. 136.

471) 야노 미치오(2010), p. 134, *ll*. 6~10 참조.

472) 야노 미치오(2010), p. 134, *ll*. 10~15.

473) 라마Rama는 달이 지구를 공전하는 데 대략 28일 걸린다고 하고 백분白分과 흑

즉 왼쪽 콧구멍 호흡이 지배적이고, 하강하는 주기의 첫날부터 3일간은 태양 스와라 즉 오른쪽 콧구멍이 지배적이다. 이들은 각기 3일간씩 교대로 지배적이어서 "달의 상승 주기에 왼쪽 콧구멍은 9일간 작용하는데, 태음력으로는 1, 2, 3, 7, 8, 9, 13, 14, 15일에 해당한다. 동일한 주기로 오른쪽 콧구멍도 6일간 영향을 작용하는데, 태음력으로 4, 5, 6, 10, 11, 12일이다. 흑분黑分에 오른쪽 콧구멍도 역시 9일간 영향을 작용하는데, 태음력으로 1, 2, 3, 7, 8, 9, 13, 14, 15일이다. 동일한 주기로 왼쪽 콧구멍도 6일간 작용하는데, 태음력으로 4, 5, 6, 10, 11, 12일이다. 오른쪽 콧구멍은 9일간, 왼쪽 콧구멍은 6일간 영향을 끼친다."[474] 이는 두 분分 동안 달이 12궁을 통과하고 각 궁宮마다 3일씩 머물게 되는데, 12궁 중 여섯 궁宮, bṛṣa, karkaṭa, kanya, vṛścika, makara, mīnā는 달이, 나머지 여섯 궁宮, meṣa, mithuna, siṃha, tulā, dhanus, kumbha는 태양이 지배적이라는 원리에 근거를 두고 있다.[475] 해당 일에 특정 스와라가 흐른다는 말이 하루 종일 흐른다는 의미는 분명 아니다. 그렇다면 해당 일의 하루 동안 스와라는 어떻게 작용하는가?

a. 백분白分에 달 [스와라]가, 흑분黑分에 태양 [스와라]가 [처음에 흐르기 시작한 이들 스와라는] 하루 동안에 2와 1/2ghaṭi(60분)마다 [교대로] 60ghaṭi(24시간) 동안 흐른다고 알려진다.[476]

분黑分을 각 14일씩 배대하여 계산하고 있다. 그리고 두 분分 동안 달은 황도대의 12궁을 통과하여 지나가고 각 궁宮에 대략 60시간 머물며 이 동안 호흡은 31번 변한다고 보았다. Rama(1996), p. 75 참조. 그러나 각 궁宮마다 60시간 머물면 총 720시간(12궁×60시간)이 되어 각 분分마다 360시간이다. 각 분分을 14일로 하여 하루 24시간을 곱해 보면 336시간이 되어 하루(24시간)만큼의 오차가 있다. 15일로 계산하면 딱 맞아떨어지므로 여기서는 15일로 한다.

474) 조하리(2008), p. 43.

475) Chugh(1995), p. 100 참조.

b. 그리고 낮과 밤 사이에 12번의 saṃkrama가 알려져야 한다. 달 [스와라] 때 vṛṣa, karkaṭa, kanya, ali, mṛga, mīna를 [통과한다.][477]

c. 오른쪽 [스와라가] 일어나는 때 meṣa, siṃha, kumbha, tulā, mithuna dhanus를 [통과한다.] [12궁으로 일들의] 상서로움과 불길함을 판단해야 한다.[478]

위 a에서 2와 1/2ghaṭi는 60분[479]이고 60ghaṭi는 24시간이므로 60분마다 스와라가 반대쪽으로 바뀐다. 따라서 하루 24시간 동안 한 시간마다 콧구멍 호흡이 좌우 교대로 바뀐다. 즉 오른쪽이 12시간, 왼쪽이 12시간 지배적이다.

그러나 b와 c에 따르면 호흡 변화 패턴이 a와 다르다. 하루는 24시간이고 이는 지구의 360도 한 바퀴 자전에 기반하고 있어서 한 시간은 지구의 15도의 움직임을 뜻한다. 12궁宮도 360도이므로 각 궁宮은 30도, 즉 2시간에 해당된다. 그래서 하루 동안 태양이 각 궁宮에 들어가는 saṃkrama가 12차례 일어난다. 즉 2시간마다 호흡이 좌우 교대로 바뀐다.

이 점에 대해 조하리Johari는 a의 규칙에 근거하여 스와라 요가의 호흡 교대 패턴에 대해 다음과 같이 언급하고 있다.

---

476) sārdhadvighaṭike jñeyaḥ śukle kṛṣṇe śaśī raviḥ/ vahatyekadinenaiva yathā ṣaṣṭighaṭīḥ kramāt//SSd 63//

477) ahorātrasya madhye tu jñeyā dvādaśasaṃkramāḥ/ bṛṣakarkaṭakanyālimṛgamīnā niśākare//SSd 73//

478) meṣasiṃhau ca kumbhaśca tulā ca mithunaṃ dhanum/ udaye dakṣiṇe jñeyaḥ śubhāśubhavinirṇayaḥ//SSd 74//

479) 앞서 지적했다시피 1ghaṭi는 24분이다.

스와라 요가는 각 콧구멍들이 정상 상태에서는 단지 1시간 동안 작용한다고 주장한다. 그러나 최근 미국의 어떤 연구에 따르면 콧구멍 호흡의 평균적인 방향 교대 시간은 매 2시간에서 3시간이다. 만일 이것이 사실이라면, 연속적으로 3시간 이상 동안 왼쪽 콧구멍으로 호흡이 규칙적으로 흐르는 것은 유사한 결과[480]를 산출할 것이다.[481]

한편 라마Rama는 스와라 요가의 호흡 변화를 b, c의 패턴으로 보아 다음과 같이 설명한다. 이 두 분分 동안 달은 황도대의 12궁을 통과하여 지나가고 각 궁宮에 대략 60시간 머물며 이 동안 호흡은 31번 변한다.[482] 60시간에 31번 변한다는 말은 대략 1시간 56분 정도에 한 번씩 호흡이 교대로 변한다는 뜻이다.

현대 과학의 실험이 밝히고 있는 바에 따르면 '약 2~3시간 단위'라고 한다.[483] 이런 점들에 비추어 보아, 이에 대해서 국내에서 따로 임상 실험을 해 볼 필요가 있다고 생각된다. 여기서는 일단 SSd에 호흡 변화의 시간 주기가 2가지 패턴으로 나타나고 있다는 점만 밝히고 넘어가겠다. 차후 연관 학문 분야와 연계하여 임상에 대한 공동 연구를 추진해 보겠다.

인도에서 하루란 일출에서 다음 날 일출 전까지를 의미하므로 하루의 시작점은 일출에서부터이다. 그러므로 각 분分에서 특정 일, 예

480) 여기서 '유사한 결과'란 다음과 같은 뜻이다. 이 각주의 본문에서 왼쪽 콧구멍으로 호흡이 길게 지속되면 대체로 유익하다며, 이 콧구멍의 작용이 길게 지속되면 얻게 되는 결과에 대해 시간의 길이별로 설명하고 있다. 호흡이 연속해서 2시간 이상 작용하면 수행자는 예상치 못한 무엇인가를 얻게 되는 결과가 생기는데, 바로 이 '예상치 못한 무언가를 얻음'과 유사한 결과가 발생한다는 것이다. 조하리(2008), p. 51 참조.

481) 조하리(2008), p. 51, 각주 26).

482) Rama(1996), p. 75 참조.

483) Telles(1996), pp. 133~137 참조.

를 들면 백분白分의 1, 2, 3일에는 달 스와라가 강하므로 스와라 요가 수행자의 호흡은 일출 바로 직전에 지배적인 콧구멍에서 흐르기 시작해서 규칙적으로 교대 변화가 하루 종일 계속된다. 또 SSd에서는 각 요일별로도 지배적인 행성이 있다고 한다.

> 목요일, 금요일, 수요일, 월요일에 왼쪽 나디가 [있다면] 모든 일에 성취가 있다. 특히 백분白分에.[484)]

> 일요일, 화요일, 토요일에 오른쪽 나디가 [흐르면] 이동하며 다니는 일에 [상서롭다]고 간주된다. 특히 흑분黑分에.[485)]

위 송들의 의미는 백분白分일 때 달 스와라는 특히 월, 수, 목, 금요일에, 흑분黑分일 때 태양 스와라는 화, 토, 일요일에 강력하다는 것이다. 요일별 지배 행성 관념에 대해 인도의 탁월한 천문학자였던 아리야바타Aryabhaṭa는 다음과 같이 말했다.

> 토성을 시작으로 하는 이 일곱(개의 행성)은 그 (각)속도가 (느린 것부터 빠른 것의) 순서로 (배열되어 있지만, 그 순서에 따라) '시간의 주인' 이 된다.[486)] (이와 같은) 시간의 순서에서 네 번째(마다 취해 가면) '날의 주인' 이 되고, (그 날이란) 일출부터 (셀 수 있는 것)이다.[487)]

---

484) guruśukrabudhendūnāṃ vāsare vāmanāḍikā/ siddhidā sarvakāryeṣu śuklapakṣe viśeṣataḥ//SSd 69//

485) arkāṅgārakasaurīṇāṃ vāsare dakṣanāḍikā/ smarttavyā carakāryeṣu kṛṣṇapakṣe viśeṣataḥ//SSd 70//

486) 그 순서는 토성 → 목성 → 화성 → 태양 → 금성 → 수성 → 달이다.

487) 矢野道雄편, 인도 천문학 · 수학집(インド天文學 · 數學集), 朝日出版社(1980), p. 116. 야노 미치오(2010), p. 42에서 재인용.

이렇게 형성된 요일은 어느 날의 제1시간 지배성이 그날 전체의 주재신이 된다. 그리고 백분白分, 흑분黑分으로 행성이 나눠지게 된 점성학적 이유는 '달과 수성은 지지 관계인 한편, 목성, 금성과는 중립적인 관계이다. 또 태양과 화성은 지지 관계인 한편, 토성과는 비록 적이지만 인도 신화에 따르면 토성이 태양의 아들' 이기 때문에 태양과 깊은 연관을 갖는다.[488]

이는 위에서 살펴본 분分별 지배 일자와 연관하여 하루에 어떻게 작용하게 되는지 분명치 않다. 이에 대해 라마Rama는 백분白分의 목요일에 이다가 먼저 흐르고 흑분黑分의 목요일에는 핑갈라가 먼저 흐르며, 토요일의 낮과 밤이 시작될 때는 핑갈라가 먼저 흐를 것[489]이라고 한다. 조하리Johari는 이 점을 더 세부적으로 설명하고 있다.

> 1. 남성적이고 대뇌 왼쪽 반구와 연관되어 있는 오른쪽 콧구멍은 태양, 화성 그리고 토성과 같이 태양의 운행에 의해 정해지는 행성과 관련이 있다. 이들 행성들과 상응하는 요일들, 즉 일요일, 화요일 그리고 토요일에 오른쪽 콧구멍은 해뜨기 90분 전에 시작하여 한 시간 동안 작용한다. 해뜨기 30분 전에 그것은 바뀌고 그날의 콧구멍[490]이 우세해 진다.

---

488) Sivapriyananda(2005), p. 32. 인도 점성학에서 일반적으로 사용되는 행성 간 상호 연관 관계는 아래와 같다. Fouw(2003), p. 64 참조.

【행성 간 상호 연관 관계】

행성	친구	중립	적
태양	달, 화성, 목성	수성	금성, 토성
달	태양, 수성	금성, 화성, 목성, 토성	없음
화성	태양, 달, 목성	금성, 토성	수성
수성	태양, 금성	화성, 목성, 토성	달
목성	태양, 달, 화성	토성	수성, 금성 태양, 달
금성	수성, 토성	화성, 목성	태양, 달
토성	수성, 금성	목성	화성

489) Rama(1996), p. 77 참조.

또한 오른쪽 콧구멍이 그날의 콧구멍일 때, 이 3일 동안은 오른쪽 콧구멍을 통한 호흡의 흐름이 상서롭다.

2. 여성적이고 대뇌 오른쪽 반구와 연관되어 있는 왼쪽 콧구멍은 달, 수성, 목성, 그리고 금성과 같이 달의 운행에 의해 정해지는 행성과 연관이 있다. 매 월요일, 수요일, 목요일 그리고 금요일에 왼쪽 콧구멍은 해뜨기 90분 전에 시작하여 한 시간 동안 작용한다. 해뜨기 30분 전에, 그날의 콧구멍은 우세해 진다. 또한 왼쪽 콧구멍이 그날의 콧구멍일 때, 이 4일 동안에는 왼쪽 콧구멍을 통한 호흡의 흐름이 상서롭다.

3. 양쪽 콧구멍이 동시에 작용할 때, 수슘나 나디가 활성화된다. 행성과 연관된(상기에 서술한 바와 같이) 콧구멍이 멈추고 그날의 콧구멍이 우세해 질 때, 수슘나는 자동적으로 새벽이나 황혼에 매우 짧게 작용한다. 이 나디는 달의 상승이나 하강 주기 어느 쪽에도 영향을 받지 않는다.[491]

사실상 일반 수련자들이 이상과 같은 천문 · 점성학적 원리들을 모두 알고, 또 이 원리들을 전부 적용하여 각 스와라가 작용하는 날짜와 시간을 정확히 계산해 내기는 쉽지 않다.[492] 그래서 조하리는 다음과 같은 방편을 제시하고 있다. 수행자 자신이 달의 리듬에 잘 조율되어 있는지 어떤지는 보름달과 초승달이 뜬 밤의 다음날 동틀 무렵에 지

490) 각 분分의 특정 스와라 지배 일을 말하는 것으로 아래 각주 492)의 일자, 요일별 지배적 스와라 표의 이론 1항목의 날짜들이다.

491) 조하리(2008), pp. 14~15.

492) 쉬바프리야난다Sivapriyananda는 구체적인 상호 연관성에 대해서는 언급이 없지만, 다음과 같은 여러 이론들이 스와라 요가 문헌들에 혼재되어 있다고 한다. SSd에 이들 내용이 모두 나오는 것은 아니지만 참고할 만하다. 이론 2~4의 내용은 SSd에는 나오지 않는다. 아마도 다른 스와라 요가 관련 문헌에 있는

배적인 콧구멍이 어느 쪽인지를 주의 깊게 관찰하기만 하면 된다.[493]

(2) 천체와 인체의 기본 리듬

여기서는 매일의 수행에 필요한 기본적인 사항을 살펴보겠다. 우선 천체의 리듬이 인체의 양 콧구멍 호흡에 어떻게 반영되어 나타나는지, 그 기본 리듬을 알아야 한다. 이를 위해서 해당일 전날 다음과 같은 내용들을 미리 점검해 두어야 하는데, 대략 5단계로 구분할 수 있다.

【점검 프로세스】

— 해당일 전날

1단계 : 달이 차오르는 주기인가, 이우는 주기인가? 단, 우리나라 음력 15일은 천문학적으로 완전한 만월滿月이 되는 때가 아니므로 주기 계산 시 완전한 만월 일을 찾아야 한다.

2단계 : 해당일은 무슨 요일인가? 이는 해당일의 일출 90분 전에 어느 쪽 콧구멍이 활성화되는지 알기 위해서이다.

3단계 : 달이 차고 이우는 주기가 시작된 지 몇 일차인가? 이는

내용인 듯하다. Sivapriyananda(2005), p. 33.

【일자, 요일별 지배적 스와라】

구분	왼쪽(달 나디)	흑, 백 2주	오른쪽(태양 나디)
이론 1	1, 2, 3, 7, 8, 9, 13, 14, 15	백분百分	4, 5, 6, 10, 11, 12
	4, 5, 6, 10, 11, 12	흑분黑分	1, 2, 3, 7, 8, 9, 13, 14, 15
이론 2	홀수 날 - 1, 3, 5~ 등등	백분百分	짝수 날 - 2, 4, 6~ 등등
	짝수 날	흑분黑分	홀수 날
이론 3	매일 바뀜		
이론 4	월, 수, 목, 금	—	일, 화, 토

493) 조하리(2008), p. 44 참조.

해당일의 일출 시 어느 쪽 콧구멍이 활성화되는지 알기 위해서이다.

4단계 : 해당일의 일출 시간을 점검한다. 초기에는 아래 [표 10] 일별, 시간대별 지배 나디 표를 만들어 두는 것이 좋다.

— 해당일

1단계 : 일출 전에 일어나 5분 정도 명상한다.

2단계 : 일출 시점에 해당일의 지배적 콧구멍 호흡이 일어나는지 점검한다.

3단계 : 해당 콧구멍에서 호흡이 활성화되지 못하고 있다면 아래의 (3) 콧구멍 호흡의 방향을 바꾸는 법에 나오는 기법을 행함으로써 지배적인 콧구멍을 바꾼다.

다음 [표 10]은 앞의 SSd 수행 기본 원리를 적용하여 작성한 일별, 시간대별 스와라 흐름 시간표이다. 이를 사전에 작성해두면 해당일의 호흡 흐름을 살피는 데 도움이 된다. 익숙해지면 일출 시, 일몰 시 호흡 점검만으로도 하루의 수행이 가능할 것이다.

【표 10】 일별, 시간대별 지배 나디[494]
: 2011년 12월 10, 11일(滿月-10일, 서울 기준)[495]

구분	10일(토/15)	지배 나디		11일(일/01)	지배 나디	
	일출_ 07 : 34 일몰_ 17 : 12	1시간	2시간	일출_ 07 : 35 일몰_ 17 : 12	1시간	2시간
시간 단위 호흡 주기	**06 : 04~07 : 04**	p	p	**06 : 05~07 : 05**	p	p
	07 : 04~08 : 04	i	i	**07 : 05~08 : 05**	p	p
	08 : 04~09 : 04	p	i	08 : 05~09 : 05	i	p
	09 : 04~10 : 04	i	p	09 : 05~10 : 05	p	i
	10 : 04~11 : 04	p	p	10 : 05~11 : 05	i	i
	11 : 04~12 : 04	i	i	11 : 05~12 : 05	p	p
	12 : 04~13 : 04	p	i	12 : 05~13 : 05	i	p
	13 : 04~14 : 04	i	p	13 : 05~14 : 05	p	i
	14 : 04~15 : 04	p	p	14 : 05~15 : 05	i	i
	15 : 04~16 : 04	i	i	15 : 05~16 : 05	p	p
	16 : 04~17 : 04	p	i	16 : 05~17 : 05	i	p
	17 : 04~18 : 04	i	p	17 : 05~18 : 05	p	i
	18 : 04~19 : 04	p	p	18 : 05~19 : 05	i	i
	19 : 04~20 : 04	i	i	19 : 05~20 : 05	p	p
	20 : 04~21 : 04	p	i	20 : 05~21 : 05	i	p
	21 : 04~22 : 04	i	p	21 : 05~22 : 05	p	i
	22 : 04~23 : 04	p	p	22 : 05~23 : 05	i	i
	23 : 04~24 : 04	i	i	23 : 05~24 : 05	p	p
	24 : 04~01 : 04	p	i	24 : 05~01 : 05	i	p
	01 : 04~02 : 04	i	p	01 : 05~02 : 05	p	i
	02 : 04~03 : 04	p	p	02 : 05~03 : 05	i	i
	03 : 04~04 : 04	i	i	03 : 05~04 : 05	p	p
	04 : 04~05 : 04	p	i	04 : 05~05 : 05	i	p
	05 : 04~06 : 04	i	p	05 : 05~06 : 05	p	i

※ 일 뒤의 괄호 안 : (요일/ 15일 주기 내 日次) / p는 핑갈라, i는 이다.

(3) 콧구멍 호흡의 방향 바꾸는 법

콧구멍 호흡의 방향을 바꾸는 방법에 대해서는 SSd에 나오지 않는다. 후대의 개설서들에서는 이 부분에 대한 설명이 나오므로 이들을 요약 · 정리해 보겠다.

494) 지배 나디 항목에서 시간대별로 1시간 단위 교대 지배와 2시간 단위 교대 지배 요소 양자를 모두 반영하여 작성하였다.

495) 음력으로 보름은 9일이고, 실제 천문 현상으로 만월은 10일이다.

열려 있는 콧구멍의 방향을 바꾸기 위해서는 먼저 현재 열려 있는 콧구멍이 어느 쪽인지 판단해야 한다. 이를 위한 방법은 대략 세 가지가 있다.

첫째는 양 콧구멍을 몇 초간 교대로 막으며 호흡해 본다. 숨이 막히는 느낌이 없이 편하게 통과하는 쪽 콧구멍이 열려 있는 콧구멍이다.

둘째는 양 콧구멍을 막지 않고 연속해서 빠르게 여러 번 들이쉬고 내쉬어 본다. 열려 있는 콧구멍 쪽이 더 차갑게 느껴질 것이다.

셋째는 유리나 거울을 코 밑에 대고 숨을 내쉰다. 열려 있는 콧구멍 쪽의 콧김이 유리나 거울 위에 더 크게 남아 있을 것이다. 만일 잔여 콧김의 크기가 동일한 크기라면 양 콧구멍이 동시에 작용하는, 즉 양쪽 모두 막힘이 없거나 양쪽 모두 동일하게 막혀 있는 상태라고 할 수 있다.

첫째나 둘째 때에도 양쪽 호흡 흐름의 차이를 느낄 수 없거나 차갑게 느껴지는 정도가 비슷하다면, 양 콧구멍의 호흡 흐름이 동일한 상태라고 볼 수 있다. 이때는 수슘나가 지배적이다.[496]

이상과 같은 방식으로 현재에 열려 있는 콧구멍을 점검하여 리듬상 현재 지배적이어야 하거나 현재 하고 있는 활동에 상서로운 영향을 줄 수 있는 콧구멍의 방향과 비교하여 어긋나 있는 경우, 또는 현재의 활동에 나쁜 영향을 주는 콧구멍 쪽이 열려 있다면 아래와 같은 방식으로 콧구멍 호흡의 방향을 바꾼다.

첫째, 열린 쪽 콧구멍으로 깊게 호흡한 다음, 막힌 쪽 콧구멍으로 숨을 내쉰다. 이것을 10번에서 20번 정도 한다.

둘째, 편평하고 딱딱한 침대나 바닥에 뚫린 콧구멍 쪽으로 모로 눕는다. 몇 분 내에 막힌 쪽 콧구멍이 뚫릴 것이다.

---

496) 조하리(2008), p. 146. ; Sivapriyananda(2005), p. 32 참조.

셋째, 열려 있는 콧구멍을 손가락이나 솜으로 막고, 막힌 콧구멍으로 강제로 숨을 쉬는 것이다.

넷째, 열려 있는 콧구멍 쪽 겨드랑이 아래에 요가 막대기Yogadaṇḍa라고 불리는 Y 또는 T형태의 막대기나 막혀 있는 쪽의 손을 끼우는 방법이다. 15분 정도 이 자세를 유지하면 호흡이 반대쪽 콧구멍으로 바뀔 것이다.

다섯째, 편안한 자세로 앉아서 막힌 콧구멍을 향해 시선을 돌리는 것인데, 셋째 방법과 결합하면 더욱 효과적이다.

여섯째, 일정 시간 동안 한쪽 다리로 서 있으면 그 다리의 반대쪽 호흡이 흐르기 시작한다. 즉 오른쪽 다리로 서 있으면 왼쪽 콧구멍으로 호흡이 흐를 것이다.

일곱째, 활기차게 걷기, 달리기, 운동 또한 콧구멍 호흡의 방향을 바꿀 수 있다.[497]

쉬바프리야난다Sivapriyananda는 첫째와 둘째 방법은 하루 중에 오직 한 번이나 두 번 호흡의 흐름을 바꿀 필요가 있을 때 사용하는 것이 좋고, 만일 호흡이 한쪽 콧구멍으로 오랜 시간 동안 확고하게 유지되어야만 한다면 셋째와 넷째 방법이 더 실용적이라고 본다.[498] 그러나 "한쪽 콧구멍을 막고 있는 동안 흡연, 고함치기, 노래, 큰 소리로 대화하기 또는 육체적으로 힘든 일을 하지 말아야 한다는 점을 명심하는 것이 매우 중요하다"[499]고 지적하고 있다.

조하리Johari는 위의 방법들 중 두 번째가 수행하려는 대부분의 사람들에게 가장 효과적이고 쉽다고 한다. 그는 수행자가 작용하는 콧구멍 쪽으로 누우면 이완되고 걱정이 줄어들어서 콧구멍이 쉽게 바뀌게

497) 조하리(2008), p. 147. ; Sivapriyananda(2005), pp. 33~34. ; Das(2001), p. 30 참조.
498) Sivapriyananda(2005), p. 34 참조.
499) Sivapriyananda(2005), p. 60.

되고, 또 중력의 힘도 이러한 변화에 도움을 준다는 데서 그 이유를 찾는다. 그래서 이 방법대로 하면 2~3분 이내에 콧구멍 호흡의 방향을 바꿀 수 있다고 보았다. 또한 스와라 요가 수행자들은 단지 의지만으로도 콧구멍을 바꿀 수 있다고 한다.[500]

500) 조하리(2008), pp. 47~48 참조.

3. 세속 향수bhukti 수행

SSd에 보이는 세속 향수bhukti를 위한 수행법, 즉 세속에서 성공과 성취를 이루기 위한 방법은 크게 세 가지로 나눌 수 있다. 첫째는 리듬 맞추기, 둘째는 나디 활용하기, 셋째는 5요소의 활용이다. 이 중 5요소의 활용은 앞서 제3장 5요소론의 3. *Śivasvarodaya*의 5요소 중 '(4) 세속의 일과 관련된 것들'에서 각 요소들이 지배적일 때 세속 일에 미치는 상서롭고 불길한 영향, 또 어떤 종류의 일을 해야 성취를 이룰 수 있는지에 대해서 이미 살펴보았다. 또 그 외의 내용이 다른 송들에 나타나지 않고, 나디와 달리 해당 요소를 활성화하는 기법에 대한 설명도 SSd에서 찾을 수 없다. 그래서 여기서는 첫째와 둘째에 해당하는 내용만 살펴보겠다.

첫째, 리듬 맞추기는 기본적으로 달의 상승·하강 주기와 요일의 영향력이 반영되어 나타나는 매일 시간대별 호흡의 교대 주기에 수행자가 자신의 호흡 리듬을 맞추는 것이다. 이는 구체적으로는 위의 (2) 천체와 인체의 기본 리듬의 [표 10] 일별, 시간대별 지배 나디에 맞게 자신의 스와라 흐름을 조절하는 것이다. 이러한 기본 리듬 외에 다른 리듬이 일어날 때의 상서로움과 불길함에 대해서 언급하고 있는 송들이 있는데, 이들은 아래와 같다.

> a. 백분白分의 둘째 [날]에 태양 [스와라가 흘러야 할] 때 달 [스와라]가 흐른다[면] 사람들에게 유익하다고 나타난다. [그는] 행복과 부를 얻는다.[501]

b. 일출 때 태양 [스와라]가 [흐르고] 월출 때 달 [스와라]가 흐른다면 낮에도 밤에도 모든 행위들이 성취된다.[502)]

c. 달의 시간(월출 때)에 태양 [스와라]가 있고 일출 때 달 [스와라]가 있을 때 근심과 다툼과 손실이 있고 모든 상서로운 일은 일어나지 않을 것이다.[503)]

d. 아침 시간 이후로 반대되는 [스와라의] 일어남이 있다면, [즉] 달 [스와라]가 있을 때 태양 [스와라]가, 태양 [스와라]가 있을 때 달 [스와라]가 흐른다[면],[504)]

e. 첫째 마음의 근심을, 둘째 재물의 손실을, 셋째 [원치 않는] 이동(여행)을, 넷째 소중한 것의 상실을,[505)]

f. 다섯째 [자신의] 왕국의 괴멸을, 여섯째 모든 유익함의 파괴를, 일곱째 질병과 고통들을, 여덟째 죽음을 예고한다.[506)]

---

501) śuklapakṣe dvitīyāyāmarke vahati candramāḥ/ dṛśyatelābhadaḥ puṃsāṃ saumye saukhyaṃ prajāyate//SSd 78//

502) sūryodaye yadā sūryaścandraścandrodaye bhavet/ sidhyanti sarvakāryāṇi divārātrigatānyapi//SSd 79//

503) candrakāle yadā sūryaścandraḥ sūryodaye bhavet/ udvegaḥ kalaho hāniḥ śubhaṃ sarvaṃ nivārayet//SSd 80//

504) yadā pratyūṣakālena viparītodayo bhavet/ candrasthāne vahatyarko ravisthāne ca candramāḥ//SSd 82//

505) prathame tu manodvegaṃ dhanahānirdvitīyake/ tṛtīye gamanaṃ proktamiṣṭanāśaṃ caturthake//SSd 83//

506) pañcame rājyavidhvaṃsaṃ ṣaṣṭhe sarvārthaṇāśanam/ saptame vyādhiduḥkhāni aṣṭame mṛtyumādiśet//SSd 84//

g. [현명한 이들은] 태양 [스와라]가 흐를 때 실로 근접할 수 없는 지식을 틀림없이 얻을 것이라고 말한다. 그러나 달 스와라가 흐를 때 결과는 반대가 될 것이다.[507)]

h. 세 때(아침, 점심, 저녁)에 반대되는 [스와라]가 8일 동안 일어날 때, 그 때 나쁜 결과가 말해진다. 그러나 [그 기간 동안] [반대]되는 어떤 [스와라]가 덜 [일어나면 그 결과는] 상서로울 것이다.[508)]

i. 아침과 오후에 달 [스와라가 흐르고] 저녁 때 태양 [스와라가 흐른다면] 그때 승리와 이익이 있다. 반대의 경우를 피해야 한다.[509)]

a에서 백분白分은 달의 상승 주기여서 달의 영향력이 강력한 상태이고, 일차日次상 둘째 날도 마찬가지이다. 또한 앞서 살펴보았듯이[510)] 기본적으로 이다 나디는 세속의 일에 상서롭고 이로운 성격을 띤다. 따라서 태양 스와라가 흘러야 할 때 달 스와라가 흐르면 상서롭다고 할 수 있다.

b는 일출과 월출 때 각각 가장 지배력이 강하다고 볼 수 있는 태양과 달에 부합하는 나디인 핑갈라와 이다가 흐른다면 모든 행위가 성취된다는 의미이다. c는 b와는 상반되는 내용으로, 일출과 월출 때 반대되는 나디가 흐르면 다툼 · 근심 · 손실이 있고 상서로운 일은 절대

507) sūryasya vāhe pravadanti vijñā jñānaṃ hyagamyasya tu niścayena/ śvāsena yuktasya tu śītaraśmeḥ pravāhakāle phalamanyathā syāt//SSd 81//

508) kālatraye dinānyaṣṭa viparītaṃ yadā vahet/ tadā duṣṭaphalaṃ proktaṃ kiñcinnyūnaṃ tu śobhanam//SSd 85//

509) prātarmadhyāhnayoścandraḥ sāyaṃkāle divākaraḥ/ tadā nityaṃ jayo lābho viparītaṃ vivarjayet//SSd 86//

510) 제4장의 2. (2)의 1) 이다의 흐름과 세속 길흉 참조.

일어나지 않게 된다.

d의 내용에서 아침 시간 이후로 반대되는 스와라의 일어남이 있다는 말은 뒤에서 살펴볼 초월 · 해탈mukti 수행의 기초가 되는 "…… 태양이 달을 마시고 달이 태양을 마시"[511]는 상태에 해당된다. 따라서 수슘나를 활성화하고 공空 요소가 지배적이 되므로 e · f와 같은 세속적으로 불길한 일이 발생하게 된다.

g~i의 내용은 다소 모호하다. 왜냐하면 리듬의 원리가 어떻게 적용되어 그와 같은 결과가 산출되는지 알 수 없기 때문이다. 향후 SSd 외의 스와라 요가 관련 문헌들에 대한 보충 연구가 필요한 부분이다.

둘째, 나디 활용하기이다. 이의 필요성은 "밤낮으로 상서롭고 불길한 일들을 해야 할 때 그때 일에 따라서 나디의 움직임을 만들어야 한다"[512]는 데 잘 드러나 있다. 따라서 나디 활용하기는 세속에서 특정한 활동을 하는 데 유리한 나디가 어떤 것이고 이를 활성화하는 것을 주요 내용으로 한다. 이에 대한 설명도 셋째인 '5요소의 활용' 처럼 앞에서 주요 내용을 고찰해 보았다.[513] 여기서는 거기서 다루지 않았던 내용, 즉 스와라가 차 있는 쪽과 세속의 일의 연관성에 대해 살펴보겠다.

> a. 또한 왼쪽이나 오른쪽에 쉬바(스와라)가 나타난다면 [어느 쪽에서 스와라가 흐르는지 판단]하고 나서 그(스와라가 흐르는 쪽) 발을 처음에 [딛는다]. 그러면 여행이 성공적이 된다.[514]

---

511) …… anyonyakālabhāvena jīvedācandratārakam//SSd 380//

512) śubhānyaśubhakāryāṇi kriyante ' harniśaṃ yadā/ tadākāryānurodhena kāryaṃ nāḍīpracālanam//SSd 101//

513) 앞의 제4장의 2. 하타 요가와 *Śivasvarodaya*의 나디관 중 '(2) 독자적 관념' 에서 주요 세 나디의 흐름과 세속 길흉, 해야 할 상서로운 일에 대해 상세하게 살펴보았다.

b. 달 [스와라 때]는 짝수로 걸음을 걸어야 한다. 그러나 태양 [스와라 때]는 계속 홀수 [걸음을 걸어야 한다]. [이 둘을] 충족시키는 [숫자만큼의] 걸음을 먼저 걷고 나면 여행은 성공한다.[515)]

c. 잠자리에서 일어났을 때 [요가 수행자는] 사지四肢에서 vāyu가 흐르는 쪽, 그 사지의 손바닥에 입을 맞추고서 바랐던 결과를 얻는다.[516)]

d. [보시를] 하거나 받을 때, 그리고 집에서 나갈 때도 사지에서 나디가 흐르는 쪽 그 쪽 손이나 발이 [먼저] 사용되어야 한다.[517)]

e. 손실과 싸움이 없고, 적에 의한 고통도 없을 것이다. 모든 불행을 피하고 행복하게 [집으로] 돌아온다.[518)]

f. 스승과 친척, 왕이나 그의 신하들, 다른 사람들 중에 상서로움을 주는 사람은 실로 [스와라가] 가득 찬 사지 [쪽]에 있게 된 [사람이다]. 성취하고자 욕망하는 일이 [그에 의해] 이뤄질 것이다.[519)]

---

514) vāme vā dakṣiṇe vāpi yatra saṃkramate śivaḥ/ kṛtvā tatpādamādau ca yātrā bhavati siddhidā//SSd 87//

515) candraḥ samapadaḥ kāryo ravistu viṣamaḥ sadā/ pūrṇapādaṃ puraskṛtya yātrā bhavati siddhidā//SSd 88//

516) yatrāṅge vahate vāyustadaṅgakarasantalāt/ suptotthito mukhaṃ spṛṣṭvā labhate vāñchitaṃ phalam//SSd 89//

517) paradatte tathā grāhye gṛhānnirgamane ' pi ca/ yadaṅge vahate nāḍi grāhyaṃ tena karāṃghriṇā//SSd 90//

518) na hāniḥ kalaho naiva kaṇṭakairnāpi bhidyate/ nivartate sukhī caiva sarvopadravavarjitaḥ//SSd 91//

519) gurubandhunṛpāmātyeṣvanyeṣu śubhadāyinī/ pūrṇāṅge khalu kartavyā kāryasiddhirmanaḥ sthitā//SSd 92//

g. 승리와 이익, 즐거움을 찾는 자들은 적敵, 도둑, 부당 행위자 또는 반대자 등에 대한 처벌을 실로 [스와라가] 비어 있는 쪽에 [이들을] 둠으로써 달성한다.[520)]

h. 전쟁 발발, 이익 등 앞서 언급된 것이 무엇이든지 그 모든 것은 나디들이 가득 찼을 때 발생된다. [이것은] 변함없다.[521)]

i. 앞서 말한 것은 빈 나디의 경우에는 틀림없이 반대 [결과를] 낳는다. 전지한 자가 그렇게 말했다.[522)]

j. 악인을 파멸시킴, [사람을] 적대시함, 적敵을 지식 등으로 속임, 화난 주인[과 만남], 도둑질함 등과 같은 활동에 [스와라가] 가득 찬 상태는 끔찍한 [결과를 낳을] 것이다.[523)]

위의 a~j의 내용을 관통하고 있는 원리는 스와라가 차 있는 쪽 나디의 신체 부위를 먼저 움직이거나 사용하는 것이 상서롭고, 또 그 쪽에 있는 사람이 자신에게 유익함을 준다는 것이다. 그래서 g나 i처럼 스와라가 비어 있는 쪽에 있는 사람에게는 어떠한 유익함도 주지 않게 되고 오히려 반대의 결과를 낳게 된다고 말할 수 있다. 위 내용들 중에서 b를 보면 달 스와라가 짝수이고 태양 스와라가 홀수라는 관념

---

520) aricaurādharmadharmā anyeṣāṃ vādinigrahaḥ/ kartavyāḥ khalu riktāyāṃ jayalābhasukhārthibhiḥ//SSd 93//

521) yatkiñcitpūrvamuddiṣṭaṃ lābhādi samarāgamaḥ/ tatsarvaṃ pūrṇanāḍīṣu jāyate nirvikalpakam//SSd 95//

522) śūnyanāḍyā viparyastaṃ yatpūrvaṃ pratipāditaṃ/ jāyate nānyathā caiva yathā sarvajñabhāṣitam//SSd 96//

523) vyavahāre khaloccāṭe dveṣividyādivañcake/ kupitasvāmicaurādye pūrṇasthāḥ syurbhayaṅkarāḥ//SSd 97//

이 있다는 걸 알 수 있다. j에서 말하는 '끔찍한 결과'란 스와라가 가득 찬 상태라면 상서롭고 유익한 일에 적합하므로 부정적이고 좋지 못한 일들은 잘되지 못할 것이라는 뜻이다.

4. 초월과 해탈mukti 수행

인도의 종교 · 철학에서 초월과 해탈의 관념은 삶과 죽음이 끊임없이 반복되는 윤회의 굴레를 벗어난다, 죽음을 극복한다는 의미를 내포하고 있다. 이는 본질적으로 "불사가 …… 궁극적 실재의 본질적 특징 또는 모든 존재의 근거"[524]라는 데 근거를 두고 있다. 그래서 초월 · 해탈의 관념과 불멸 · 불사의 관념은 같은 의미로 사용된다. 또 순수 정신이든 속성이 없는 쉬바든 궁극의 절대 존재에서 이원성의 세계가 전개되었다는 말은, 한편으로는 시간이 발생했고 생生과 사死의 윤회가 있게 되었다는 의미를 담고 있다. 따라서 해탈한다, 불멸한다는 것은 기본적으로 시간의 초월, 즉 무시간 상태로의 회귀라는 뜻일 수밖에 없다. SSd에서는 이를 다음과 같이 표현하고 있다.

> 수많은 무지를 파괴하고 광휘가 달처럼 아름다운, 영원하고 비할 바 없는 영적인 힘(스와라에 대한 지식)이 심장에서 고동치는 자들은 꿈속에서도 죽음에 대한 공포가 없다.[525]

초월과 해탈 수행에 대한 SSd의 내용은 크게 세 가지로 나눠볼 수 있다. 첫째는 주요 수행법인 '양 콧구멍 교대 호흡법'으로 스와라 요

---

524) 호이에르슈타인(2008), p. 679.

525) yeṣāṃ hṛdi sphurati śāśvatamadvitīyaṃ/ tejastamonivahanāśakaraṃ rahasyam / teṣāmakhaṇḍaśaśiramyasukāntibhājāṃ svapne 'pi no bhavati kālabhayaṃ narāṇām//SSd 373//

가의 원리가 가장 충실하게 반영되어 있는 것이다.

둘째는 부차副次 수행법으로, '들숨, 멈춘 숨, 날숨 호흡법'이다. 달과 태양, 이다와 핑갈라의 상호 균형을 이루기 위한 것이라는 점에서는 주요 수행법과 동일하나, SSd에서는 이 수행법에 대한 설명이 미흡하다. 그래서 대략적인 개관은 해볼 수 있으나 실천 수행법으로 적용하려면 스와라 요가의 다른 문헌들에 대한 연구로 보완할 필요가 있는 기법이다.

마지막 하나는 대략 몇 개의 송에 나타나 있는 것으로 스와라 요가의 수행법이라기보다는 『바가바드기타』 등에 나타나는 인도 종교 일반의 기본적인 수행법들과 하타 요가의 수행법 중 일부 등이다.

(1) 주요 · 부차 수행법의 원리와 실천법

스와라 요가 수행자가 가져야 할 가장 기본적인 자세를 SSd에서는 다음과 같이 언급하고 있다.

> 그리고 한 마음으로 집중된 요가 수행자는 이 [태양과 달의 길]을 통해서 보아야 하고, 오직 달과 태양의 길로 모든 것을 생각해야 한다.[526]

이는 스와라 요가 수행자라면 마땅히 이다와 핑갈라, 오른쪽 콧구멍과 왼쪽 콧구멍 호흡에 항상 주의를 기울여야 한다는 뜻이다. 이렇게 "달 [스와라]와 태양 [스와라] 수행을 지속적으로 하는 사람들, 그들은 과거, 미래에 대한 앎을 통달하게 될 것이다"[527]라고 한다. 이 수행

526) anena lakṣayedyogī caikacittaḥ samāhitaḥ/ sarvamevavijānīyānmārge vai candrasūryayoḥ//SSd 54//

의 바탕에는 "태양 [스와라]에 의해 태양이 묶이고 달 [스와라]에 의해 달이 묶인다 ……"[528], 즉 핑갈라를 통해 하늘의 태양이 통제되고, 이다를 통해 하늘의 달이 통제된다는 원리가 깔려 있다. 그래서 "……이 작용을 아는 자는 즉각적으로 삼계를 [통제하는] 힘을 가진다"[529]고 한다.

주요 수행법인 양 콧구멍 교대 호흡은 기본적으로 나디의 통제라는 원리를 바탕에 두고 있는데, 부차 수행법도 마찬가지이다. 부차 수행법 또한 기본적으로 들숨을 이다로, 날숨을 핑갈라로 간주하여 상호 억제를 통한 균형을 추구한다는 점에서 원리적인 면에서는 같다. 결국 양자 모두 달과 태양, 이다와 핑갈라의 균형, 즉 수슘나의 각성을 목적으로 한다는 점에서는 동일하다고 볼 수 있다.

1) 주요 · 부차 수행법의 원리

해탈, 즉 불멸 · 불사를 성취하기 위한 수행법을 살펴보기 전에 우선, 우리를 해탈에 이르지 못하게 하는, 즉 사死와 멸滅의 존재 상태로 있게 만드는 원인을, 그리고 이를 극복하는 방안으로 왜 수슘나의 각성이 필요한지에 대해 알아볼 필요가 있다. 이에 대해서는 SSd의 설명만으로는 이해하기 어렵다. 앞서 살펴보았듯이[530] SSd의 신체론은 하타 요가의 그것과 매우 유사하고, 양자 모두 신체 중심의 수행이라는 점에서 그 원리론에서도 상통하는 관념이 상당 부분 있다. 여기서 다루고 있는 주요 수행법의 원리론과 유사한 내용이 하타 요가에도

---

527) candrasūryasamabhyāsaṃ ye kurvanti sadā narāḥ/ atītānāgatajñānaṃ teṣāṃ hastagataṃ bhavet//SSd 56//

528) sūryeṇa badhyate sūryaścandraścandreṇa badhyate …… //SSd 67//

529) …… yo jānāti kriyāmetāṃ trailokyaṃ vaśagaṃ kṣaṇāt//SSd 67//

530) '제4장 신체론' 참조.

나타나 있는데, 특히 Hp 3, 4장의 khecarī 무드라[531]를 설명하는 곳에서 좀 더 자세하게 드러나 있다. 따라서 Hp의 내용을 참조하여 모호한 의미의 SSd 송들에 대해 그 의미를 보다 명확하게 밝혀 보도록 하겠다. 먼저 미세 신체 생리학적 측면에서 서술된 내용을 보면, SSd에서는 다음과 같이 언급하고 있다.

a. [이 신체는] 쉬바의 기름으로 적셔진, 5요소로 된 등불[이고] 태양의 바람으로[부터] [이 신체를] 보호한 사람의 프라나는 안정[된 상태를 유지할] 것이다.[532]

b. 만일 호흡을 조절하여 낮 시간 동안에 태양 [스와라]를 억제할 수 있게 된다면 그는 [이] 수행으로 장수를 누릴 수 있다.[533]

c. 달[의 감로]는 하늘로부터 흘러내려 와서 신체의 연꽃들을 적신다. [그러므로] 행위의 요가Karma yoga를 지속적으로 수행[하는 사람]은 달의 은신처에 있기 때문에 죽지 않게 된다.[534]

묵티보다난다Muktibodhananda의 번역에 따르면 a에서 쉬바의 기름은 vāyu 즉 프라나를, 태양의 바람은 태양 스와라를 의미한다고 한다. 그

---

531) 이를 하는 방법은 Hp에 다음과 같이 설명되어 있다. "혀를 뒤집어 두개골의 구멍(목구멍)으로 밀어 넣고 미간을 응시하는 것이 khecarī 무드라이다." (kapālakuhare jihvā praviṣṭā viparītagā/ bhruvorantargatā dṛṣṭirmudrā bhavati khecarī//Hp 3. 32//).

532) pañcabhūtātmakaṃ dīpaṃ śivasnehena siñcitam/ rakṣayetsūryavātena prāṇajīvaḥ sthirobhavet//SSd 327//

533) mārutaṃ bandhayitvā tu sūryaṃ bandhayate yadi/ abhyāsājjīvate jīvaḥ sūryakāle ' pi vañcite//SSd 328//

534) gaganātsravate candraḥ kāyapadmāni siñcayet/ karmayogasadābhyāsairamaraḥ śaśisaṃśrayāt//SSd 329//

러나 한편으로 이다가 감로와 같고 세계를 유지하는 힘[535]이라는 속성을 고려해 볼 때 쉬바의 기름을 달의 감로, 이다로 이해할 수도 있다. 그러면 달인 감로를 태양인 핑갈라로부터 보호하면 그 사람의 생명은 안정 상태로 유지된다고 해석할 수 있다. 이는 태양 스와라가 지배적인 낮 시간 동안 이를 억제하고 달 스와라를 활성화하면 장수할 수 있다는 b의 내용과도 자연스럽게 연결된다.[536] Hp에도 이와 유사한 설명이 나온다.

> 아름다운 달로부터 어떤 감로가 흘러도 그것을 태양이 모두 마신다. 그래서 신체는 늙는다.[537]

즉 시간의 흐름에 따른 신체 노화의 원인을 첫째는 달의 감로가 흘러나오는 데서, 둘째는 태양이 그 감로를 모두 마셔버리는 데서 찾고 있다. Hp에서 지적하는 둘째 원인이 위 SSd의 a에서 언급되고 있다. Hp에서 말하는 첫째 원인은 위의 c에 나타나 있다.

c에서 신체의 연꽃들이란 차크라들을 뜻한다. 그런데 c에서 '행위의 요가'와 '달의 은신처'가 정확히 무엇을 의미하는지는 다소 모호하다. 먼저 '행위의 요가'는 327에서 330송[538]의 내용이 모두 스와라 요가를 설명하고 있는 점으로 볼 때 여기서는 인도 종교 일반에서 말하는 행위의 요가가 아니라, 아래에서 고찰할 스와라 요가의 주요 수

535) 57송, 앞의 각주 370)의 본문 참조.

536) 그러나 장수할 수 있다고 되어 있을 뿐 불멸, 불사한다는 언급은 없다.

537) yatkiṃcit sravate candrādamṛtaṃ divyarūpiṇaḥ/ tatsarvaṃ grasate sūryastena piṇḍo jarāyutaḥ//Hp 3. 77//

538) 327~329송은 각주 532)~534). 330송 : "밤에 달을 억제해야 하고 낮에 태양을 억제해야 한다. 이런 식으로 수행에 전념하는 사람은 [진정한] 요가 수행자이다. 거기에 의심의 여지는 없다."(śaśāṅkaṃ vārayedrātrau divāvāryo divākaraḥ/ ityabhyāsarato nityaṃ sayogīnātrasaṃśayaḥ//SSd 330//).

행법을 의미한다고 볼 수 있다.

다음으로 '달의 은신처' 의 의미를 고찰해 보자. 이는 달의 감로가 흘러나오는 원천이 되는 곳이라 추정해 볼 수 있는데, Hp에서 보다 분명하게 언급되고 있다.

> 현명한 자는 메루의 정상 안에 이슬(감로)이 흘러나오는 구멍, 그곳에 실재가 [있다고] 말한다. 그 [구멍]은 강들의 발원지이다. 달로부터 신체의 정수精髓가 흘러내린다. 그래서 인간들에게 죽음이 있다. 그러므로 유익한 [khecarī 무드라를] 수행해야 한다. 다른 식으로 신체의 완전함은 없다.[539)]

위 SSd c의 '달의 은신처' 는 위 Hp의 내용에 따르면 '메루의 정상에 있는 구멍', '그 속에 실재가 있는 구멍' 이라고 볼 수 있다. 이는 사실상 하타 요가나 탄트라에서 수슘나의 맨 꼭대기에 있는 brahmarandhra에 해당한다. 그래서 Hp에서는 khecarī 무드라를 해서, 즉 혀로 직접 이 구멍과 연결되어 있는 vyoma 차크라를 막아서 감로가 떨어지지 않게 만들려 한다.[540)]

---

539) yatprāleyaṃ prahitasuṣiraṃ merumūrdhāntarasthaṃ tasmiṃstattvaṃ pravadati sudhīstan mukhaṃ nimnagānām/ candrāt sāraḥ sravati vapuṣastena mṛtyurnarāṇāṃ tad badhnīyāt sukaraṇamadho nānyathā kāyasiddhiḥ//Hp 3. 52//

540) 혀를 뒤로 향하게 뒤집어서 세 [나디가] 만나는 장소로 넣는다. 이것이 khecarī 무드라이다. 이 [장소]는 또한 vyoma 차크라라고 불린다.(kalāṃ parāṅmukhīṃ kṛtvā tripathe pariyojayet/ sā bhavet khecarī mudrā vyomacakraṃ taducyate//Hp 3. 37//). khecarī [무드라]로 연구개 위의 구멍을 막는다면 여인을 끌어안아도 그의 bindu가 흘러내리지 않을 것이다.(khecaryā mudritaṃ yena vivaraṃ lambikordhvataḥ/ na tasya kṣarate binduḥ kāminyāśleṣitasya ca//Hp 3. 42//). 달로부터 나오는 [감로의] 흐름은 사실상 쉬바의 연인이다. [이때(khecarī 무드라가 완성된 때) 이 감로는] 뒤의 입구에 있는 불균형하고 신성한 수슘나를 채울 것이다.(somād yatroditā dhārā sākṣāt sā śivavallabhā/ pūrayedatulāṃ divyāṃ suṣumnāṃ paścime mukhe//Hp 4. 46//).

이상과 같이 인간이 불멸 · 불사하지 못하게 되는 생리학적 설명의 배경에는 또 다른 하나의 요인이 깔려 있다. 달의 은신처에서 감로가 흘러내린다는 말은 달과 태양, 이다와 핑갈라가 작용하고 '시간의 흐름이 발생' 한다는 말이다. Hp는 다음과 같이 언급한다.

> 태양과 달은 밤과 낮으로 된 시간을 산출한다. 수슘나는 시간을 먹는 자者이다. 이것을 비밀이라고 말한다.[541]

하늘의 태양과 달의 운행으로 외부 세계의 시간의 흐름이 발생하고, 이는 또 인체의 태양과 달, 즉 이다와 핑갈라의 교대 흐름으로 인체에 반영되어 인체는 노화되어 죽게 된다. 해탈 수행의 주요 목적인 수슘나의 각성이란 인체 내 시간의 흐름을 멈춘다는 의미를 내포하고 있다고 볼 수 있다.

앞서 언급한 '감로 흘러내리지 않게 하기' 와 여기의 '시간 멈추기' 는 모두 수슘나의 각성에 의해 성취된다. 왜냐하면 아래 Hp의 언급처럼 감로가 흘러내리지 않게 하려는 khecarī 무드라도 결국 이다와 핑갈라의 균형으로 인해 수슘나로 vāyu가 흐를 때 가능하기 때문이다.

> 이제 khecarī [무드라에 대해 설명할 것이다.] 왼쪽과 오른쪽 나디에 있는 vāyu(māruta)가 가운데에서 움직일 때 khecarī 무드라가 확립된다. 이 상태에 대해 의심의 여지가 없다.[542]

> 만일 이다와 핑갈라의 가운데 공空, 수슘나이 vāyu를 삼킨다면 khecarī

541) sūryācandramasau dhattaḥ kālaṃ rātriṃdivātmakam/ bhoktrī suṣumnā kālasya guhyametadudāhṛtam//Hp 4. 17//

542) savyadakṣiṇanāḍīstho madhye carati mārutaḥ/ tiṣṭhate khecarī mudrā tasmin sthāne na saṃśayaḥ//Hp 4. 43//

무드라가 확립된다. 이는 명확한 진실이다.[543]

다시, 태양과 달의 가운데 독립적인 공간인 vyoma 차크라에 있는 이 무드라는 khecarī로 불린다.[544]

그리고 또한 그것(수슘나)을 [감로로] 채운다. [이것이] 틀림없는 khecarī [무드라]이다. ……[545]

그래서 "khecarī 무드라를 아는 자는 질병으로 고통받지 않고 업으로 더럽혀지지 않으며 시간에 속박되지 않는다"[546]고 한다. 그리고 이 무드라의 성취는 삼매 상태인 unmanī, manonmanī 상태가 된다고 한다.[547]

2) 주요 수행법 : 양 콧구멍 교대 호흡법

양 콧구멍 교대 호흡법, 즉 태양과 달 상호 억제 호흡법은 아래와 같다.

---

543) iḍāpiṅgalayormadhye śūnyaṃ caivānilaṃ graset/ tiṣṭhate khecarī mudrā tatra satyaṃ punaḥ punaḥ//Hp 4. 44//

544) sūryācandramasormadhye nirālambāntare punaḥ/ saṃsthitā vyomacakre yā sā mudrā nāma khecarī//Hp 4. 45//

545) purastāccaiva pūryeta niścitā khecarī bhavet …… //Hp 4. 47//

546) pīḍyate na sa rogeṇa lipyate na ca karmaṇā/ bādhyate na sa kālena yo mudrāṃ vetti khecarīm//Hp 3. 40//

547) 프라나가 수슘나에 흐를 때만 manonmanī가 성취된다. 그러나 그렇지 않다면 요가 수행자들의 다른 수행들은 단지 노력일 뿐이다.(suṣumnāvāhini prāṇe siddhyatyeva manonmanī/ anyathā tvitarābhyāsāḥ prayāsāyaiva yoginām//Hp 4. 20//). …… khecarī 무드라를 수행함으로써 unmanī [상태]가 된다.(…… abhyastā khecarī mudrāpyunmanī saṃprajāyate//Hp 4. 47//) .

a. [스와라는] 언제나 이른 아침부터 주의 깊게 관찰되어야 한다. 시간의 손실 때문에 요가 수행자들이 [이러한] 행위(관찰)를 한다.[548)]

b. 밤에 달을 억제해야 하고 낮에 태양을 억제해야 한다. 이런 식으로 수행에 전념하는 사람은 [진정한] 요가 수행자이다. 거기에 의심의 여지는 없다.[549)]

c. 밤에 달 [스와라]를 피하고, 낮에 태양 [스와라]를 피하는 자는 언제나 수행에 전념하는 요가 수행자이다. 거기에 의심의 여지가 없다.[550)]

SSd에 나타나는 스와라 호흡법은 무엇보다 우선 천체의 리듬을 따르는 인체의 리듬을 아는 데서 출발한다. 이 리듬은 앞서 제5장 2절의 (2) 천체와 인체의 기본 리듬에서 살펴본 대로 일어난다. 그래서 위의 a에서처럼 언제나 '이른 아침' 즉 해뜨기 90분 전과 30분 전의 스와라의 흐름을 점검하는 데서 출발한다.

b와 c에서 밤은 이다가 지배적인 때이고, 낮은 핑갈라가 지배적인 때이다. 따라서 달 · 이다가 지배적일 때 이다를, 태양 · 핑갈라가 지배적일 때 핑갈라를 억제하는 수행을 해나가야 한다. 다시 말해서 천체의 리듬이 반영된 자연적인 인체의 리듬에 반대되는 쪽 콧구멍 호흡, 즉 나디를 활성화하여 자연적 리듬을 억제함으로써 양 콧구멍의 호흡 세기가 동일한 상태 또는 멈춘 숨 상태, 즉 수슘나의 각성[551)]에 주력해

548) nirīkṣitavyaṃ yatnena sadā pratyūṣakālataḥ/ kālasya vañcanārthāya karmakurvanti yoginaḥ//SSd 149//

549) śaśāṅkaṃ vārayedrātrau divā vāraya ca bhāskaram/ ityabhyāsarato nityaṃ sa yogī nātra saṃśayaḥ//SSd 66//

550) śaśāṅkaṃ vārayedrātrau divāvāryo divākaraḥ/ ityabhyāsarato nityaṃ sayogīnātrasaṃśayaḥ//SSd 330//

야 한다는 의미이다. 왜냐하면 앞서 살펴보았듯이 두 나디는 천칭天秤처럼 한쪽이 활성화되면 반대쪽이 불활성화될 수밖에 없는 구조이기 때문이다. 그래서 불활성되어 있는 쪽의 활성화를 통해 활성화된 쪽을 억제하면 양자의 균형을 가져오게 된다. 그러므로 이는 수행의 주요 목적인 수슘나의 각성을 의미한다. 결과적으로 요가 수행자는 항상 해당 때에 지배적인 리듬의 나디와는 반대되는 나디를 활성화시켜서 가운데 있는 수슘나를 활성화시켜야 한다. 아래의 Hp의 설명도 SSd와 그 내용에서 유사하다.

> 낮으로 liṅga를 경배하지 말고, 밤으로도 [liṅga를] 경배하지 마라. 언제나 낮과 밤을 억제함으로 liṅga를 경배해야 한다.[552]

여기서 liṅga는 아트만, 브라만을 상징한다. 그리고 liṅga에 대한 경배란 멈춘 숨 상태, 즉 수슘나의 각성 상태를 의미한다. 따라서 낮과 밤을 억제함으로써 수슘나를 각성시켜야 한다는 뜻이다.[553] 다만 SSd의 설명과 달리 천체와 인체의 낮과 밤 리듬에 대한 인식이 없다. 이 점은 뒤에 살펴볼 하타 요가의 나디 정화 호흡법에도 그대로 나타나고 있다.

3) 부차 수행법 : 들숨, 멈춘 숨, 날숨 호흡법

주요 수행법의 둘째 방법에 해당하는 들숨, 날숨, 멈춘 숨 수행법은

551) 이에 대해서는 [표 6]에 대한 설명 중 수슘나 부분 참조.
552) divā na pūjayelliṅgaṃ rātrau caiva na pūjayet/ sarvadā pūjayelliṅgaṃ divārātrinirodhataḥ//Hp 4. 42//
553) Samiti(1972), p. 250 참조.

다음과 같이 SSd에 언급되어 있다.

a. 요가 수행자는 신체의 완전한 정화를 위해서 들숨, 멈춘 숨, 날숨, 그렇게 [이] 세 부분을 반드시 알아야 할 것이다.[554)]

b. 들숨은 [신체를] 성장[시키고] dhātu의 균형을 이룬다. 그리고 그런 식으로 멈춘 숨 행법의 때에 [호흡] 보유는 생기의 보존을 증대시킨다.[555)]

c. 날숨은 [요가 수행자로 하여금] 악을 제거하고 요가(삼매) 상태를 획득하게 될 것이다. 그 후에 요가 수행자는 [그 요가 상태를] 유지할 것이고 laya(완전한 환합)에 이르게 될 것이다.[556)]

d. [수행자는] 능력에 따라서 자연스럽게 호흡을 멈출 것이다. 현명한 자는 달의 길로 내쉬고 태양[의 길]로 채울 것이다.[557)]

e. 태양 [스와라]가 달 [스와라]를 마시고 달 [스와라]가 태양 [스와라]를 마신다. 서로의 때에(서로 반대로) 있기 때문에 달과 별이 있을 때까지 살 것이다.[558)]

---

554) pūrakaḥ kumbhakaścaiva recakaśca tṛtīyakaḥ/ jñātavyo yogibhirnityaṃ dehasaṃśuddhihetave//SSd 376//

555) pūrakaḥ kurute vṛddhiṃ dhātusāmyaṃ tathaiva ca/ kumbhake stambhanaṃ kuryājjīvarakṣāvivardhanam//SSd 377//(Muktibodhananda본의 vivarddhanam을 vivardhana로 교정).

556) recako harate pāpaṃ kuryādyogapadaṃ vrajet/ paścātsaṅgrāmavattiṣṭhellayabandhaṃ ca kārayet//SSd 378//

557) kumbhayetsahajaṃ vāyuṃ yathāśakti prakalpayet/ recayeccandramārgeṇa sūryeṇāpūrayetsudhīḥ//SSd 379//

f. [요가] 수행자가 자신의 신체에 [어떤] 나디가 흐르고 그 나디를 억제하고 [호흡이 들고나는] 입구를 막아 그 호흡을 [멈추면] 틀림없이 젊음을 얻게 될 것이다.[559)]

위 내용의 들숨, 날숨, 멈춘 숨의 성질을 정리해 보면, 들숨은 신체의 성장과 신체 내 dhātu의 균형을 가져온다. 즉 신체의 성장 · 유지 작용을 한다. 날숨은 악을 제거하고 삼매에 이르게 하고, 멈춘 숨은 생기의 보존을 증대시킨다. 이 점은 앞서 제4장 2절의 '(1) 나디의 종류와 속성'을 다루는 곳에서 들숨은 이다에, 날숨은 핑갈라에 멈춘 숨은 수슘나에 배속된다며 설명한 내용과 유사하다.[560)] 따라서 d에서 "달의 길로 내쉬고 태양[의 길]로 채울 것"이란 구절의 의미는 태양의 성격을 띤 날숨을 이다로 하고, 달의 성격을 띤 들숨을 핑갈라로 한다는 것으로 볼 수 있다. 그래서 이 행법을 할 경우, e에서처럼 태양 스와라가 달 스와라를 마시고 달 스와라가 태양 스와라를 마시게 되어 수슘나가 각성되고 불멸 · 불사에 이르게 된다는 결론에 이르게 된다.

a~d의 내용을 종합해 행법으로 정리해 보면 오른쪽 콧구멍으로 들이쉰 다음, 숨을 멈추었다가 다시 왼쪽 콧구멍으로 내쉬고 멈춘다. 그리고 다시 오른쪽 콧구멍으로 들이쉰 다음, 숨을 멈추었다가 왼쪽 콧구멍으로 숨을 내쉰다. 이런 식으로 계속 반복해서 호흡한다. 순서는 이와 같이 하는 것으로 볼 수 있으나 각각의 숨을 어느 정도 길이로 해야 하는지, 또 몇 회를 해야 하는지에 대한 구체적인 설명은 없다.

---

558) candraṃ pibati sūryaśca sūryaṃ pibati candramāḥ/ anyonyakālabhāvena jīvedācandratārakam//SSd 380//

559) svīyāṅge vahate nāḍī tannāḍīrodhanaṃ kuru/ mukhabandhamamuñcanvai pavanaṃ jāyate yuvā//SSd 381//

560) [표 6]에 대한 설명 참조.

f는 수슘나로 vāyu가 흐르고 멈춘 숨 상태가 되었을 때 얻게 되는 결과를 서술한 것이다.

외형상 앞서 살펴본 '양 콧구멍 교대 호흡'과 이 '부차 수행법'이 달라 보이지만 동일한 원리와 동일한 신체 생리학에 근거하고 있다는 것을 알 수 있다.

(2) 그 외에 열거된 수행법

이는 사실상 구체적인 설명 없이 나열하듯 제시되고 있는 것으로 스와라 요가의 주요 행법과 직접적인 연관은 없는 것으로 볼 수 있다. 총 4개의 송에 나타나 있다.

a. 성소에서 목욕함으로, 보시로, 고행과 선행으로, 염송japa와 명상으로, 요가로 시간의 속임수를 정복한다.[561]

b. 욕망이 없고 순수한 요가 수행자는 어떤 것도 걱정하지 않는다. 훈습을 버리고 쉽게 죽음에 승리한다.[562]

c. 처음에 즉각적으로 의지할 수 있는 [수행 성취] 수단을 말한다. 연화좌를 한 요가 수행자는 uḍḍiyāna bandha를 해야 한다.[563]

---

561) tīrthasnānena dānena tapasā sukṛtena ca/ japairdhyānena yogena jāyate kālavañcanā//SSd 370//

562) nirāśo niṣkalo yogī na kiñcidapi cintayet/ vāsanāmunmanāṃ kṛtvā kālaṃ jayati līlayā//SSd 384//

563) ādau sādhanamākhyātaṃ sadyaḥ pratyayakārakam/ baddhapadmāsano yogī bandhayeduḍḍiyānakam//SSd 375//

d. 연화좌를 한 그들(요가 수행자들)은 항문에 위치한 호흡apāna을 억제한 후에 그것apāna을 위로 올린다. [그] 과정에서 획득된 호흡apāna을 프라나샥티로 억제한 후에 apānarandhra에서 [양자는] 하나가 된다. [그런 다음] 수슘나의 입구에 이른다. 그리고 brahmarandhra로 가서 하늘의 길에서 해방된다. 쉬바의 발에 헌신하는 어떤 이들만이 [이러한] 축복에 이르게 된다.[564)]

위의 내용은 대략 두 종류로 나눠볼 수 있다. 첫째는 인도 종교의 일반적 수행법에 해당하는 것으로 a · b의 내용이고, 둘째는 c · d에서 언급하고 있는 것으로 쿤달리니를 각성시키기 위한 하타 요가의 주요 수행법 중 하나인 3종 bandha기법[565)]이다.

564) baddhvā padmāsanaṃ ye gudagatapavanaṃ sanniruddhyāptamuccaiḥ taṃ tasyāpānarandhrekramajitamanilaṃ prāṇaśaktyā niruddhya/ ekībhūtaṃ suṣumnāvivaramupagataṃ brahmarandhre ca nītvā nikṣipyākāśamārge śivacaraṇaratā yāntī te ke ' pi dhanyāḥ//SSd 387//

565) Hp 3. 6~7에는 늙음과 죽음을 파괴하는 10종의 무드라가 설명되어 있는데, 그 중 bandha라는 명칭이 붙어 있는 것은 3종으로 uḍyāna, mūla, jālaṃdhara이다.(mahāmudrā mahābandho mahāvedhaśca khecarī/ uḍyānaṃ mūlabandhaśca bandho jālaṃdharābhidhaḥ//Hp 3. 6// karaṇī viparītākhyā vajrolī śakticālanam …… //Hp 3. 7//).

5. 나디 정화 호흡과 스와라 호흡법의 차이

SSd의 호흡법과 외견상 유사한 행법이 하타 요가의 호흡법 중에 있다.[566] 그것은 나디 정화 호흡nāḍī śodhana인데, 3종의 주요 하타 요가 문헌에 모두 나와 있다. 이 기법은 양 콧구멍을 교대로 막으며 호흡한다는 점에서는 외형상 SSd의 호흡법과 같게 보이지만 행법의 원리와 목적, 결과에서는 차이가 있다. 3종 중 이 기법에 대한 Hp와 Ss 양자의 설명은 거의 유사한 반면, GHs는 앞의 두 문헌의 설명과 차이를 보인다. 먼저 Hp와 Ss의 행법을 살펴보면 아래와 같다.

Hp :

a. 결가부좌를 한 요가 수행자는 달로 숨을 들이쉬어야 한다. 능력이 되는 만큼 [숨을] 멈춘 다음, 태양으로 내쉬어야 한다.[567]

b. 그리고 태양으로 숨을 조용히 들이쉬어서 폐를 채워야 한다. 알맞게 숨을 멈춘 후에 다시 달로 [숨을] 내쉬어야 한다.[568]

---

566) 스와라 요가와 하타 요가의 호흡법은 근본적으로 차이가 있는데, 이에 대해 스와미 사티아난다Satyananda는 다음과 같이 적절하게 지적하고 있다. "스와라 요가는 호흡의 다른 측면과 연관이 있는 [하타 요가의] 호흡법prāṇāyāma과 혼동되어서는 안 된다. 비록 둘 다 프라나를 다루고 있지만 스와라 요가는 호흡에 대한 분석과 상이한 프라나적 리듬의 중요성을 강조한다. 반면 프라나야마는 프라나의 방향을 바꾸고 축적하며 통제하는 기법들과 연관이 있다. 그러므로 스와라 요가가 [하타 요가의] 호흡 수행과 연관이 있다고들 하지만 사실 훨씬 더 광범하고 정교한 과학이다." Muktibodhananda(1999), p. 4.

567) baddhapadmāsano yogī prāṇaṃ candreṇa pūrayet/ dhārayitvā yathāśakti bhūyaḥ sūryeṇa recayet//Hp 2. 7//

c. [숨을] 내쉰 쪽으로 들이쉰 후 멈추어야 한다. 그런 다음 다른 쪽으로, 서두르지 말고 조용히 내쉬어야 한다.[569)]

d. 그리고 이다로 숨을 들이쉬어야 한다. [그 뒤] 멈추고 다른 쪽으로 내쉬어야 한다. 핑갈라로 숨을 들이쉰 후 멈춘 다음 왼쪽으로 내쉬어야 한다. ……[570)]

e. 멈춘 숨[의 길이]를 80[mātra]까지 점차적으로 늘리고 네 차례, [즉] 하루 중 이른 아침, 정오, 저녁, 한밤중에 해야 한다.[571)]

Ss :

a. 그러므로 현명한 [요가 수행]자는 오른쪽 엄지손가락으로 핑갈라를 막고서 이다로 숨을 들이쉰 다음, 가능한 한 [오래] 멈추어야 한다.[572)]

b. 그런 뒤, 핑갈라로 들이쉬기 전에 핑갈라로 부드럽고 빠르지 않게 내쉬고, 가능한 한 [오래] 멈추어야 한다.[573)]

---

568) prāṇaṃ sūryeṇa cākṛṣya pūrayedudaraṃ śanaiḥ/ vidhivat kumbhakaṃ kṛtvā punaścandreṇa recayet//Hp 2. 8//

569) yena tyajet tena pītvā dhārayedatirodhataḥ/ recayecca tato ’nyena śanaireva na vegataḥ//Hp 2. 9//

570) prāṇaṃ cediḍayā pibenniyamitaṃ bhūyo ’nyayā recayet pītvā piṅgalayā samīraṇamatho baddhvā tyajed vāmayā …… //Hp 2. 10//

571) prātarmadhyaṃdine sāyamardharātre ca kumbhakān/ śanairaśītiparyantaṃ caturvāraṃ samabhyaset//Hp 2. 11//

572) tataḥ savadakṣāṃguṣṭhena nirudhya piṃgalāṃ sudhīḥ/ iḍayā pūrayedvāyuṃ yathāśaktyā tu kumbhayet//Ss 3. 24//

573) tatastyaktvā piṃgalayā śanaireva na vegataḥ/ punaḥ piṃgalayāpūrya yathāśaktyā ca kumbhayet//Ss 3. 25//

c. 현명한 [요가 수행]자는 빠르지 않고 조용하고 부드럽게 이다로 내쉬어야 한다. 이와 같은 요가의 기법으로 멈춘 숨을 스무 번 쉰다.[574)]

d. 모든 이원성에서 벗어나고 나태함을 그친 [수행자는] 매일 새벽, 정오, 일몰, 한밤중에 이런 식으로 네 차례 이들 때에 멈춘 숨을 해야 한다.[575)]

이상의 내용을 정리해 보면 Hp와 Ss 둘 다 왼쪽 콧구멍으로 들이쉰 다음, 숨을 멈추었다가 오른쪽 콧구멍으로 내쉰다. 다시 내쉰 콧구멍으로 들이쉰 다음, 숨을 멈추었다가 왼쪽 콧구멍으로 내쉬는 방식으로 한다. 이 기법을 할 때 처음의 들이쉼과 마지막의 내쉼을 모두 왼쪽 콧구멍으로 하는 것으로 되어 있다. 하루 중 이 행법을 하는 때는 양자 모두 네 차례, 즉 새벽, 정오, 저녁(일몰), 한밤중으로 동일하다.

그러나 차이를 보이는 부분도 있는데, 이는 멈춘 숨의 길이와 회수와 관련된 것이다. 먼저 멈춘 숨의 길이와 관련해서는 Hp에서는 80m-ātra가 될 때까지 한다고 하지만, Ss에서는 가능한 한 오래 해야 한다고 설명한다. 다음, 멈춘 숨의 회수와 관련해서는 Hp에는 구체적인 언급이 없는 반면, Ss에서는 멈춘 숨이 스무 번 될 때까지, 즉 콧구멍 좌우 교대를 스무 번 한다고 설명하는 점에서 차이를 보인다.

GHs에서는 위의 Hp와 Ss에서처럼 이 기법을 직접적으로 나디 정화 호흡nāḍī śodhana이라는 명칭으로 부르고 있지는 않다. 그러나 나디 정화nāḍīśuddhi를 위해서 제시하고 있는 두 가지 방법 중 하나에 해당한

574) iḍayā recayeddhīmānna vegena śanaiḥ śanaiḥ/ evaṃ yogavidhānena kuryādvi-ṃśati kumbhakān//Ss 3. 26//

575) sarvadvandvavinirmuktaḥ pratyahaṃ vigata-alasaḥ/ prātaḥkāle ca madhyāhne ca sūryāste cārdharātrake/ kuryādevaṃ caturvāraṃ kāleṣveteṣu kumbhakān// Ss 3. 27//

다. 두 가지 방법은 samanu와 nirmanu인데,[576] 이 중 나디 정화 호흡과 유사한 기법은 samanu이다. 그 내용은 아래와 같다.

a. 그리고 현명한 자는 회색이고 빛나는 풍風의 종자 [만트라]에 명상해야 한다. vāyu를 달로 들이쉬고 종자 [만트라]를 16번 [반복한다.][577]

b. [종자 만트라를] 총 64번 [반복하는] 동안 멈춘 숨 [행법]으로 [숨을] 멈추어야 한다. vāyu를 태양 나디로 총 32번 [반복하는] 동안 내쉬어야 한다.[578]

c. 배꼽의 근저로부터 화火를 상승시킨 [요가 수행자는] 지地와 결합한 화火에 대해 명상해야 한다. 화火의 종자 [만트라]를 16번 [반복하는] 동안 태양 나디로 [vāyu를] 들이쉬어야 한다.[579]

---

576) 나디 정화법은 두 가지라고 말한다. samanu와 nirmanu이다. 종자 [만트라]로 samanu를 하고 dhauti 행법들로 nirmanu를 [한다.](nāḍīśuddhirdvidhā proktā samanur-nirmanus tathā/ bījena samanuṃ kuryānnirmanuṃ dhautikarmaṇā//GHs 5. 36//). dhauti는 여섯 가지 정화 행법 중 하나로 이에는 네 종류가 있다. 그리고 이 네 종류 중 하나인 antardhauti에도 다시 네 가지가 있다. [요가 수행자는] dhauti, basti, neti, laulikī trāṭaka, 정뇌淨腦 호흡법, 이 여섯 가지 [정화] 행법을 수행한다.(dhautirbas-tisthatā netirlaulikī trāṭakaṃ tathā/ kapālabhātiścaitāni ṣaṭkarmāṇi samācaret//GHs 1. 12//). antardhauti, dantadhauti, hṛddhauti, mūlaśodhana, [이] 네 가지 dhauti 기법을 행함으로써 신체를 정화한다.(antardhautirdantadhautirhṛddhautirmūlaśodhanam/ dhautiṃ ca-turvidhāṃ kṛtvā ghaṭaṃ kurvantu nirmalam//GHs 1. 13//). 신체의 정화를 목적으로 하는 antar dhauti는 네 가지 기법, [즉] vātasāra, vārisāra, vahnisāra, bahiṣkṛta가 있다.(vātasāraṃ vārisāraṃ vahnisāraṃ bahiṣkṛtam/ ghaṭasya nirmalārthāya hyantardhautiścaturvidhā //GHs 1. 14//).

577) vāyubījaṃ tato dhyātvā dhūmravarṇaṃ satejasam/ candreṇa pūrayedvāyuṃ bījaṃ ṣoḍaśakaiḥ sudhīḥ//GHs 5. 39//

578) catuḥṣaṣṭyā mātrayā ca kumbhakenaiva dhārayet/ dvātriṃśanmātrayā vāyuṃ sūryanāḍyā ca recayet//GHs 5. 40//

d. 총64번 [반복하는] 동안 멈춘 숨 [행법]으로 [숨을] 멈추어야 한다. vāyu를 달 나디로 총 32번 [반복하는] 동안 내쉬어야 한다.[580)]

e. 코끝에 있는 달빛의 구체球體에 대해 명상하고서 종자 [만트라] ṭhaṃ을 16번 [반복하는] 동안 이다로 숨을 들이쉬어야 한다.[581)]

f. 그리고 종자 [만트라] vaṃ으로 64번 [반복하는] 동안 [숨을] 멈추어야 한다. 넘쳐 나오는 불사의 감로에 대해 명상하고서 나디 정화dhauti가 일어나게 해야 한다. 흔들림 없이 [나디 정화dhauti를] 하면서 la음音으로 총 32번 [반복하는] 동안 내쉬어야 한다.[582)]

위의 GHs의 내용과 Hp · Ss와의 가장 큰 차이는 종자 만트라를 사용한다는 점과 요소, 감로 등에 대해 명상을 한다는 점이다. 그리고 또 하나의 차이는 GHs에는 들숨, 멈춘 숨, 날숨의 비율이 정해져 있다는 점이다. 들숨 때 종자 만트라를 16회, 멈춘 숨 때 64번, 날숨 때 32번 반복하는 것, 즉 각각을 1 : 4 : 2의 비율로 하는 것으로 Hp와 Ss보다 좀 더 정교하다고 볼 수 있다. 하타 요가에서 이 호흡법을 하는 목적과 호흡법을 통해 얻는 결과는 다음과 같다.

---

579) utthāpyāgniṃ nābhimūlāt dhyāyettejo 'vanīyutam/ vahnibījaṣoḍaśena sūryanāḍyā ca pūrayet//GHs 5. 41//

580) catuḥṣaṣṭyā mātrayā ca kumbhakenaiva dhārayet/ dvātriṃśanmātrayā vāyuṃ śaśināḍyā ca recayet//GHs 5. 42//

581) nāsāgre śaśadhṛgbimbaṃ dhyātvā jyotsnāsamanvitam/ ṭhaṃ bījaṃ ṣoḍaśenaiva iḍayā pūrayenmarut//GHs 5. 43//

582) catuḥṣaṣṭyā mātrayā ca vaṃ bījenaiva dhārayet/ amṛtaṃ plāvitaṃ dhyātvā nāḍīdhautiṃ vibhāvayet/ dvātriṃśena lakāreṇa dṛḍhaṃ bhāvyaṃ virecayet// GHs 5. 44//

Hp :

따라서 순수한 마음으로 호흡법을 규칙적으로 해야 한다. 수숨나 나디에 있는 불순물들을 정화하기 위해서.[583)]

…… 태양과 달, 둘에 대해 이러한 방식으로 [호흡법] 수행을 항상 계속하는 요가 수행자는 3개월 또는 그 후에 많은 나디가 정화된다.[584)]

Ss :

이런 식으로 매일 매일 3개월 동안 [수행]한다면 그 뒤에 확실히 지체 없이 나디의 정화가 있을 것이다.[585)]

진리를 보는 요가 수행자의 나디가 정화될 때 [그의] 죄는 파괴되고 ārambha 상태가 발생할 것이다.[586)]

GHs :

나디 정화법은 두 가지라고 말한다. samanu와 nirmanu이다. 종자[만트라]로 samanu를 하고 dhauti 행법들로 nirmanu를 [한다.][587)]

583) prāṇāyāmaṃ tataḥ kuryānnityaṃ sāttvikayā dhiyā/ yathā suṣumṇānāḍīsthā malāḥ śuddhiṃ prayānti ca//Hp 2. 6//

584) …… sūryācandramasoranena vidhinābhyāsaṃ sadā tanvatāṃ śuddhā nāḍigaṇā bhavanti yamināṃ māsatrayādūrdhvataḥ//Hp 2. 10//

585) itthaṃ māsatrayaṃ kuryādanālasyo dine dine/ tato nāḍīviśuddhiḥ syādavilambena niścitam//Ss 3. 28//

586) yadā tu nāḍīśuddhiḥ syādyoginastattvadarśinaḥ/ tadā vidhvastapāpasya bhavedārambhasaṃbhavaḥ//Ss 3. 29//

587) nāḍīśuddhirdvidhā proktā samanurnirmanus tathā/ bījena samanuṃ kuryānnirmanuṃ dhautikarmaṇā//GHs 5. 36//

Hp에서는 수슘나와 많은 나디의 정화, Ss와 GHs에서는 나디의 정화가 목적이라고 한다. 그리고 Hp와 Ss에서는 이를 3개월 정도 수행하면 나디의 정화 효과를 거둘 수 있다고 한다.

앞의 '4. 초월과 해탈 수행' 에서 살펴본 SSd의 호흡법과 하타 요가의 나디 정화 호흡법은 다음과 같은 점들에서 차이가 있다. 먼저 실천행법의 내용을 보면 하타 요가에서는 멈춘 숨을 의도적으로 하는 반면, SSd는 그렇지 않다. 하타 요가의 이 호흡법은 제5장 4절 (1)의 '3) 부차 수행법' 과 더 유사해 보인다. 그러나 호흡 진행 순서가 다르다. 이를 이해하기 쉽게 표로 정리해 보면 아래와 같다.

【표 11】 SSd 부차 수행법과 하타 요가의 교호交互 호흡법 비교

SSd : 들숨, 멈춘 숨, 날숨 호흡	하타 요가 : 나디 정화 호흡
호흡(콧구멍 방향)	호흡(콧구멍 방향)
들숨(오른쪽 콧구멍)	들숨(왼쪽 콧구멍)
멈춘 숨	멈춘 숨
날숨(왼쪽 콧구멍)	날숨(오른쪽 콧구멍)
멈춘 숨	들숨(오른쪽 콧구멍)
들숨(오른쪽 콧구멍)	멈춘 숨
멈춘 숨	날숨(왼쪽 콧구멍)
날숨(왼쪽 콧구멍)	들숨(왼쪽 콧구멍)
멈춘 숨	멈춘 숨
…… (위와 같은 순서로 반복)	…… (위와 같은 순서로 반복)
	왼쪽 콧구멍으로 내쉬면서 마침

또 하타 요가에서는 이 호흡을 하루에 네 차례 하는 것으로 설명하고 있으나, SSd에서는 하루 종일 호흡의 리듬을 살펴서 우주의 리듬과 조화를 이루거나, 필요한 때 필요한 나디를 활용하거나, 또는 앞 절에서 살펴본 해탈 수행법처럼 하루 종일 우주의 리듬과 반대의 리듬으로 호흡한다.

마지막으로 행법의 목적에서도 차이가 있는데, 하타 요가의 이 호흡법이 수슘나를 포함한 나디의 정화를 위해서 하는 것이라면, SSd의 호흡법은 수슘나의 각성을 위한 것이다.

제6장

아유르베다의 영향

아유르베다의 영향

1. 아유르베다의 의미와 목적 그리고 세 doṣa

인도의 전통 의학 지식은 일반 명사인 아유르베다로 포괄할 수 있다. 아유르베다 의학은 브라만적 전통만큼이나 오래되었고 그 기원은 *Atharvaveda*(대략 B. C. 1500~1000년 사이)에까지 거슬러 올라간다. 신성하고 제식적인 세 Veda(*Ṛg, Sāma, Yajur*)와 *Atharvaveda*의 순수하게 종교적인 부분들과 비교해 볼 때 아유르베다는 부가적 지분支分, upāṅga, 부가적 베다upaveda 또는 '다섯째 베다'로 간주되기도 한다.[588]

이러한 기원을 가진 아유르베다에 대한 고대 문헌들 중 일부는 현재 구할 수 없다. 남아 있는 문헌들 중 '위대한 세 권Bṛhattrayi'으로 간주되는 것들이 있는데, 이들은 아그니베샤Agniveśa의 Cs, 수슈루타Suśruta의 *Suśruta-saṃhitā*, 바그바타Vāgbhaṭa의 *Aṣṭāṅga-hṛdaya*이다. 이 셋 중에서도 Cs[589]가 가장 권위 있는 문헌으로 간주된다. 왜냐하면 Cs가 의학의 근본 원리들에 대해 전문적으로 언급할 뿐만 아니라 이 의

588) Larson(1987), p. 246, *ll*. 23~31 참조.
589) Sharma(2005), Vol I. p. xxi 참조.

과학醫科學의 다양한 측면에 대한 진정한 백과사전이기 때문이다.[590)]

본 논문에서는 아유르베다의 가장 권위 있는 문헌인 Cs를 중심으로 고전 요가와 하타 요가에 나타나 있는 아유르베다의 영향을 고찰해 보겠다. 먼저 아유르베다라는 말의 의미부터 살펴보자.

아유르베다Āyurveda는 āyus와 veda라는 단어가 합쳐져 만들어진 말로 흔히 āyus를 '생명' 또는 '생기'로, veda를 '앎'으로 해석하여 '생명 유지에 관한 앎'으로 해석한다. 여기서는 āyus의 의미를 좀 더 구체적으로 살펴볼 필요가 있다. 왜냐하면 이 단어가 아유르베다를 보다 깊이 있게 이해하는 데 중요하기 때문이다. Cs에서는 āyur를 다음과 같이 정의하고 있다.

> a. āyur는 신체, 감관, 마음sattva, 아트만의 결합[이란 뜻이다.] 그리고 [이 말의] 동의어는 [쇠퇴로부터] 보존dhāri, 생명 [유지]jīvita, [개체에] 상주nityaga, [윤회에] 속박anubandha이다.[591)]
>
> b. [그리고] 마음sattva, 아트만, 신체, 이 셋은 삼발이와 같다. 세계는 [이 셋의] 결합에 의해 유지된다. 거기서 모든 것이 성립된다.[592)]
>
> c. 그것(셋의 결합)은 사람이다. 그리고 그것은 마음cetana이고 그것은 이

---

590) Cs는 "Agniveśa-tantra로 알려진 종합 의학에 대한 오래된 문헌의 개정본으로 A. D. 1세기에 카니쉬카Kaniṣka왕의 궁중 의사였던 것으로 추정되는 어떤 차라카Caraka에 의해 편집되고 개정되었으며, A. D. 500년에 어떤 드리다발라Dṛḍhabala에 의해 최종적으로 완성된 것으로 알려져 있다." Larson(1987), p. 246, *ll*. 38~41 참조.

591) śarīrendriyasattvātmasaṃyogo dhārijīvitam/ nityagaścānubandhaścaparyāyair āyur ucyate//Cs Ⅰ. 1. 42//

592) sattvamātmā śarīram ca trayametattridaṇḍavat/ lokastiṣṭhati saṃyogāt tatra sarvaṃ pratiṣṭhitam//Cs Ⅰ. 1. 46//

베다(아유르베다)의 주요 내용으로 간주된다. 그 때문에 실로 이 베다(아유르베다)는 드러난다.[593]

a의 넷(신체 · 감관 · 마음 · 아트만)이 b · c에서는 셋으로 나타나고 있다. 그 이유는 셋에는 감관(그 대상과 더불어), 통각buddhi, 아만ahaṃkāra이 포함되고 이들 중 마음(통각과 아만)은 아트만에, 감관은 신체에 포함되기 때문이다. 그리고 신체와 관련된 모든 활동들이 마음에 의해서 통제되기 때문에, 위의 셋 가운데 마음은 매우 중요한 지위를 점한다. 그래서 열거 시 이 셋 중에서 맨 처음에 온다.[594] 이로써 아유르베다가 서양 의학처럼 심신이원론에 기반한 것이 아니고 신체 활동에 미치는 마음의 중요성에 대한 인식이 전제되어 있다고 볼 수 있다. a · b · c를 종합해 보면, 아유르베다는 단지 물질적 육체로서의 신체뿐 아니라 마음과 아트만까지 담고 있는 신체, 윤회에 속박되어 있는 신체를 '유지하는 방법' 에 대한 의과학이라 할 수 있다. 즉 건강한 삶과 수명의 연장을 강조하고 있다.[595]

위의 내용으로 보아 아유르베다에도 궁극적 존재 관념인 아트만 관념이 있다. 그렇다면 해탈을 추구하는 수행론과는 어떤 차이가 있는가? 이에 대해서 라슨Larson은 다음과 같이 적절히 설명한다.

> 차라카Caraka는 다음과 같이 말한다. 종교 체계의 목적은 해탈mokṣa의 성취에 있는 반면, 아유르베다의 목적은 세 가지 일반적이고 세속적인 욕망, 즉 (a)장수prānaiṣaṇā, (b)정당한 부dhanaiṣaṇā, (c)만족할 만한 내생을 가져올 수 있는 행동 양식paralokaiṣaṇā을 장려하는 것이다.[596]

593) sa pumānścetanaṃ tacca taccādhikaraṇaṃ smṛtam/ vedasyāsya, tadarthaṃ hi vedo ' yam saṃprakāśitaḥ//Cs Ⅰ. 1. 47//

594) Sharma(2005), Vol Ⅰ. p. 33, *ll*. 27~29 참조.

595) Sharma(2005), Vol Ⅰ. p. 33, *ll*. 22~26 참조.

위와 같은 아유르베다의 목적을 보면 힌두의 고전적 규율, 즉 인간이라면 마땅히 지켜야 할 덕목puruṣārtha 중 해탈을 제외한 세 가지 덕목의 성취와 향유를 권장하고 있다고 이해해 볼 수 있다. 그러나 아래와 같은 Cs의 내용을 보면 이 의학이 해탈에 무관심하고 세 가지 덕목만을 추구하라고 장려한 것만은 아니라는 것을 알 수 있다.

> 양호한 건강은 의무, 부, 욕망, 그리고 해탈의 [추구에 있어서] 제일 근본이라 말한다. 질병은 안녕安寧과 생명의 파괴자들이다.[597)]

> 이것(질병)은 인간 [삶]에서 큰 장애로 나타난다. ……[598)]

Cs가 비록 해탈을 논하지는 않지만 아트만, 즉 궁극의 근원에 대한 인식이 있고 해탈의 추구를 인간의 마땅한 덕목으로 받아들이고 있다. 그리고 아유르베다에서는 네 가지 덕목을 모두 잘 성취하기 위한 기본 요건으로 건강과 장수를 중요시 여기고 있는 것으로 보인다. 그래서 건강과 장수의 가장 큰 적인 질병을 주요 대상으로 하여 이의 치료를 주로 다루고 있다. 따라서 이 의학에서는 해탈의 문제를 수행론과 수행자들에게 맡기고 나머지 세 덕목의 성취와 향수를 주요 목적

---

596) Larson(1987), p. 253. Cs의 원문은 다음과 같다. " [이] 세계에서, 그리고 다른 세계에서 [자신의 안녕安寧에] 주목하고 있는, 지금 실로 손상되지 않은 마음, 통각buddhi, 힘, 용기가 있는 사람은 세 가지 강렬한 욕망을 추구한다. 그것(그 셋)은 생명에 대한 욕망prāṇaiṣaṇā, 부에 대한 욕망dhanaiṣaṇā, 내생[의 좋은 과보]에 대한 욕망paralokaiṣaṇ이다."(iha khalu puruśeṇānupahatasattvabuddhipauruṣaparākrameṇa hitamiha cāmuṣmiśca loke samanupaśyatā tisra eṣaṇāḥ paryeṣṭavyā bhavanti/ tadyathā-prāṇaiṣaṇā, dhanaiṣaṇā, paralokaiṣaṇeti//Cs Ⅰ. 11. 3//).

597) dharmārthakamamokṣāṇāmārogyaṃ mūlamuttamam/ rogāstasyāpahartāḥ śreyo jīvitasya ca//Cs Ⅰ. 1. 15//

598) prādurbhūto manuṣyāṇām antarāyo mahānayam …… //Cs Ⅰ. 1. 16//

으로 하고 있다고 볼 수 있다.

아유르베다에서는 "신체에서 doṣa의 집적은 vāyu[599], pitta, kapha라고"[600]한다. 즉 기본적으로 인간의 신체를 세 가지 유형으로 파악한다. 따라서 모든 사람을 이 세 유형 중 하나에 해당하는 것으로 본다. 그리고 질병은 발생의 원인이 어디에 있느냐에 따라 외인外因적인 것과 내인內因적인 것[601]으로 분류한다. 전자는 찔리거나 베이거나 저주당하거나 귀신들리는 등의 요인에 의한 것이고, 후자는 세 doṣa의 불균형에서 기인하는 것으로 설명한다.[602] 반대로 "vāta, pitta, kapha가 균형과 조화 상태에 있을 때, 이들은 세 dhātu(신체 체계의 세 구성요소)로 간주하고, 생명 유기체가 '건강한 상태' 라 부른다."[603]

그래서 아유르베다 "의사vaidya, bhiṣaj의 직무는 사람들에게서 또는 구체적인 질병들에서 발생한 불균형을 진단할 수 있는 것이다. 그리고 아유르베다 약물들bhaiṣajya은 이들 불균형을 바로잡아서 해당 환자 특유의 vāta, pitta, kapha의 건강한 균형을 회복하기 위해서 처방되는 것이다."[604]

599) 아유르베다에서 doṣa의 명칭으로 더 흔하게 쓰이는 vāta와 같은 용어이다.

600) vāyuḥ pittaṃ kaphaś coktaḥ śārīro doṣasaṃgrahaḥ ……//Cs Ⅰ. 1. 57//

601) 이들(네 유형의 질병)은 본성에 따라 다시 두 유형, 외생적인 것과 내생적인 것으로 나뉜다.(…… dvidvidhā punaḥ prakṛtir eṣām, āgantunijavibhāgāt//Cs Ⅰ. 20. 3//).

602) 한편 내생적인 [질병]은 vāta, pitta, śleṣmaṇa의 불균형에서 기인한다.(nijasya tu mukhaṃ vātapittaśleṣmaṇāṃ vaiśamyam//Cs Ⅰ. 20. 4.//).

603) Larson(1987), p. 253.

604) Larson(1987), p. 254.

2. 고전 요가의 질병관과 치료관

고전 요가는 형이상학에 있어서 아유르베다와 매우 유사[605]하지만 이 의학과 연관된 구체적인 관념이나 내용은 나타나 있지 않다. 우리가 일반적으로 질병이라 지칭하는 것은 Ys에서는 한 경문에서만 나온다.

> 병, 침체, 의심, 부주의, 나태, 무절제, 그릇된 지각, [요가의] 단계를 얻지 못함, 불안정이 마음의 산란이며 이것들이 장애이다.(Ys 1. 30)

> [이] 아홉 가지 장애들이 마음을 산란하게 한다. 이것들은 마음의 작용들과 함께 일어난다. 이것들이 없을 때, 앞에서 말한 마음 작용들은 일어나지 않는다. …… 병이란 [생리적] 요소dhātu, 분비물rasa, 감관이 균형을 이루지 못한 것이다.(YBh 1. 30)

위의 내용으로 보아 고전 요가에서는 병을 육체적인 면에서 생리적 요소, 분비물, 감관의 불균형[606]에서 일어나는 것이라 설명하고 있다. 하지만 Ys나 YBh에서는 더 이상 이와 관련된 구체적인 언급, 즉 병의 종류나 치료법 등은 찾기 어렵다. 오히려 '병' 이란 요인을 통해

605) Cs는 고전 요가와 상당한 유사성을 보이는데, 전자는 후자와 같은 25원리론은 아니고 순수정신과 근본원질이 명확히 구별되지 않는 24원리론으로 이뤄져 있다. 정승석(1991), 참조.

606) 여기서 "생리적 요소는 풍風, 담즙, 점액 따위를 가리키고 분비물은 마시거나 먹은 자양물의 특수한 변화를 가리킨다." 정승석(2010), p. 63 각주 51).

고전 요가가 주목하고 있는 바는 이것이 마음을 산란하게 하여 '마음 작용' 을 일으킨다는 점이다. 이는 "마음의 작용을 억제하는 것"(Ys 1. 2)이고 "삼매"(YBh 1. 1)인 요가에 반하는 것으로 해탈, 즉 독존獨存의 방해 요인으로 파악한다. 고전 요가에서 병이라는 요인을 보는 패러다임이 아유르베다와 다르다고 할 수 있다. YBh 2. 50에서 의학과 Ys의 체계를 비교하고 있는 데서 이 점이 잘 드러난다.

> 의학이 병, 병의 원인, 건강, 치료라는 네 부문으로 이루어지듯이, 이 교전(Ys)도 그와 같이 바로 네 부문으로 이루어져 있다. 즉 윤회, 윤회의 원인, 해탈, 해탈의 수단이다.

위와 같은 설명은 수사修辭적 측면에서 매우 절묘하다고 생각된다. 기본적으로 의학과 고전 요가 각각의 네 부분은 문제 해결을 위한 합리적인 과정, 즉 문제가 생기면 그 문제의 원인을 찾아서 문제가 없는 원래 상태로 되돌리기 위한 해결 수단을 강구하여 행동에 옮기는 구조로 되어 있다. 이를 적용해 보면 우리의 세속적 삶에서 윤회는 병이고, 이를 치료하기 위해서 병의 원인을 찾듯이 윤회의 원인을 찾아서 치료(해탈의 수단을 수행)함으로써 건강한 상태인 해탈에 이른다고 이해할 수 있다.

필즈Fields는 고전 요가에서 치료의 패러다임을 Ys 경문을 인용하여 구체적으로 설명하고 있는데 이를 보완하여 작성해 보면 아래와 같다.[607]

---

607) Fields(2001), p. 134 참조.

【표 12】 고전 요가의 치료 패러다임

네 부문	주요 내용	해당 경문
병heya	고苦 : 마음 작용에 기반함	Ys 2. 15, 16[608]
병의 원인hetu	지각자(순수정신)와 지각 대상(통각의 순질에 떠오르는 모든 속성)의 결합	Ys 2. 17, 24[609]
병의 제거hāna	독존	Ys 2. 25[610]
병 제거의 수단hānopaya	식별지 : 수행(8지 요가, 行作 요가 등)과 이욕을 통해 획득	Ys 1. 12, 2. 26, 28, 29[611]

다시 말해 "고전 요가에서 전변은 질병이고 환멸은 치료이다. 사람에게 생명이 있게 되는 바로 그 창조의 과정에 의해 괴로움, 고통, 고뇌로 시달린다. 삶의 이러한 과정을 되돌리는 것이 유일한 치료라고 할 수 있다."[612]

고전 요가의 주요 문헌인 Ys가 현재의 형태로 편찬된 시기는 대략 서기 5세기이고 YBh는 6~7세기[613]이다. Cs는 대략 서기 6세기[614]이다. 세 문헌의 성립 연대와 세계를 이해하는 형이상학(전변론)의 유사성

608) 전변과 고뇌와 잠세력의 고통들로 인해, 그리고 [3]성분들의 작용이 상충하기 때문에, 식별력을 지닌 자에게 모든 것이 고통일 뿐이다.(Ys 2. 15) 파기되어야 할 것(제거의 대상이 되는 것)은 닥쳐올 고통이다.(Ys 2. 16)

609) 파기되어야 할 것(닥쳐올 고통)의 원인은 지각자와 지각 대상의 결합이다.(Ys 2. 17) 그것(결합)의 원인은 무지이다.(Ys 2. 24)

610) 그것(무지)이 없기 때문에 결합도 없는 것이 파기이며, 이것이 지각자(순수정신)의 독존이다.(Ys 2. 25)

611) 수련과 이욕離欲에 의해 그것(마음작용)들은 억제된다.(Ys 1. 12) 고행, 자기 학습(성전 공부), 신에 대한 헌신은 행작行作 요가이다.(Ys 2. 1) 혼동 없는 식별지識別智가 파기의 수단이다.(Ys 2. 26) 요가의 지분支分들을 실행함으로써 불순물이 소멸할 때, 식별지에 도달하기까지 지혜는 밝아진다.(Ys 2. 28) 금계禁戒, 권계勸戒, 좌법坐法, 조식調息, 제감制感, 총지總持, 정려靜慮, 삼매三昧가 [요가의] 여덟 지분이다.(Ys 2. 29)

612) Gharote(2010), p. xxi.

613) 정승석(2010), p. 17, p. 25 참조.

614) 앞의 각주 590) 참조.

으로 볼 때 고전 요가와 Cs는 서로 영향을 주고받았을 것으로 보인다. 그러나 아유르베다의 신체 인식(doṣa · dhātu론 등), 치료법 등과 같은 구체적인 내용이 고전 요가에는 나타나 있지 않으므로 이 의학의 고전 요가에 대한 직접적인 영향을 찾을 수는 없다. 그 이유는 아마도 Ys와 YBh의 주요 관심사가 육체에 있는 것이 아니라 마음citta과 해탈에 있고, 또 이러한 목적을 위한 수행에서 육체가 중요한 위치를 점하고 있지 못하기 때문인 것으로 보인다. 그래서 고전 요가에서는 대부분의 수행서가 그렇듯 육체에서 생기는 병이 대상이 아니라, 윤회하는 삶 자체를 병으로 여겨 이의 치료를 위한 방법을 제시하고 있다 하겠다.

3. 하타 요가에 보이는 아유르베다의 영향

하타 요가는 세 doṣa의 균형이 건강이고 불균형이 병이라는 아유르베다의 원리를 그대로 받아들여 나름의 방식으로 치료법을 발전시켜 왔다고 볼 수 있다.[615] Hp를 통해서 그 내용을 고찰해 보면 다음과 같다.

앞의 '서론 2. 연구 방법' 에서 보았듯이 Hp에는 권수가 다른 여러 판본이 있다. 이들 중 4권본에는 아유르베다에서 언급된, 세 doṣa의 불균형에 따라 발생하는 질병과 이에 대한 치료법 설명이 곳곳에 보인다. 5권본은 전적으로 아유르베다 관련 내용으로 된 다섯째 권이 4권본에 더해진 형식으로 구성되어 있다. 먼저 Hp 4권본을 보면 각 기법들을 설명하면서 해당 기법이 갖는 치료 효과를 부가하여 서술하고 있다.

> ① 아사나 :
>
> …… [Paścimatāna 아사나는] 수행자들의 위장의 불을 붙이고 복부의 [비만을] 줄이고 [그들을] 건강하게 한다.[616]
>
> śrī mayūra [아사나]는 비장 질환 등 모든 질병을 제거하고 doṣa[의 불균형]을 극복한다. 섭취한 많은 나쁜 음식을 연소하고 위장의 불을 완

615) Gharote(2010), p. xxxi 참조.

616) …… udayaṃ jaṭharānalasya kuryādudare kārśyamarogatāṃ ca puṃsām//Hp 1. 29//

전하게 붙이며 독을 소화한다.[617]

② 여섯 정화 행법 :

기침, 천식, 비장 질환, 나병, 20여 종의 kapha 질환이 dhauti 수행의 힘으로 사라진다. 의심의 여지가 없다.[618]

vasti 수행의 힘으로 복부 내 선腺 확장, 비장 질환, 복부 [질환] 그리고 vāta, pitta, kapha[의 불균형에서 비롯하는] 모든 질환이 사라질 것이다.[619]

여섯 [정화] 행법에 의해 비만, kapha doṣa의 오염 등이 사라진다. 그런 다음 호흡법을 수행해야 한다. [이렇게 하면 호흡법을] 쉽게 성취한다.[620]

③ 호흡법 :

[sūryabhedana는] 두개골을 정화하고 vāta doṣa[로 인한 질병]을 파괴하며 벌레[로 인한] 질병을 제거한다.[621]

---

617) harati sakalarogānāśu gulmodarādīnabhibhavati ca doṣānāsanaṃ śrīmayūram/ bahu kadaśanabhuktaṃ bhasma kuryādaśeṣaṃ janayati jaṭharāgniṃ jārayet kālakūṭam//Hp 1. 31//

618) kāsaśvāsaplīhakuṣṭhaṃ kapharogāśca viṃśatiḥ/ dhautikarmaprabhāveṇa prayāntyevana saṃśayaḥ//Hp 2. 25//

619) gulmaplīhodaraṃ cāpi vātapittakaphodbhavāḥ/ vastikarmaprabhāveṇa kṣīyante sakalāmayāḥ//Hp 2. 27//

620) ṣaṭkarmanirgatasthaulyakaphadoṣamalādikaḥ/ prāṇāyāmaṃ tataḥ kuryādanāyāsena siddhyati//Hp 2. 36//

621) kapālaśodhanaṃ vātadoṣaghnaṃ kṛmidoṣahṛt/ punaḥ punaridaṃ kāryaṃ sūryabhedanamuttamam//Hp 2. 50//

④ 무드라 :

[폐결핵 등] 소모성 질환, 나병, 변비, 선腺 확장, 소화불량에 수반되는 것들[과 같은] 그의 질병들은 mahā 무드라를 수행한다면 제거된다.[622)]

khecarī 무드라를 아는 자는 질병, 죽음, 게으름이 없고 수면이 없고 배고픔과 갈증이 없을 것이다. 그리고 혼절함이 없을 것이다.[623)]

khecarī 무드라를 아는 자, 그는 병에 걸리지 않고 업에 물들지 않으며 시간에 속박되지 않는다.[624)]

이 행법(uḍḍīyāna bandha)에 의해서 호흡이 사라진다. 그 결과 죽음, 노화, 질병 등이 없다.[625)]

위 내용에서 알 수 있듯이 아유르베다가 일반인들을 위한 치료법이라면, 하타 요가의 치료법은 요가 수행자들을 위한 것이다. 왜냐하면 치료 기법의 대부분이 요가 수행자들만이 할 수 있는 것들이기 때문이다.

4권본이 기법 중심으로 치료에 대해 서술하고 있다면 5권본의 다섯째 권에는 이보다 더 자세하게 나와 있다. 먼저, 전적으로 치료의 내용을 담은 제5권 한 권을 4권본에 덧붙인 이유를 알아볼 필요가 있다.

---

622) kṣayakuṣṭhagudāvartagulmājīrṇapurogamāḥ/ tasya doṣāḥ kṣayaṃ yānti mahāmudrāṃ tu yo ' bhyaset//Hp 3. 7//

623) na rogo maraṇaṃ tandrā na nidrā na kṣudhā tṛṣā/ na ca mūrcchā bhavet tasya yo mudrāṃ vetti khecarīm//Hp 3. 39//

624) pīḍyate na sa rogeṇa lipyate na ca karmaṇā/ bādhyate na sa kālena yo mudrāṃ vetti khecarīm//Hp. 3. 40//

625) anenaiva vidhānena prayāti pavano layam/ tato na jāyate mṛtyurjarārogādikaṃ tathā//Hp 3. 75//

이에 대해 추정해 볼 수 있는 단서를 아래의 내용에서 찾을 수 있다.

부주의하게 요가 수행을 하는 사람은 vāta 등 [질병]이 생긴다. 그 질병의 치료를 위해서 vāyu의 움직임이 설명된다.[626]

잘못[된 수행]으로 인해 요가 수행자의 vāyu가 잘못된 길로 들어서게 되고 길을 잃는다. 그때 구근 모양으로 되어 아래에 쌓인다. 그래서 [수행에] 장애를 낳는 다양한 종류의 질병이 발생한다.[627]

위 내용으로 보아 당시에 잘못된 수행으로 인해 질병에 시달리는 수행자들이 많았을 것으로 생각된다. 아마도 이들은 이와 같은 질병을 치료할 방법을 스승들에게 간절히 청했고, 이러한 요구에 부응하여 제1~4권의 내용과 다소 연결성 없는 제5권이 덧붙여졌을 것이라 짐작해 볼 수 있다.

제5권의 내용은 크게 보아 ① 세 doṣa의 신체 배속, ② 치료의 기본 원리, ③ 세 doṣa부위에 발생하는 질병과 치료법으로 구분할 수 있는데, 이의 내용은 다음과 같다.

① 세 doṣa의 신체 배속

a. 발바닥에서 배꼽 부위까지 vāta가 있다고 말해진다. 배꼽에서부터 심장까지 pitta 부위라고 말해진다.[628]

626) pramādī yujyate yastu vātādistasya jāyate/ taddoṣasya cikitsārthaṃ gatirvāyornirūpyate//Hp 5. 1//

627) pramādādyogino vāyurunmārgeṇa pravartitaḥ/ tadā mārgamanāsādya granthībhūtvāvatiṣṭhate/ tadā nānāvidhā rogā jāyante vighnakārakāḥ//Hp 5. 5//

b. 심장 부위로부터 신체 윗부위는 여기서 śleṣma dhātu라고 불린다. 그래서 세 종류의 dhātu의 각각의 위치가 말해진다.[629)]

위의 b에서 śleṣma는 kapha와 같은 용어이다. 위 내용으로 볼 때 Hp 5권본의 doṣa의 신체 배속에 대한 설명은 Cs와 기본적으로는 유사하다. 하지만 아래 내용에서 알 수 있듯이 Cs가 더 구체적이다.

골반, 직장, 엉덩이, 넓적다리, 발, 뼈, 복부는 vāta가 머무는 곳이다. vāta가 머무는 거기에서도 복부는 [다른 곳들에 비해] 특성이 두드러진다. 땀, 정액rasa, 림프액, 혈액, 소장은 pitta가 머무는 곳이다. pitta가 머무는 거기에서도 소장은 [다른 곳들에 비해] 특성이 두드러진다. 가슴, 머리, 목, 관절, 위장, 지방이 śleṣma가 머무는 곳이다. śleṣma가 머무는 거기에서도 가슴은 [다른 곳들에 비해] 특성이 두드러진다.[630)]

위의 내용, 즉 Hp와 Cs의 doṣa별 신체 배속을 이해하기 쉽게 표로 정리해 보면 아래와 같다.

628) talapādanābhideśe vātasthānamudīritam/ ānābherhṛdayaṃ yāvat pittakoṣṭhaṃ prakīrtitam//Hp 5. 3//

629) hṛddeśādūrdhvakāyastu śleṣmadhāturihocyate/ iti trayāṇāṃ dhātūnāṃ svaṃ svaṃ sthānamudīritam//Hp 5. 4//

630) bastiḥ purīṣādhānaṃ kaṭiḥ sakthinī pādāvasthīni pakvāśayaśca vātasthānāni, tatrāpi pakvāśayo viśeṣeṇa vātasthānaṃ svedo raso lasīkā rudhiramāmāśayaś ca pittasthānāni, tatrāpyāmāśayo viśeṣeṇa pittasthānam uraḥ śiro grīvā parvāṇyāmāśayo medaś ca śleṣmasthānāni, tatrāpyuro viśeṣeṇa śleṣmasthānam//Cs Ⅰ. 20. 8//

【표 13】 Hp와 Cs의 doṣa별 신체 배속

구분	Hp	Cs
	영역	세부 부위
vāta	발바닥~배꼽	골반, 직장, 엉덩이, 넓적다리, 발, 뼈, 복부
pitta	배꼽~심장	땀, 정액rasa, 림프액, 혈액, 소장
kapha	심장~그 윗부위	가슴, 머리, 목, 관절, 위장, 지방脂肪

※ 밑줄 친 부분은 해당 doṣa의 특성이 특히 더 강하게 나타나는 부위.

② 치료의 기본 방법

앞에서 제5권이 보완된 이유를 설명한 곳을 보면 질병 발생의 원인을 수행 시 vāyu의 흐름이 부적절한 데서 찾고 있다. 즉 수행으로 인한 발병 문제가 빈번히 심각하게 발생한 데서 기인한다고 본다. 5권본의 제5권에서는 4권본에서보다 더 명확하게 발병 원인을 언급하고 있다. 다시 말해, 질병의 발생 원인이 근본적으로 수행자의 vāyu가 잘못된 길로 흘러들어가게 되어서 특정 부위에 적체되는 데 있다고 본다. 따라서 이를 치료하는 원리는 적체된 vāyu를 바른 길로 흐르게 만드는 것이다. 이렇게 만들기 위한 기본 방법을 Hp에서는 다음과 같이 언급하고 있다.

a. 병으로 인해 고통이 발생하는 부위마다, 그 부위에 적체된 vāyu를 마음으로 명상해야 한다.[631)]

b. 하나로 [집중된] 마음으로 그것(vāyu)을 명상한 후 들숨으로 [폐를] 채워야 한다. 능력에 따라 지속적인 노력으로 완전한 날숨을 해야 한

631) yasmin yasmin yadā deśe rujā bādhā prajāyate/ tasmin deśe sthitaṃ vāyuṃ manasā paricintayet//Hp 5. 9//

다.[632]

c. 여러 차례 반복해서 날숨과 들숨을 행하고 난 후에 귀속에 있는 물을 물로 [빼내는 것]처럼 앞의 적체된 vāyu를 빼내야 한다.[633]

d. 질병에 걸린 자는 모든 질병에 대해 베다(아유르베다) 문헌에서 말해진 지식에 따라 주의 깊게 치료받고 요가 치료를 해야 한다.[634]

e. 병으로 인한 고통이 있는 그 부위마다 [프라나를] 투입하여 유지해야 한다.[635]

위 내용 중 a~c를 요약해 보면 발병 부위, 즉 vāyu가 적체되어 있는 부위에 집중한 다음 들숨을 통해 vāyu를 잔뜩 채웠다가 다시 비우는 행법을 반복함으로써 적체된 vāyu를 제거하는 방식이다. 이는 c의 '귀속에 든 물을 물로 빼낸다'는 비유로 잘 설명되고 있다. d에서는 vāyu의 운용을 통한 치료와 더불어 아유르베다에서 제시하는 식이 요법, 약물 요법 등도 병행한다는 의미이다. e도 a~c의 원리와 동일하다.

③ 세 doṣa부위에 발생하는 질병과 치료법

위 ②의 호흡을 통한 vāyu의 흐름을 조절하는 방식을 기본으로 하

632) ekacittena taddhyātvā pūrayet pūrakeṇa tu/ niḥśeṣarecakaṃ kuryāt yathāśaktyā prayatnataḥ//Hp 5. 10//

633) bahudhā recakaṃ kṛtvā pūrayitvā punaḥ punaḥ/ karṣayet prāksthitaṃ vāyuṃ karṇatoyamivāmbunā//Hp 5. 11//

634) vaidyaśāstroktavidhinā kriyāṃ kurvīta yatnataḥ/ kuryādyogacikitsāṃ ca sarvarogeṣu rogavit//Hp 5. 22//

635) yatra yatra rujā bādhā taṃ deśaṃ vyāpya dhārayet//Hp 5. 23//

고, 그 다음 각 doṣa의 부위별로 그 외의 치료법을 언급하고 있다.

a. vāyu가 잘못된 길로 가서 pitta 부위에 있게 될 때 심장통증, 몸통 양옆 부위 통증, 등의 통증이 발생한다.[636)]

b. 그때 [몸에] 알맞게 기름을 바르고 따뜻한 물로 목욕을 한다. 기 ghee가 섞이거나 우유로 된 [음식을] 먹은 뒤 [이] 음식이 소화되었을 때 요가를 수행해야 한다.[637)]

c. 대부분의 요가를 아는 자는 이 경우에 기름진 음식을 먹을 것이다. 이런 식으로 vāta와 pitta[의 불균형]에서 발생하는 통증 등의 질병들은 완화된다.[638)]

d. kapha 부위에 vāyu가 구근 모양으로 되어 아래에 쌓일 때 심장천식, 딸꾹질, [기관지]천식, 두통 등의 질병이 생긴다. dhātu의 불균형 때문이다. 그때 치료를 해야 한다.[639)]

e. 충분히 음식을 먹고 물을 조금 삼킨 뒤 그 즉시 현명한 자는 kumbhaka 행법을 두세 차례 해야 한다.[640)]

---

636) unmārgaṃ prasthito vāyuḥ pittakoṣṭhe yadā sthitaḥ/ hṛcchūlaṃ pārśvaśūlaṃ ca pṛṣṭhaśūlaṃ ca jāyate //Hp 5. 7//

637) tailābhyaṅgaṃ tadā pathyaṃ snānaṃ coṣṇena vāriṇā/ saghṛtaṃ pāyasaṃ bhuktvā jīrṇe ' nne yogamabhyaset//Hp 5. 8//

638) prāyaḥ snigdhamāhāraṃ ca iha bhuñjīta yogavit/ evaṃ śūlādayo rogāḥ śāmyanti vātapittajāḥ//Hp 5. 12//

639) kaphakoṣṭhe yadā vāyurgranthībhūtvāvatiṣṭhate/ hṛtkāsahikkāśvāsaśiraḥśūlādayo rujāḥ/ jāyante dhātuvaiṣamyāttadā kuryāt pratikriyām//Hp 5. 13//

f. 이런 식으로 kapha, pitta[의 불균형에서] 생기는 천식 등의 질병이 완화된다.[641]

b에서 기름 요법과 따뜻한 물로 하는 발한 요법은 vāta성 질환을 완화[642]하고 기ghee나 우유로 된 음식 섭취는 pitta성 질환을 완화[643]하는 것으로 Cs에 나타나 있다. 비록 a에서 pitta만 언급하고 있으나 b와 c에서는 두 doṣa, 즉 vāta · pitta성 질환의 치료법과 그 효과로서 해당 질병이 완화됨을 설명하고 있다. 마찬가지로 d에서도 kapha만 언급하고 있으나 f에서는 kapha와 pitta성 질병이 완화된다고 한다.

이상으로 볼 때 하타 요가는 고전 요가에 비해 아유르베다의 영향이 훨씬 더 두드러지게 나타난다. 그 이유를 크게 두 가지로 생각해 볼 수 있다. 첫째는 고전 요가와 달리 하타 요가에서는 신체가 수행에서 매우 중요한 도구이므로 이의 건강이 수행에서 관건이 되기 때문이다. 둘째는 하타 요가가 신체 내 vāyu의 흐름을 조절 · 통제하는 것을 기본적 수행 기법으로 삼고 있기 때문이다. 즉 잘못된 수행으로 vāyu의 흐름에 문제가 생기면 즉각 질병의 발생으로 이어져서 더 이상 수행할 수 없게 되기 때문에, 이의 치료법이 실수행에서 매우 필요했다고 볼 수 있다.

---

640) samyak bhojanamādāyopaspṛśya tadanantaram/ kumbhakaṃ dhāraṇaṃ kuryāddvitrivāraṃ vicakṣaṇaḥ//Hp 5. 14//

641) evaṃ śvāsādayo rogāḥ śāmyanti kaphapittajāḥ//Hp 5. 15//

642) Cs Ⅰ. 20. 13 참조.

643) Cs Ⅲ. 1. 13 참조.

4. *Śivasvarodaya*와 *Carakasaṃhitā*의 질병의 예후

(1) 신체 · 정신적 증상에 따른 예측

SSd 문헌의 특징 중 하나는 당시 인도인들이 세속의 일상적 생활에서 중요시 여겼던 일들의 미래 상황을 예측하는 것이다. 이 문헌에서는 230~369송(총 395송 중 140송)에 걸쳐 전쟁, 질병과 죽음, 여인을 매혹함, 수정 · 임신 · 출산, 한 해 국운 등을 예측하는 방법에 대해 언급하고 있다. 이 중 죽음에 대한 예측은 대략 40여 송인데, 이 주제는 아유르베다의 근본 교전이라 불리는 Cs의 「감관품Indriya Sthāna」에서도 다루고 있다. 여기서 '감관'은 죽음에 가까워지고 있는 생명Indra의 징표와 증상liṅga을 의미한다.[644] 총 열두 장으로 구성된 이 품에서 열한 장은 임박한 죽음에 대해, 한 장(10장)은 돌연한 죽음에 대해 설명하고 있는데, 의학 서적답게 그 내용이 매우 자세하다.

먼저 발병의 원인부터 살펴보면, Cs에서는 병이 발병하게 되는 소인素因, vikṛti을 1) 신체 증상인身體 症狀因, lakṣaṇanimittā 2) 병인病因, lakṣyanimittā 3) 유사 병인類似 病因, nimittānurūpa, 이 세 가지[645]로 나누어 설명한다. 1)은 과거의 행위 결과가 신체에 흔적을 남겨 시간이 흐름에 따라서 발병하게 되는 것이고, 2)는 예컨대 마른 음식을 장기적으로 섭취함에 따라서 vāta 성질이 심화 또는 악화되는 상태 등을 지칭한다. 1)에서 과거의 행위란 주석에서 다음과 같이 설명하고 있다.

---

644) Cs 1. 1 주석 p. 517 참조.

645) vikṛtiḥ punarlakṣyaṇanimittā ca lakṣyanimittā ca nimittānurūpā ca//Cs 6//

> 사실상 이는 개인의 운명을 구성하고 병적 상태에 대한 책임이 있는 과거의 행위이다. 예를 들어 통치권이나 부를 획득하거나 암살 · 수감 등을 당하게 되는 그러한 상태는 연꽃 등의 상징과 같은 신체적 표식들에 의해 틀림없이 나타난다. 그래서 이러한 표식들은 부차적인 의미에서 그러한 병적 상태에 대한 원인적 요인들로서 간주된다.[646]

즉 '전생의 업'을 지칭하는 것으로 이해할 수 있다. 2)는 식습관 · 수면 등과 같이 생활이 바르지 못한 데서 기인하는 것으로, 현대 의학에서도 병의 원인으로 꼽는 대부분의 현상적 요인들을 포함하는 것이다. 3)은 1)과 2)의 원인 요소가 객체화되어 나타나는 것(질병 · 징후)과 유사할 뿐인 특정한 전조 증상이다.[647] 이는 문자 그대로의 의미로, 발병의 직접적인 원인이 되는 요소는 아니지만 수명을 측정하는 척도로 유용하게 쓰인다. 이 3)은 정신 · 육체의 부자연스러운 이상 상태로부터 추론 가능한 잠재적인 형태로 나타나는 것으로, 여기서 임박한 죽음의 전조 증상을 발견할 수 있고 죽음 예측이 가능해진다는 예측 원리를 설명한다.

SSd에서는 Cs의 1)과 2)의 내용이 구체적으로 드러나지는 않으나 기본적으로 이러한 관점을 받아들이고 있다고 생각된다. 이는 다음의 송에서 그 단초를 찾아볼 수 있다.

> 지地 요소 때는 자신의 [업에 의한] 질병이, 수水 [요소] 때는 수水 [요소]에 기인하는 [질병]이, 화火 [요소] 때는 점액질에 있는 [불균형에서 기인하는] [또는] 세력 있던 조상의 잘못[에 기인하는 질병이 있다].[648]

646) Cs 7. 1 주석 p. 521.

647) Cs Ⅰ. 7 요약.

648) mahītattve svarogaśca jale ca jalamātṛkā/ tejasi kheṭavāṭīsthā śākino pitṛdoṣataḥ//SSd 315//(교정 : śākini→śākina) Muktibodhananda본에서는 śākini로 되어 있

즉 전생의 업에 의한 질병이 지地 요소가 강할 때 발생한다[649]는 것은 위 Cs 1)의 맥락과 닿아 있다. 또 수水 요소일 때 수水에 기인하는, 즉 '과도한 수화작용水和作用'[650] 또는 'doṣa의 불균형'으로 인해 질병이 발생하고 화火 요소 때는 점액질에 있는 불균형에서 기인한다는 것은 2)와 맥락이 닿아 있다고 볼 수 있다. 특히 2)의 경우는 Cs나 SSd 모두 인간을 포함한 이 세계 전체가 5조대 요소 또는 5요소로 이뤄져 있다는 점, Cs의 3doṣa론도 기본적으로 5조대 요소론에 근간을 두고 있다는 점, 또 신체의 질병이 바르지 못한 생활에서 기인한다는 의학 상식적 차원으로 볼 때도 SSd에서 당연히 Cs의 이런 견해를 받아들이고 있다고 할 수 있다.

3)에 대한 Cs의 내용을 살펴보면 다음과 같다. 의사는 직접 관찰이나 추론 또는 권위 있는 문헌에 의지하여 환자의 남은 수명을 확인할 수 있는데, 구체적으로 다음의 항목들을 통해서만 가능하다.

> 이들은 안색, 음성, 냄새, 맛, 촉감, 눈, 귀, 코, 혀, 피부, 마음, 욕망(好, 不好), 청결(정화), 행동, 기억, 용모, 자연(건강) 상태, 부자연(병에 걸린) 상태, 지력知力, 체력, 탈진, 홍분, 건조함, 미끈미끈함(油質), 수마睡魔, 활동성, 무거움, 가벼움, 신체 속성, 식이 요법, 양생법, 식이 요법의 확장, 질병 치

고 '여신 śākini의 방해 때문에'라고 번역하고 있다. 그러나 여신 샤키니로 번역되려면 śākin의 여성형인 śākinī가 되어야 하므로, Rai, Bhatt, Sivananda 본의 śākina(강력한, 세력 있는)가 적합하다.

649) 위의 SSd 315송 해석에서 Bhatt와 Rai은 '자신의 운명'이라고, Muktibodhananda는 보다 분명하게 '전생의 업prarabdha karma'이라고 번역하고 있다.

650) Rai, Bhatt의 해석. SSd 송을 통해서 요소들의 특성과 질병의 연관성을 찾기는 어렵다. 다만 해당 요소의 신체 배속(예를 들면 地 요소는 뼈, 살, 피부, 나디, 毛 등)을 통해 각 요소의 작용에 이상이 발생하면 해당 부위에 불균형, 질병 등이 발생한다고 추론해 볼 수는 있다. 여기서는 번역본들에서 취하는 해석 방식을 참고로 인용한다.

료(완화), 질병(발병), 질병의 고유 특성, 질병의 전조 증상, 통증, 합병증, 빛과 그림자에 대한 신체의 양상, 평면이나 물에 비친 신체 그림자, 꿈, 전령, 왕진 가는 길에 보는 불길한 징조들, 환자의 거주지에서 나타나는 불길한 징조들, 알맞은 투약, 약효이다.[651]

총 47개이다. 이들은 모두 아유르베다의 기본적 진단법인, 망진望診 · 절진切診 · 문진聞診 · 예후豫後 등[652]의 범주에 속하고, 순서는 진단 시 사람의 감관이 상대적으로 인식하기 쉬운, 즉 증상이 현상적으로 잘 드러나는 것에서 인식하기 어려운 미세한 증상으로 나가는 형식으로 되어 있다. 또 이들 항목은 다소 포괄적이고 중첩적인 범주의 내용을 주요 용어로 축약하여 나열한 것이다. 예를 들자면 안색이라고 하면 얼굴빛만 지칭하는 것이 아니라 신체 전 부위의 혈색이나 피부색 등도 포함된다. 수마의 경우는 잠만 지칭하는 것이 아니라 나태함이나 비활동적인 것도 해당된다.[653] 따라서 각 항목을 나열된 용어의 의

651) iti śalu varṇaśca svaraśca gandhaśca rasaśca sparśaśca cakṣuśca śrotraṃ ca ghrāṇaṃ ca rasanaṃ sparśaṃ ca sattvaṃ ca bhakti śaucaṃ ca śīlaṃ cācāraśca smrtiścākṛtiśca prakrtiśca vikrtiśca balaṃ ca glāniśca bhedhā ca harṣaśca raukśyaṃ ca snehaśca tandrā cārammaśca gauravaṃ ca laghavaṃ ca guṇāścāhāraśca vihāraścāhārapariṇāmaścopāyaścāpāyaśca vyādhiśca vyādhipurvarūpaṃ ca vedanāścaupadravāśca cchāyā ca praticchāyā ca svapradarśanaṃ ca dūnādhikāraśca pathi cautpātikaṃ cāturakule bhāvāvasthāntarāṇi ca bheśajasaṃvṛttiśca bheśajavikārayuktiśceti …… //Cs 3//

652) 망진은 눈으로 환자를 관찰하여 진단하는 것이고, 절진은 흔히 촉진觸診이라고도 하는 것으로 맥박 검사, 체열의 높낮음, 피부 상태 점검 등을 살펴 진단하는 것이다. 문진은 대부분 환자에게 말로 질문하는 것인데 심장박동이나 목소리도 대상으로 한다. 박종운(2002), pp. 96~105 참조. 그리고 예후는 "어떤 질환의 앞으로의 경과나 결과를 미리 예상하는 것을 말하는데, 예후가 좋다는 말은 치료가 용이하고 생존율이 높다"는 의미이다. 이는 히포크라테스 때부터 쓰여진 의학용어로서, 그리스어의 pro(미리)와 gnosiss(지식)의 합성어이다. 생명, 질환의 회복, 기능, 치유나 경과시간에 대한 예후 등이 있다. 지제근 엮음(2004), p. 1436 인용 및 참고.

미로만 한정지어 생각해서는 안 된다.

위의 진단법들 중에서도 Cs와 SSd에서 죽음의 전조 증상에 대한 '예측'은 망·절·문진을 바탕으로 한 예후에 해당한다고 볼 수 있다.

죽음의 예측 방법에 대한 SSd의 설명은 크게 두 가지 범주로 나눌 수 있다. 1) 신체·정신적 증상에 따른 것과 2) 스와라의 흐름에 따른 것으로 나눌 수 있다. 1)은 다시 ① 신체의 감각(시각·통증 등)과 ② 정신적인 것(하늘에서 쉬바의 형상을 봄 등)으로 구분할 수 있다. 2)도 ① 자신의 스와라 흐름의 점검을 통한 것과 ② 스와라의 흐름을 중심으로 전령과 스와라 요가 수행자, 환자와의 연관에서 발생하는 것으로 나눌 수 있다. 이중 1)의 ①과 관련한 내용은 Cs에도 거의 유사하게 나타나고 있고 2)의 ②는 전령이라는 판단의 매개가 등장하는 점은 동일하나, 그 내용은 스와라의 점검에 초점이 맞춰져 있어 외형상 유사성을 띠나 내용에 있어서는 상이하다. 그리고 1)의 ②와 2)의 ①은 Cs에 나타나 있지 않다. 여기서는 1)의 ①을 시각, 신체·정신적 속성 변화, 통각痛覺, 기타로 분류하여 ②와 함께 주제별 해당 내용의 주요 송들을 정리한 다음, Cs「감관품」의 유사한 표현을 보이는 내용을 요약하여 비교하는 방식으로 알아보겠다.

첫째, 위의 1)의 ① 신체의 감각을 통한 예후는 주로 시각과 관련된 것이 많은데, 이는 위의 진단법 중 문진을 사용하여 환자의 죽을 때를 알 수 있다.

> a. 물에서 태양의 뚜렷한 반영이 보일 때 남쪽, 서쪽, 북쪽 또는 동쪽에 손상이 있으면 6개월, 3개월, 2개월, 1개월 내에 [죽게 된다]. 가운데 구멍이 있으면 단 10일 내로, 연기로 가득 차 있으면 [바로] 그날 [죽는다]. 전지한 최고의 성자에 의해서도 [이와 같은] 수명 측정법이 분명하

653) Cs pp. 518~519.

게 말해졌다.[654]

b. 이른 아침에 태양을 등지고 섰을 때 그림자를 보고서 손가락과 입술이 없다면 눈 깜빡할 사이에 죽는다. 그 자신의 그림자를 볼 수 없는 사람은 즉시 [죽을 것이다]. 그것(그림자)이 귀, 어깨, 손, 입, 옆구리, 심장이 없을 때 순간도 채 지나지 않아 자신은 [죽는다]. 사람이 실로 사방 분간을 못하고 [그림자에] 머리가 없다면 여섯 달 산다.[655]

c. 수명이 거의 남지 않은 사람들은 arundhatī, 북극성, 비슈누의 세 발, [그리고] 넷째 mātṛmaṇḍala를 보지 못한다.[656]

d. [자신의] 혀, 비슈누의 발, 북극성, 은하수, mātṛmaṇḍala, 그리고 이들 arundhatī, 달, 금성 또는 항성의 불변하는 황경黃經[657]의 중심. [자신의] 앞에 명확하게 놓인 [앞의 열거된] 것들 중 하나도 볼 수 없는 사람은 이 경우 길어야 일 년 내에 틀림없이 검은 입으로 들어간다.[658]

---

654) lakṣyaṃ lakṣitalakṣaṇena salile bhānuryadā dṛśyate kṣīṇo dakṣiṇapaścimottarapuraḥ ṣaṭtridvimāsaikataḥ/ madhye chidramidaṃ bhaveddaśadinaṃ dhūmākulaṃ taddine sarvajñairapi bhāṣitaṃ munivarairāyuḥ pramāṇaṃ sphuṭam//SSd 335//

655) prātaḥ pṛṣṭhagate ravau ca nimiṣācchāyā ʼṅgulaścādharaṃ dṛṣṭvā ʼrddhena mṛtistvanantaramahocchāyāṃ naraḥ paśyati/ tatkarṇāṃsakarāsya pāśrvahṛdayābhāve kṣaṇārdhātsvayaṃ diṅmūḍho hi naraḥ śirovigamato māsāṃstu ṣaḍjīvati//SSd 361//

656) arundhatīm dhruvaṃ caiva viṣṇostrīṇi padāni ca/ āyurhīnā na paśyanti caturthaṃ mātṛmaṇḍalam//SSd 366// 이 송에서 arundhatī 등이 뜻하는 것은 바로 이은 송에 나타난다. [위 송에서] arundhatī는 혀고 북극성은 코고 두 눈썹은 비슈누의 발이며 별은 mātṛmaṇḍala라고 알려져야 한다.(arundhatī bhavejjihvā dhruvonāsāgrameva ca/ bhruvau viṣṇupadaṃ jñeyaṃ tārakaṃ mātṛmaṇḍalam//SSd 367//).

657) '불변하는 원호圓弧' 로도 번역 가능하다.

658) 여기서 "검은 입으로 들어간다"는 구절은 죽는다는 뜻이다. jihvāṃ viṣṇupad-

위 내용 중 b를 보면 자신의 그림자의 '입술, 입, 심장'을 볼 수 없으면 곧 수명이 다할 것이라고 언급하고 있다. 보통의 시각 능력으로는 그림자에서 그것들을 볼 수 없기 때문에 이는 요가 수행자들이 갖는 일종의 초자연적 지각 능력을 의미한다고 이해해야 할 것이다.[659]

시각과 관련하여서는 Cs에도 비교적 그 증례가 많은 편인데, a · b와 연관된 송을 보면 다음과 같다. '태양빛과 달빛, 램프 불빛에 의해 생기는 신체 그림자나 물이나 거울에 반영된 신체 이미지의 어떤 부위에 왜곡 현상이 있으면 곧 죽는다.'(7. 4). 또 '신체 그림자나 반영이 깨져 있거나 찢겨 있거나 모호하거나, 신체 기관이나 부위들 중 일부가 없거나 더 있게 보이는 등의 경우는 빈사 상태'(7. 5, 7. 6)이다. c · d와 관련된 것으로는 '큰곰자리saptarṣi 부근에 있는 arundhatī를 볼 수 없는 사람은 1년 후에 죽는다'(11. 5)는 송을 들 수 있다.

둘째, 신체 · 정신적 속성의 변화를 통해 죽을 때를 예측하고 있는데, 망진을 통해 알 수 있는 것들이다.

> a. 비만한 사람이 갑자기 야위거나 [야윈 사람이] 비만하게 된다면, 또는 황금빛 [피부]가 거칠고 검은색 피부가 된다면, [그리고] 사람의 성격이 용감한 데서 소심하게, 종교적인 데서 완전히 비종교적으로, 침착한 데

---

aṃ dhruvaṃ surapadaṃ sanmātṛkāmaṇḍalam etānyevamarundhatīmamṛtag-uṃ śukraṃ dhruvaṃ vā kṣaṇam/ eteṣvekamapi sphuṭaṃ na puruṣaḥ paśyet-puraḥ preṣitaḥ so ' vaśyaṃ viśatīha kālavadanaṃ saṃvatsarādūrdhvataḥ//SSd 341//

659) 이러한 초능력들에 대한 설명은 고전 요가를 참고할 만하다. Ys의 제3장에 매우 상세히 나와 있는데, 이들은 총제를 통해 획득할 수 있는 것들이다. 여기서는 수행자의 의식이 순수정신의 상태로 더 완전하게 전환될수록 "순수정신의 직관적 인식이 발생"(Ys 3. 35)하고 이로부터 직관을 비롯한 초인적 감각이 발생(Ys 3. 36)한다고 보았다. 이들 감각 중 "초인적 시각을 통해서는 신묘한 형체를 이해"(YBh 3. 36)할 수 있다고 한다. 이 설명에서 본문의 내용과 같은 요가 수행자의 지각 능력을 이해할 수 있는 단초를 찾을 수 있다.

서 불안정하게 변한다면 그는 여덟 달 동안 산다.[660]

b. 갑자기 마음이 바뀜, 갑자기 사람의 [기분이] 최상이 됨, 갑자기 감각기관이 예상치 못하게 작용함은 마음의 억압이 최고 [상태로] 유지되는 증상[661]이다.[662]

c. 나쁜 말들에 즐거워하고 틀린 말들에 기뻐하고 나중에 [그것에 대해] 후회하는 자는 곧 죽을 것이다. [이는] 의심의 여지가 없다.[663]

위의 a 중에서 피부색의 변화와 연관된 송들은 1장에 나온다. 먼저, '정상적 · 비정상적 피부 상태' (1. 8)에 대해 서술한 다음, '정상적 · 비정상적 피부색이 혼재되어 나타남' (1. 9), '다른 유사 요인들, 예컨대 피부의 건조함이나 기름짐 등' (1. 10), '얼굴에 검은 점이나 주근깨 등과 같은 병적 표식들의 나타남' (1. 11), '손톱이나 눈, 얼굴 등에 비정상적 · 병적 색상의 나타남' (1. 12, 1. 13) 등으로 죽음이 임박했음을 알 수 있다고 한다.

a · b · c의 심리 변화에 대한 언급은 Cs의 정신병 전조 증상을 다루는 곳의 내용과 유사하다. '부적당한 상황에서 생각을 종잡을 수 없

660) sthūlāṅgo ' pi kṛśaḥ kṛśo ' pisahasā yasthūlatvamālabhyate prāpto vā kanakaprabhāṃ yadi bhavetkrūro ' pi kṛṣṇacchaviḥ/ śūro bhīrusudhīradharmanipuṇaḥ śānto vikārī pumānityevaṃ prakṛtiḥ prayāti calanaṃ māsāṣṭakaṃ jīvati//SSd 345//

661) 이를 Muktibodhananda, Rai, Bhatt 모두 '섬망 (상태), 의식의 혼탁 (상태), 광란 (상태)' 로 번역하고 있다.

662) akasmāccittavikṛtirakasmātpuruṣottamaḥ/ akasmādindriyotpātaḥ sannipātāgralakṣaṇam//SSd 337//

663) duṣṭaśabdeṣuramate ' śuddhaśabdeṣu cāpyati/ paścāttāpo bhavedyasya tasyamṛtyurnasaṃśayaḥ//SSd 339//

거나 정신적으로 심하게 동요하거나 멍하거나 환각을 보는 경우 등은 정신 착란에 이어 곧 죽는다.(5. 18)

셋째, 신체 감각 중 통각과 연관된 것들인데, 이들은 망진과 절진을 통해서 알 수 있다.

> a. 손바닥과 혀뿌리에 통증이 있거나 피가 검게 되는 사람은, 그리고 그가 찔린 곳을 쳐다보는 것조차 않는다면, 실로 그는 일곱 달 살 것이다.[664]

> b. 어떤 사람이 그의 치아들과 음낭이 [눌려졌을 때] 어떤 통증도 발생되지 않으면 [죽음의] 시간을 알 때, [그것은] 틀림없이 석 달이 될 것이다.[665]

어떠어떠한 증상의 통증을 느끼면 반드시 죽는다는 내용은 다음과 같이 나와 있다. '말하는 동안 윗가슴에 극심한 통증이나 심장에 통증을 느낄 때 반드시 죽을 것'(6. 4, 6. 6)이고 '아랫배의 통증으로 고생하는 사람이 갑자기 거품같은 피를 토한다면 반드시 죽을 것'(9. 21)이다. 그러나 통각 능력의 상실로 무감각해지는 것과 관련된 송은 보이지 않는다. 그 이유는 의학의 경우 동일 원리의 범주에서 발생하는 증상례가 너무 다양하기 때문에 전부 말로 표현할 수는 없는 데 있을 것이다. 따라서 포괄하는 특정한 원리로 다양한 증례를 추론하고 범주화할 수밖에 없다. 그런 면에서 각 증상례의 핵심을, 즉 앞의 각 장들에서 설명한 내용의 대요를 간략히 요약해 놓은 12장의「감관품」총정리

---

664) pīḍābhavetpāṇitale ca jihvāmūle tathāsyādrudhiraṃ ca kṛṣṇam/ viddhaṃ na ca glāyati yatra daṣṭyā jīvenmanuṣyaḥ sa hi saptamāsam//SSd 346//

665) dantāśca vṛṣaṇau yasya na kiñcidapi pīḍyate/ tṛtīyamāsato ' vaśyaṃ kālājñāyāṃ bhavennaraḥ//SSd 350//

내용들(12. 43~61)을 유심히 볼 필요가 있다. 이 내용 중에 나타나 있는 '감각 능력의 상실' 이라는 표현에는 통각 마비라는 의미가 내포되어 있다고 추론 가능할 것이다.

넷째, 기타 내용으로는 '대변 · 소변 · 방귀가 동시에 나오면 10일 내에 죽는다' (364), '코로 강하게 흠hum하고 내쉴 때 나는 소리가 차거나 입으로 강하게 불듯 내쉬는 소리phut가 불같으면 의사들이 보살펴도 반드시 죽는다' (340) 등이 있다.

위의 1) 신체 · 정신적 증상에 따른 것 중 ② 정신적인 것(하늘에서 쉬바의 형상을 봄)도 큰 의미에서는 시각과 관련된 것이기도 하나, 이는 우리가 흔히 육체적 시각 기관으로 볼 수 있는 것이 아니라 정신작용의 일부로 발생하는 것으로 보아 따로 분류하였다. 여기서 쉬바의 형상을 본다는 것은 수행자가 수행 중에 최고 신격의 현현을 보게 되는 것으로 이해될 수 있다. 다른 한편으로, 비록 자신이 아니라 쉬바의 신체이기는 하지만 특정 부위가 보이지 않는 데서 죽음을 예측한다는 측면에서는, 자신의 그림자 형상에서 제대로 보이지 않는 부분들(SSd 361[666])로 인한 죽음 예측과 그 맥이 닿아 있다고 볼 수도 있겠다.

a. 구름 한 점 없는 하늘에서 검은 피부색으로 [쉬바의] 형상을 보는 요가 수행자는 6개월 내에 죽는다. [이에 대해서는] 의심의 여지가 없다.[667]

b. [쉬바 형상의 피부색이] 노란색일 경우 질병이, 빨간색일 경우 두려움이, 파란색일 경우 손실이, 그러나 여러 가지 색일 경우 그때 큰 성

666) 각주 654) 참조.

667) tadrūpaṃ kṛṣṇavarṇaṃ yaḥ paśyati vyomni nirmale/ ṣaṇmāsānmṛtyumāpnoti sa yogī nātrasaṃśayaḥ//SSd 356//

취를 노래한다.[668]

c. [만일 그가 쉬바 형상에서] 발, 발목, 배가 없게 [본다]면 점차 [죽게] 될 것이다. 두 아래팔이 없는 [형상으로 보게] 되면 [그] 자신은 틀림없이 죽게 된다.[669]

d. [쉬바 형상에서] 왼쪽 아래팔이 [보이지 않으면] 아내가 죽을 것이라는 것은 의심의 여지가 없다. 오른쪽 [아래팔의] 경우는 친척의 죽음이, [그리고] 한 달 내에 실로 [그 자신의] 죽음이 있다는 것을 나타낸다.[670]

e. [쉬바의 형상에서] 머리가 없게 [본다면] 한 달 내에 죽는다. 정강이가 없는 경우는 8일 내에, 어깨가 없어[도] 8일 내에 [죽는다]. [쉬바 형상의] 그림자를 조금도 [볼 수 없다면] 그 즉시 [죽는다].[671]

위에서 a · b는 수행자가 보게 되는 쉬바의 피부색에 따른 예측이다. SSd에서 색상과 관련한 언급은 5요소의 속성을 설명하는 데 나타난다. 따라서 일단, 쉬바의 피부색과 5요소별 색상을 연관지어 이해해 볼 수 있는 여지는 있다. 즉 해당 색상을 가진 요소가 갖는 긍정적 · 부정적 성질[672]을 쉬바의 피부색에 따른 예측 결과의 성격에 적용해서

668) pītevyādhirbhayaṃ rakte nīle hāniṃ vinirdiśet/ nānāvarṇo ' tha cettasmin siddhiśca gīyate mahān//SSd 357//

669) pade gulphe ca jaṭhare tu vināśaḥ kramaśo bhavet/ vinaśyato yadā bāhū svayaṃ tu mriyate dhruvam//SSd 358//

670) vāmabāhustadā bhāryā naśyediti na saṃśayaḥ/ dakṣiṇe bandhunāśo hi mṛtyurmāse vinirdiśet//SSd 359//

671) aśiro māsamaraṇaṃ vinājaṅghe dināṣṭakam/ aṣṭabhiḥ skandhanāśenacchāyālopena tatkṣaṇāt//SSd 360//

그 상관관계를 살펴볼 수 있을 것이다.

a의 검은색은 파괴적 성질을 가진 풍風에 해당이므로 "6개월 내에 죽는다"는 설명은 이해 가능하다. 또한 b의 빨간색은 무자비한 움직임과 죽음의 성질을 가진 화火에 해당하므로 '두려움'이, 여러 가지 색은 해탈과 밀접한 관련이 있는 공空에 해당하므로 '큰 성취'가 있다는 설명도 동일 맥락에서 충분히 이해할 수 있다. 그러나 노란색은 상서롭고 세속적인 성공과 이익을 주는 지地에 해당함에도 불구하고 질병이 있다고 봄으로 연관을 찾을 수 없다. 파란색은 해당 요소를 알 수 없으나 5요소 중 남은 요소가 수水이므로 이의 성질을 적용시켜 볼 수 있는데, 수는 상서롭고 일에 성취와 이익을 주는 속성을 가짐에도 불구하고 손실이 있다고 언급되므로 지地와 마찬가지로 연관성을 찾기 어렵다. 이상의 내용으로 볼 때 부분적인 연관성만 갖는다고 할 수 있다.

c~e는 수행자에게 보이는 쉬바의 형상에서 신체 특정 부위가 보이지 않을 때의 예측에 대해 설명하고 있다. 5요소도 신체 내 특정 부위에 위치하기는 하지만, 여기서 제시되고 있는 쉬바의 신체 부위와는 해당 부위가 많이 달라서 앞서 a · b에서 나타난 쉬바의 피부색과 5요소의 색상에서 보이는 부분적 연관성마저도 보이지 않는다.

(2) 스와라의 흐름과 죽음의 예측

이 부분은 Cs에는 보이지 않는 예측법으로 SSd의 독자적인 사상이라 할 수 있다. 2) 스와라의 흐름에 따른 것도 앞서 서술한 것처럼 두 가지 범주로 나눌 수 있다. 먼저 ① 자신의 스와라 흐름의 점검을

672) 각주 226)의 표, SSd와 GHs의 요소별 속성 참조.

통한 것부터 살펴보면 다음과 같다.

밤낮으로 어떤 이의 스와라가 한쪽으로 흐를 때, 그때 그는 3년 내에 죽을 것이다.[673]

어떤 이의 핑갈라가 이틀 밤낮 동안 계속 흐른다[면] 요소를 아는 자들은 그가 2년의 생명을 가진다고 말한다.[674]

어떤 이의 vāyu가 한쪽 콧구멍에 있고 [거기로] 3일 밤 흐른다[면] 그때 [그는] 일 년의 수명이 있다고 현명한 자들은 말한다.[675]

어떤 이의 [스와라가] 밤에 달이, 낮에 태양이 계속해서 흐른다[면] 실로 그의 죽음이 있게 될 것이고 [이는] 6개월 내에 일어난다.[676]

만일 태양이 16일 동안 계속 흐른다면 실로 그의 죽음은 [해당] 달의 남은 날 내에 있다.[677]

태양이 완전하게 흐르고 달이 전혀 보이지 않을 때 죽음은 15일 내에 있을 것이다. [이는] 시간에 대한 지식을 가진 자의 말이다.[678]

---

673) ahorātraṃ yadaikatra vahate yasya mārutaḥ/ tadā tasya bhavenmṛtyuḥ sampūrṇe vatsaratraye//SSd 331//

674) ahorātradvayaṃ yasya piṅgalāyāṃ sadā gatiḥ/ tasya varṣadvayaṃ proktaṃ jīvitaṃ tattvavedibhiḥ//SSd 332//

675) trirātraṃ vahate yasya vāyurekapuṭe sthitaḥ/ tadā saṃvatsarāyustaṃ pravadanti manīṣiṇaḥ//SSd 333//

676) rātrau candro divā sūryo vahedyasya nirantaram/ jānīyāttasya vai mṛtyuḥ ṣaṇmāsābhyantare bhavet//SSd 334//

677) ekādiṣoḍaśāhāni yadi bhānurnirantaram/ vahedyasya ca vai mṛtyuḥ śeṣāhena

달이 완전하게 흐르고 태양이 전혀 보이지 않을 때 죽음은 한 달 내에 있을 것이다. [이는] 시간에 대한 지식을 가진 자의 말이다.[679)]

위와 같은 예측이 가능한 이유는 SSd 수행 원리론에서 보았듯이, 스와라의 흐름은 우주의 리듬과 밀접한 연관 관계를 갖고 있고 신체와 우주의 리듬이 알맞게 조율될 때 적절한 일상적 건강 상태가 유지된다는 전제 때문이다. 따라서 위 송들에서처럼 신체 스와라 흐름의 리듬이 우주의 리듬에서 과도하게 벗어나 편측으로 장기간 흐르게 되면 신체적인 불균형이 심화·악화되어 죽음에 이르게 된다고 볼 수 있게 된다.

다음 2)의 ②는 스와라의 흐름을 중심으로 전령과 스와라 요가 수행자, 환자와의 연관 관계 속에서 죽음의 시기를 알 수 있다고 설명하는 내용들이다. 이들 중에서도 스와라의 흐름과 직접적인 관련에 대한 언급이 없는 송이 2개 있다. 하나는 전령의 외관이나 신체 상태 등과 연관된 것이고 다음은 질문자와 응답자의 물리적 위치와 관련된 것이다.

전령이 붉은색이나 샤프론색, 검은색 옷을 [입었거나] 치아에 손상[을 입었거나] 머리카락이 없거나 몸에 기름을 발랐거나 손에 로프[를 들었거나] 비천해 [보이거나] 눈물이 가득 찬 채 대답하거나 재나 숯, 두개골이나 올가미[를 가지고 있거나] 일몰에 도착하고 무감각한 발 상태가 되는 병에 걸려 [있다면] 그는 다른 사람(환자)의 죽음을 가져온다. [이것은]

---

ca māsike//SSd 362//

678) sampūṇaṃ vahate sūryaścandramā naiva dṛśyate/ pakṣeṇa jāyate mṛtyuḥ kālajñenānubhāṣitam//SSd 363//

679) sampūṇaṃ vahate candraḥ sūryo naiva ca dṛśyate/ māsena jāyate mṛtyuḥ kālajñenānubhāṣitam//SSd 365//

사실이다.[680]

질문할 때 응답자가 있는 곳보다 낮은 위치에 있다[면] 그때 환자는 틀림없이 산다. [질문자가] 응답자 위로 가서 자리 잡으면 환자는 야마의 거주처에 간다.[681]

위와 유사한 내용이 Cs에도 '전령과 환자의 죽음'을 연관시켜 서술한 송들(9~25)에 나타나 있다. 그러나 이들은 '전령이 의사의 집에 당도했을 때 상황'[682]으로 예측하는 것(9~16)과 위의 SSd의 송들처럼 '전령의 특징적 상태'로 예측하는 것(17~25)으로 다시 분류해 볼 수 있다. 후자의 내용을 요약해 보면, '전령이 비참하거나 겁에 질려 있거나 서두르거나 더러운 상태이거나 기형의 신체 기관을 갖고 있으면(12. 17), 또는 질병에 걸려 있거나 난폭한 행위를 탐닉하는 경우(12. 18), 당나귀나 낙타가 끄는 수레를 타고 온 경우(12. 19), 환자의 상태를 설명하는 동안 의사가 나쁜 징조를 보는 경우(12. 21)는 환자가 죽을 것이다' 등이 있다. Cs에서 이상과 같은 예측이 필요한 이유는 '전령이 의사에게 왕진을 부탁하러 왔을 때 전령을 매개로 환자의 예후를 짐작해 죽을 것이 확실한 경우는 거절'(12. 9)을 하기 위해서이다.

680) dūtaḥ raktakaṣāyakṛṣṇavasano dantakṣato muṇḍitastailābhyaktaśarīra rajjukakaro dīno 'śrupūrṇottaraḥ/ bhasmāṅgārakapālapāśamusalī sūryāstamāyāti yaḥ kālīśūnyapadasthito gadayutaḥ kālānalasyādṛtaḥ//SSd 336//

681) praśnecādhaḥ sthito jīvo nūnaṃ jīvo hi jīvati/ ūrdhvacārasthito jīvo jīvo yāti yamālayam//SSd 321//

682) 예컨대 전령이 의사의 집에 도착했을 때 의사가 부스스하거나 발가벗고 있거나 울고 있거나 더러운 상태로 있으면 환자는 죽어가고 있다고 판단(12. 10)할 수 있고, 의사가 잠들어 있거나 뭔가를 자르거나 쪼개고 있으면 왕진을 가지 말 것(12. 11)이며, 의사가 조상 제사를 지내고 있을 때면 환자는 죽는다(12. 12)는 등의 내용이 서술되어 있다.

다음, 2)의 ② 스와라의 흐름을 중심으로 전령과 스와라 요가 수행자, 환자와의 연관에서 알 수 있는 환자의 예후를 서술해 놓은 송들은 아래와 같다.

a. 만일 전령이 처음에 [스와라가] 비어 있는 쪽으로 온 후에 가득 찬 [쪽]에 앉는다면 물어본 일(즉 예후를 물어본 환자)은 틀림없이 살 것이다. [그가] 혼수상태라 하더라도.[683)]

b. [질문자가] 응답자의 신체에 [스와라가 있는] 쪽, 그 [쪽] 자리에서 질문한다[면] 그때 그 환자는 산다. 설령 질병들이 발생했다 [하더라도].[684)]

c. [응답자의] vāyu가 오른쪽으로 [흐르고] 전령이 난폭한 말을 할 때, 그때 그 환자는 산다. [이와 유사하게] 될 때[도] 결과가 좋을 것이다.[685)]

d. 응답자는 [자신의 스와라의] 상태를 유지하고서 응답자는 [자신의 스와라의] 상태를 자세히 살펴야 한다. [환자의] 생명에 대한 질문을 할 때 응답자의 [스와라가] 있는 쪽에 [있다면] 그의 [환자]는 살게 될 것이다.[686)]

---

683) ādauśūnyagatodūtaḥ paścātpūrṇo viśedyadi/ mūrcchito ' pi dhruvaṃ jīvedyadyathaṃ pratipṛcchati//SSd 316//

684) yasminnaṅge sthito jīvastatrasthaḥ paripṛcchati/ tadā jīvati jīvo ' sau yadi rogairupadrutaḥ//SSd 317//

685) dakṣiṇena yadā vāyurdūtoraudrākṣaro vadet/ tadā jīvati jīvo ' sau candre samaphalaṃ bhavet//SSd 318//

686) jīvākāraṃ ca vā dhṛtvā jīvākāraṃ vilokya ca/ jīvasthojīvitapraśne tasya syājjīvitaṃ phalam//SSd 319//

e. 그런 식으로 [응답자의 스와라가] 왼쪽에서 흐르고 [전령이] 마차를 타고 오른쪽에서 들어올 때, 그 위치에서 전령이 [환자의 예후를] 묻는다면 그의 [원하는 바의] 성취는 의심의 여지가 없다.[687]

f. 만일 헷갈리는 말로 된 질문을 할 때 질문자가 [응답자의] 빈 [스와라] 쪽에 있고 불규칙한 [스와라가] 일어나면 전도된 [결과]를 얻는다고 알려져야 한다.[688]

g. 달의 위치에 응답자[의 스와라]가 있고 질문자[의 스와라]가 태양에 위치한다[면] 그때 설령 수백의 의사로 둘러싸여도 그 [환자]는 프라나로부터 분리된다.[689]

h. 응답자[의 스와라]가 핑갈라에 있고 전령이 왼쪽에서 묻는다[면] 그때도 환자는 죽는다. 설령 마헤슈와라가 보호한다 하더라도.[690]

위 송들은 기본적으로 전령이 당도했을 때 응답자(스와라 요가 수행자)의 스와라 흐름을 중심에 두고 판단하고 있다. 응답자의 스와라가 흐르는 쪽으로 전령이 오면 상서롭고(a · b · d), 이와 반대의 경우는 불길

---

687) vāmācāre tathā dakṣapraveśe yatra vāhane/ tatrasthaḥ pṛcchate dūtastasya siddhirnasaṃśayaḥ//SSd 320//

688) 이 송에서 말하는 전도된 결과란 '환자에게 불길한 예후'를 의미한다. viparītākṣarapraśne riktāyāṃ pṛcchako yadi/ viparyayaṃ ca vijñeyaṃ viṣamasyodaye sati//SSd 322//

689) 이 송에서 프라나로부터 분리된다는 표현은 '죽는다'는 의미이다. candrasthāne sthito jīvo sūryasthāne tu pṛcchakaḥ/ tadā prāṇādviyukto 'sau yadyapi vaidyaśatairvṛtaḥ//SSd 323//

690) piṅgalāyāṃ sthito jīvo vāme dūtastu pṛcchati/ tadā 'pi mriyate rogī yadi trātā maheśvaraḥ//SSd 324//

하다(g · h). 이런 원리의 연장선상에서 c는 응답자의 스와라가 태양인 오른쪽으로 흐르고, 이의 속성에 부합하는 난폭한 말을 전령이 하면 스와라와 그 속성의 일치로 인해 상서로운 결과가 있음을 나타낸다. e는 '응답자 스와라 흐름과 일치 여부'라는 기본 원리와는 약간 다른 내용이다. 응답자의 스와라 흐름과는 반대 방향으로 들어오지만 상서롭다고 보았는데, 이는 전령이 '마차'라는 운송수단을 타고 들어오는 경우로 앞선 경우들과는 다른 변수가 있다. 기타로 어떤 스와라가 흐르든 그 속에서 요소들의 흐름이 전도 양상을 보이면 좋지 못한 결과가 있다는 송(325)이 위의 송들에 연결되어 있다.[691]

이상과 같이 SSd에는 Cs의 내용 중 죽음에 대한 예측과 관련한 유사 내용이 들어 있다. 그러나 두 문헌이 이러한 예측을 필요로 하는 이유는 다소 상이하다. SSd에서 죽음 예측이라는 지식은 죽음이 전쟁의 승패 등과 더불어 세속에서 매우 중요한 일이었기 때문이기도 하지만, 궁극적으로는 이를 극복 즉 불멸 · 불사 · 해탈하려는 데 그 진의가 있다. 이는 SSd가 세속적인 일에서의 성공도 중시하지만, 이러한 성공이 해탈의 기반이 될 때만 의미가 있다고 보기 때문이다. 그래서 SSd의 마지막 부분에는 불멸에 이르는 방법들을 제시해 놓고 있는 것이다.[692]

한편 Cs에서 이 지식을 다루고 있는 곳은 「감관품」으로 신체의 구성을 다루는 「신품身品, Śarīra Sthāna」과 질병의 치료를 다루는 「치료품 Cikitsā Sthāna」 사이에 위치한다. 샤르마Sharma와 다시Dash는 이를 매우

691) 하나의 요소가 전도되는 경우 사람들의 질병이 심해진다. 그 두 [요소가 전도되는 경우]는 친척이나 친구가 잘못될 것이다. 한 달 동안 [요소들이] 전도되는 [경우는] 죽게 될 것이다.(ekasya bhūtasya viparyayeṇa rogābhibhūtirbhavatīha puṃsām/ ayordvayorbandhusuhṛdvipattiḥ pakṣadvaye vyatyayato mṛtiḥ syāt//SSd 325//).

692) 김재민(2007), 참조.

693) Cs p. 517 각주 참조.

의미심장하다고 보았다.[693] 왜냐하면 신체에 대한 이해를 바탕으로 실제 치료에 들어가기 전에 의사가 「감관품」의 진단 지식을 숙지하게 되면, 죽음의 그림자가 어른거리는 치료 불가능한 환자를 피하고 치료 가능한 환자의 치료를 맡을 수 있는 능력이 생기기 때문이다. 즉 앞서도 지적했지만 Cs에서 이상과 같은 [죽음에 대한] 예측이 필요한 이유는 '전령이 의사에게 왕진을 부탁하러 왔을 때 전령을 매개로 환자의 예후를 짐작해 죽을 것이 확실한 경우는 거절' (12. 9)을 하기 위해서이다. 그리고 이 지식이 없는 의사는 다음과 같은 상황에 직면하게 될 것이라고 보았다. "한편 치료할 수 없는 질환자를 맡은 의사는 틀림없이 부와 학식, 명예를 상실할 것이고, 평판 또한 나빠지게 될 뿐만 아니라 왕실의 제제나 처벌을 받게 될 것이다."[694] 다시 말해, 죽음 예측 지식은 의사가 세속에서 부와 명예를 얻어서 자신의 카스트에서 최고의 성공을 거둘 수 있게 해준다.

비록 SSd가 Cs와 유사한 내용을 담고 있지만 전자는 기본적으로 수행서이고, 후자는 양생과 치료를 목적으로 하는 의학 서적이다. 따라서 죽음을 예측하는 이유나 목적에서 입장 차이를 드러낼 수밖에 없다. 즉 '죽음 예측' 이라는 도구를 SSd에서는 죽음을 피하고 극복하여 불멸 · 해탈을 성취하기 위한 보조 도구로 사용하는 반면, Cs에서는 세속에서 의사 카스트로서 성공하기 위한 지식으로 활용한다.

694) Sūtra Sthāna : arthavidyāśohānimupakrośamasaṃgraham/ prāpruyānniyataṃ vaidyo yo ' sādhyaṃ samupācaret //Cs X. 8//

결론

결론

인도 종교 · 철학사에서 후대로 올수록 전대前代의 다종다양한 종교 · 사상 체계들이 서로 복잡하게 습합되어 나타난다. 사상이 후대로 올수록 복잡다단한 양상을 띠게 되는 것은 어쩌면 인간 사유의 당연한 결과이고, 종교적 실천 수행 체계가 그러한 것도 사회 속에 종교가 존속하면서 대중과 수행자들의 요구가 반영된다는 점에서 자연스러운 현상이라 할 수 있다. 그 정점에 탄트리즘이라는 실천적 측면을 강조하는, 그래서 논리적이고 체계적으로 정립된 사상을 갖고 있지 못한 종교 · 철학 · 문화의 복합사상이 등장하였다. 이 사상은 요가와 연관하여서는 후고전 요가의 사상과 상당히 밀접한 관련성을 띤다. 그러나 아직 학계에서는 후고전 요가 시기의 요가들에 대한 연구가 고전 요가만큼 이루어지고 있지는 못하다. 이는 이 시기 요가 사상의 근저를 이루는 탄트리즘에 대한 연구가 아직까지 상당히 미흡한 상태이기 때문일 것이다. 그리고 앞으로의 연구 진척도 그리 쉽지만은 않을 것으로 보인다.[695]

695) 탄트리즘 연구의 대가인 파두Padoux의 다음과 같은 언급은 탄트리즘 연구의 어려움을 단적으로 드러낸다. "그래서 우리는 탄트리즘이 어렵다는 생각을

이러한 점에서 볼 때, 현재 학계에서 공통적으로 받아들이고 있고 요가와 연관이 있는 탄트리즘의 몇 가지 주요 관념들을 바탕으로 이 시기의 특정 요가 유파의 핵심 문헌을 연구하여, 하나의 사상 · 수행 체계로 정립하는 것은 의미 있는 작업이라 생각한다. 왜냐하면 각 요가 유파들의 사상과 수행론의 유사성과 차별성을 하나씩 정리해 나가다 보면, 이 시기 요가 전반의 보편적 특성과 각 유파의 구체적 특수성을 확립하는 데 보탬이 될 것이기 때문이다. 한걸음 더 나아가 요가 사상사에서 가장 큰 분기점을 이룬 고전 요가와의 비교를 더한다면, 해당 사상의 보편성과 특수성을 더 잘 이해할 수 있을 것이다.

그래서 이상과 같은 방식으로, 탄트리즘이라는 거대한 사조 내에 포함되어 있고 하타 요가와 일정 부분 상당히 밀접한 연관성을 보이는 SSd의 주요 요가 사상에 대해, 이의 핵심 관념들을 중심으로 고전 요가와 하타 요가의 그것들과 비교하며 연구해 보았다. 그런 다음 SSd 내에 여기 저기 흩어져 나타나는 내용을 종합하여 구체적인 수행법을 정립하였다. 마지막으로 요가 외의 분야들 중 SSd에 뚜렷하게 보이는 천문 · 점성학의 영향과 의학, 즉 아유르베다의 흔적을 Cs를 통해서 살펴보았다. 특히 천문 · 점성학이 SSd의 수행 원리에 어떤 식으로 구체적으로 연관되어 나타나는지를 고찰하였다. 그 결과 SSd는 고전 요가와 매우 다를 뿐 아니라, 유사한 관념들을 서로 공유하는 하타 요가와도 분명한 차별성을 띤다는 점을 알 수 있었다.

제1장에서는 스와라svara 요가에서 사용하는 스와라 관념에 대해 고찰하였다. 우파니샤드, 하타 요가 문헌에서는 스와라 요가의 대표 문헌인 SSd의 용례처럼 폭넓은 의미로 사용된 예를 발견할 수는 없다.

없애야 할 것이다. 이것은 상당히 편리할 것이다. 그러나 이것이 가능한가? 잘 모르겠다. 나는 여전히 탄트리즘 문제에 대한 해결책을 찾으려 노력해야만 한다는 것이 두렵다." Padoux(2003), p. 24.

SSd에서 스와라란 주로 호흡, 호흡의 소리, 프라나 등을 지칭하고 이들을 비롯하여 지고의 절대 의식이 현현된 모든 것을 포함한다는 것을 알 수 있었다.

제2장에서는 세계가 어떤 식으로 전변 · 전개되었는가에 대해 다루었는데, 고전 요가는 25원리론으로 설명하였고 하타 요가에는 구체적인 과정은 없이, 절대 정신에서 속성을 가진 절대 정신 또는 마야와 같은 중간 매개를 거쳐 바로 5요소가 산출되는 과정으로 설명하고 있다. SSd에는 그 내용이 더 단순화되어 마헤슈와라에서 바로 5요소가 전개되는 것으로 설명하고 있다. 후대 요가답게 SSd는 세계전개를 보는 관점이 고전 요가가 아니라 하타 요가와 유사하다고 파악되었다.

제3장에서는 5요소에 대해 살펴보았는데, 고전 요가가 갖는 5대 요소의 추상적 · 원리적 성격이 후고전 요가에 대부분 투영되어 있고, 특히 SSd에 와서는 5요소의 물질적 특성을 비롯하여 인사人事에 어떤 영향을 미치는지에 대해 구체적으로 설명하고 있다. 또한 자신의 호흡 흐름이나 특정 기법으로 신체 내 색상 · 맛 등을 읽음으로써 자신의 신체 내 지배적 요소를 판단할 수 있다고 본다. 이를 기초로 해당 시점에서 가장 알맞은 행위를 할 수 있다고 한다.

제4장에서는 후고전 요가에서 수행의 중요한 도구로 여기는 신체를 다루었다. 대우주의 축소판이자 이와 상응하는 소우주로서의 신체관을 중심으로 미세 신체의 핵심 관념인 나디와 vāyu에 대해 정리했다. 다른 요가 전통과 SSd가 다른 점은 전개된 이 세계가 음과 양, 이다와 핑갈라, 달과 태양으로 된 이원적 구조이고, 세상의 일도 이러한 음양의 특성이 그대로 반영되어 있다고 본 점이다. 이를 바탕으로 특정 나디가 흐를 때 어떤 행위가 상서로운 것인지 불길한 것인지 설명하며, 특정 나디가 흐를 때 유익하고 바람직한 행위들은 어떤 것인지 소개하고 있는데, 이를 정리하였다.

제5장에서는 SSd의 수행론을 고찰하였다. SSd는 대우주, 특히 천체와 소우주인 인체의 연동성에 주목하여 수행론을 서술하기에 점성학과 밀접한 관련을 보인다. 특히 달이 차고 이우는 움직임에 따라 일자별 · 요일별로 다른 호흡 리듬을 보인다는 기본 원리에 주목하여, 세속에서 어떤 행위들을 하기에 적합한 때가 있다고 밝히고 있다. 더 나아가 자신의 신체 상태를 세속 향수적bhukti으로 맞출 것인지, 초월 해탈적mukti으로 맞출 것인지에 대해 설명한다. 그리고 스와라 호흡법은 하타 요가 호흡법 중 nāḍī śodhana와 외견상 유사성을 보이나, 천체 리듬을 감안한 것이 아니기에 근원적인 차이가 있다는 점을 밝혔다.

제6장에서는 고전 요가와 하타 요가, SSd에 대한 아유르베다의 영향을 살펴보았다. 고전 요가에는 그것의 영향이 발견되지 않았다. 하타 요가의 경우, Hp 4권본에는 별다른 내용이 보이지 않지만 그 영향의 단초는 발견할 수 있었고, 5권본에는 4권본에 덧붙여진 제5권의 전체 내용이 아유르베다적 내용으로 채워져 있었다. 이를 통해 우리는 후대 요가에서, 수행과정에서 발생할 수 있는 질병의 치유와 관련된 지식의 필요성이 높아졌음을 짐작해 볼 수 있다. SSd에는 질병의 예후 판단과 관련하여 Cs의 「감관품」 내용과 매우 유사한 내용이 들어 있다. 특히 전령과 의사(또는 스와라 요가 수행자) 사이의 여러 가지 정황과 관계성에서 예후를 판단할 수 있다고 설명하는 점이 그러하다. 그러나 SSd는 Cs와 달리 판단의 주요 기법이 양 콧구멍의 호흡 흐름 및 전령의 상태와 연관하여 설명하는 것이 주를 이룬다. 이는 Cs에 나오지 않는 것으로, 아유르베다적 예후 판단 기법의 스와라 요가적 채용이라고 할 수 있다.

본론에서 고찰해 보았듯이 고전 요가는 하타 요가로 대표되는 탄트리즘의 영향을 많이 받은 후고전 요가 시기의 하타 요가, 스와라 요가와 많은 차이를 보인다.[696] 크게 드러나는 두 가지 차이는 형이상학적 입장과 신체를 보는 시각이다. 전자는 고전 요가에서는 이원론으로, 하타 요가에서는 일원론으로 나타난다. 후자는 고전 요가가 신체를 부정不淨하기에 정화해야 할 대상으로 간주하여 수행의 목적 달성에 큰 영향을 미치지 못하는 요소로 언급하는 데서 드러난다. 반면, 하타 · 스와라 요가에서는 신체를 정화해야 하는 대상이기는 하지만 이는 해탈의 성취에 반드시 필요한 주요 도구로서 갈고 닦아야 할 것으로 설명하고 있는 데서 알 수 있다. 따라서 이들 요가에서는 신체에 대한 매우 정밀한 이론이 발달하고, 이는 미세 신체론으로 정립된다.

고전 요가와 차이를 보이는 위의 두 점에서는, 동일한 궤적을 갖는 하타 요가와 스와라 요가 양자 사이에도 차이가 있다. 그 차이를 크게 나누어 보면 두 가지이다. 하나는 세속의 삶과의 관계를 설정하는 입장에, 다른 하나는 대우주 · 소우주론을 수행에 적용하는 방식에 있다. 전자는 고전 요가와 마찬가지로 하타 요가도 세속에서 떠남을 전제한 해탈 수행만을 다루고 있는 반면, SSd의 요가는 해탈의 성취뿐 아니라 세속의 일들에서 성공을 이룰 수 있는 방법을 제시하고 있는 데서 나타난다. 후자는 하타 요가가 소우주인 인체에 절대계인 대우주가 내포되어 있다고 보는 데서 그친 반면, SSd의 요가는 인체와 이 인체가 살아가며 발생하는 지상계의 일들, 그리고 이들과 대우주 내의 보다 구체적인 하나의 계界인 천체와의 연관성 · 연동성을 매우 자세하

696) 후고전 요가 시기의 요가 유파들이 고전 요가와 연관을 갖는 것처럼 언급하는 경우가 있다. 그러나 전자가 후자와 실제로 사상적 연관을 갖는 경우는 거의 없는 것으로 보인다. 이에 대한 라슨Larson의 다음과 같은 지적은 양자의 연관에 대한 핵심을 명료하게 보여준다. "[후대 요가들이] 명칭으로는 파탄잘리 요가를 언급하지만, 항상 '라자 요가Raja Yoga' 라는 의미는 아니다. 그렇지만 …… 대부분 이는 빈말일 뿐 이들의 목적은 주로 문화적 정통성을 구하는 문제로 보인다." Larson(2008), p. 435. 또한 "이들 전통은 …… 종종 요가의 용어와 수행법 중 일부를 파탄잘리 요가와는 아주 다른 의미로 사용했다. 게다가 이들 모두는 예외 없이 분파적 종교 전통들이다." Larson(2008), p. 136.

게 설명하고 있다. 이 점은 5요소에 대한 설명(제3장)과 신체를 보는 시각(제4장)에서 뚜렷이 드러난다. 그리고 이의 배경에는 인도 고유의 천문·점성학이 자리 잡고 있다.(제5장) 그런 까닭에 점성학이 갖는 기본적 성격인 '세속에서 일어날 일들에 대해 예측'하는 언급이 이 문헌 전체의 상당 분량을 차지한다.

SSd의 요가 사상에서는 대우주가 소우주에 반영되어 있다는 사상을 기반으로 성聖과 속俗의 세계가 통합, 즉 궁극의 절대 정신이 세속의 물질로 구체화되어 나타나기에, 후자에서 성공은 전자에서 성취를 이루는 것만큼이나 중요하게 여겨진다. 이를 이루려면 먼저 구체적인 물질세계에 대한 이해, 즉 세계를 구성하는 원자적 성격의 5요소 각각이 현실적으로 인체와 인사人事에서 드러내는 성질을 잘 알아야 한다. 이 5요소에 대한 지식에 근거하여 세계가 반영되어 있는, 조대한 외피로 된 미세한 신체를 앎으로써 세계의 흐름에 알맞도록 자신을 조율할 수 있고 또 수행하기에 적합한 때를 알 수 있기도 하다. 한 걸음 더 나아가 세계의 흐름과 수행에 적합한 상태를 창조할 수 있기도 하다. 이러한 미세 신체의 작용은 양 콧구멍을 통한 호흡의 관찰을 통해서 알 수 있다. 호흡은 미세 신체의 상태를 조대한 신체에 드러내 보여주는 역할을 한다. 따라서 양 콧구멍의 호흡 흐름 조절을 통해 향수와 해탈 양자의 성취를 가져올 수 있다고 본다.

고전 요가나 하타 요가와 달리 이상과 같은 차별적 독자성을 갖는 SSd에서는, 앞의 두 요가 체계에 비해 해탈 수행론이 상대적으로 자세하게 설명되어 있지 않다. 이다와 핑갈라의 균형을 통한 수슘나의 각성이라는 곳까지는 하타 요가와 거의 동일하나 그 이후에 대한 설명이 없다. 이는 해탈 수행론적 차원에서 하타 요가와 동일한 신체론을 공유하고 있다는 점으로 미루어 보아, 그 이후에 미세 신체 내에서 일어나는 과정은 하타 요가와 같다고 보아도 무방할 것이다. 이런 견해는 제5장 4절의 '(2) 그 외에 열거된 수행법'에서 알 수 있듯이, SSd의 요가가 인도 종교의 일반적인 수행법을 받아들이고 있고 하타 요가의 기법도 차용하고 있다는 점에서도 뒷받침된다.

해탈 수행론에 대한 설명이 상대적으로 부족한 점은 또 다음과 같이 이해해 볼 수도 있다. 인도인들은 전통적으로 삶을 살아가면서 사람이라면 누구나 마땅히 따라야 할 인생의 네 가지 덕목puruṣārtha[697]이 있다고 여겼고, 이의 실천을 위해 삶의 네 주기[698]에 맞춰 사는 것을 삶의 이상으로 여겼다. 해탈의 추구라는 기본 전제를 바탕으로 애정과 부, 자신의 의무를 성공적으로 획득하고 이행하려는, 학습기와 가주기에 있는 재가 수행자들에게는 세속의 향수와 세속에서 성공이, 또 이와 관련된 지식이 해탈 수행 못지않게 중요시 되었을 것이다. 이는 세속의 삶과 해탈의 추구 양자를 조화롭고 균형 있게 해나가려는 근원적 바람의 반영이라 할 수 있다. 그리고 임서기에 접어들어 세속을 떠나 본격적인 수행을 하여 일정 경지 이상이 되어 SSd의 내용으로 충분치 못하게 되면, 하타 요가 등의 탄트라적 해탈 수행론을 따르게 된다고 추정해 볼 수 있다. 다시 말해서, SSd의 요가는 주로 학습기와 가주기의 재가 수행자들 중심의 수행법이라고 할 수 있겠다. 다른 한편으로는 출가 수행자들에게도 이 지식이 필요하다고 볼 수도 있다. 왜냐하면 SSd의 요가는 사회적 요구에 부합하여 일반 재가자들에게 성공적인 삶의 방편을 알려주며 이들을 수행의 길로 바르게 이끌 수 있는 수행론이기도 하기 때문이다.

결론적으로 스와라 요가에는 세속 향수bhukti와 해탈mukti 양자를 통합하여 이루고자 하는 탄트라적 이상이 충실히 반영되어 있는 수행체계라 할 수 있다.

697) 애정kāma, 부artha, 의무dharma, 해탈mokṣa.

698) 학습기brahmacārin, 가주기gṛhastha, 임서기vānaprastha, 유행기saṃyāsin.

이상의 고찰로 스와라 요가의 모든 부분이 완전하게 정리, 설명되었다고 할 수는 없다. 향후 미진한 부분을 해결하기 위해 노력하고 스와라 요가 관련 문헌들을 더 발굴하여 연구에 깊이를 더하겠다.

Śivasvarodaya 내용 분과[699]

Bhatt.	Muktibodhananda	Rai
1. [1] 경배 2. [2~9] 우주에 대하여 3. [11~12] 스와라에 대한 설명[700] 4. [13~14] 제자의 성품 5. [15~30] Svarodaya 과학의 중요성	1. [1~9] 귀경게 2. [10~12] 스와라에 대한 지식 3. [13~19] 제자에 대하여 4. [20~30] 스와라에 대한 찬미	1. [1] 귀경게 2. [2~3] 쉬바에 대한 Pārvatī의 질문 : 우주에 대한 참지식과 이의 생성 및 기원에 대하여. 3. [4] Pārvatī에 대한 쉬바의 답변 4. [5~9] 요소들의 본질에 대한 [Pārvatī의 질문과 이에 대한] 쉬바의 설명 5. [10~11] Svarodaya 과학의 중요성 6. [12] 누가 이 과학을 알 자격이 있는가? 7. [13~14] 제자의 속성 8. [15~30] 스와라의 과학
6. [31~41] 나디들에 대하여 7. [42~47] vāyu들에 대하여	5. [31~37] 나디에 대하여 6. [38~53] 나디의 위치	9. [31~36] 신체의 나디들과 이들의 움직임 및 방향에 대한 쉬바의 설명 10. [37~41] 이다, 핑갈라, 수슘나 나디와 신체 내 이들의 위치 11. [42~47] 신체의 여러 가지 vāyu의 개수

699) SSd 번역본 중 Muktibodhananda(1999), Rai(1997), Bhatt(1999)본에서 나누고 있는 분과를 정리 비교하였다. 각 분과 앞 [ ]안의 숫자는 각 송의 번호이고 그 앞의 순서를 나타내는 숫자는 비교의 편의를 위해 필자가 붙였다. 그리고 이들 중 Rai본의 분과는 차례 순서가 바뀌어 있기도 하고(예. 각주 4) 순서상 해당 내용이 없는데 분과를 나눠 소주제를 붙여 놓은 곳(13번의 [이 순서상의 해당 송은 없음] 참조)도 있다. 또 소주제 항목의 해당 송들이 불명확하게 기재되어 있어 필자가 앞뒤 맥락을 맞추어 송들을 정한 부분이 적지 않고 소주제가 해당 분과의 내용을 적절히 함축하고 있지 못한 곳도 많다. 그러나 Rai가 나눠 놓은 분과의 소주제명은 그대로 살려 온전히 번역하였다.

700) Bhatt본에 제10송에서 제12송으로 바로 넘어가서 제11송이 빠져 있다. 그러나 이 본의 제10송은 Muktibodhananda와 Rai본의 제11송에 해당하므로, Bhatt 본에는 10송이 빠져 있다 하겠다.

Bhatt	Muktibodhananda	Rai
8. [48~81] 이다, 핑갈라, 수슘나에 대하여 9. [82~101] 반대 방향 스와라의 일어남에 대하여	7. [54~69] 요가 수행 8. [69~70] 요일에 따른 상서로운, 불길한 나디들에 대하여 9. [71~72] 5요소들의 지배 규칙 10. [73~74] 낮과 밤에 따른 황도십이궁 11. [75~81] 스와라별 [배속] 방위와 [이에 따른] 여행의 [방향] 12. [82~101] 반대되는 [스와라가 일어나는] 상황에 대하여	12. [48~56] 나디들의 흐름과 이들에 대한 지식 13. [이 순서상의 해당 송은 없음] 여러 가지 요소들의 [신체] 부위 지속 시간과 이들을 아는 방법[701] 14. [57~61] 나디들의 상서로운 본성과 불길한 본성 15. [62~64] 스와라 흐름의 지속 기간과 이들의 영향 16. [65~88] 스와라들에 있어서 태양, 달의 지배와 황도십이궁, 그리고 이들의 영향 17. [89] 아침에 침대에서 일어날 때의 스와라의 결과[702] 18. [90~93] 스와라의 상서로운 기간과 불길한 기간 19. [94~101] 스와라와 여행
10. [102~113] 이다의 영향에 대하여 11. [114~123] 핑갈라의 영향에 대하여 12. [124~138] 수슘나의 영향에 대하여	13. [102~113] 이다가 흐르는 동안 상서로운 행위들 14. [114~123] 핑갈라가 흐르는 동안 성공적인 행위들 15. [124~149] 수슘나 나디의 성질들	20. [102~113] 이다 흐름의 영향들 21. [114~123] 핑갈라 흐름의 영향들 22. [124~126] 수슘나 흐름의 영향들 23. [127] 스와라 흐름에서 불규칙성의 결과들 24. [128~129] 수슘나 흐름의 유해한 결과들 25. [130~138] 수슘나가 흐르는 동안 하도록 기술되어 있는 Īśvara에 대한 경배와 요가 수행

701) 이와 관련된 내용은 다음 송들에 나타나 있다. 신체 내 지배 요소들을 아는 법은 150, 382, 330송에, 이들의 지속시간과 발생순서는 197, 71, 72송 등에 나타나 있다.

702) Rai의 목차(p. iv)에서는 제19째로 되어 있으나 실제로는 제17째에 해당한다. 따라서 제17, 18째는 한 번호씩 뒤로 밀려 제18, 19째가 된다.

Bhatt	Muktibodhananda	Rai
13. [139~208] 5요소를 알고 확인하는 과정에 대하여	16. [150~154] ṣaṇmukhī 무드라에 대하여 17. [155] 색상 18. [156] 요소들의 위치 19. [157] [요소들의] 맛 20. [158~ 179] [요소들의] 움직임 21. [180] [요소별] 생각의 유형들 22. [181~184] [요소별] 걸음[의 수] 23. [185~186] [지배 스와라와 요소에 따른] 이동 방향에 대한 질문들 24. [187~191] [지배 요소별] 바람직한 질문들 25. [192~196] 신체 내 5요소의 위치 26. [197~199] [지배 요소별로] 얻게 되는 것에 대한 질문들 27. [200] 지地 요소 28. [201~204] 별자리와 [5]요소 29. [205~208] 전령의 질문들	26. [139] 어떤 것이 모든 것의 주재자인지 밝혀달라고 쉬바에게 Pārvatī가 질문함. 27. [140~144] 요소들이 모든 창조를 가능하게 한다. 28. [145~148] 요소에 대해 밝혀진 8가지 지식 29. [149~154] 요소들을 알고 식별하기 위한 방법 30. [155] 요소들의 색상 31. [156] 신체 내에 요소들이 있는 위치 32. [157~158] 여러 요소들의 맛과 너비 33. [159~163] 여러 요소들이 흐르는 동안, 해야 하고 하지 말아야 할 상서로운 일과 불길한 일들. 34. [164~176] 요소들의 색상 35. [177~181] 스와라와 이의 영향에 있어서 요소들의 기원 36. [182~190] 여러 행성의 조합과 결부된 다양한 요소에 기초한 예측 37. [191~197] 신체 부위와 이를 구성하는 요소들 38. [198~200] 요소들의 성질 39. [201~208] 달의 수宿들과 요소와의 관계
14. [209~214] 5요소의 종자에 대한 명상에 대하여 15. [215~217] Svarodaya의 과학과 과거 · 현재 · 미래에 대한 앎에 대하여 16. [218~229] vāyu들과 프라나의 관계에 대하여 17. [230~271] 사람들 간의 전쟁에서 승리하는 방법에 대하여	30. [209~213] 요소들의 성질 31. [214~229] 스와라 요가의 중요점 32. [230~245] 전쟁에 대한 질문들	40. [209~214] 여러 요소의 종자들 41. [215~217] Svarodaya의 과학과 과거, 현재, 미래에 대한 지식 42. [218~219] 인간들에게 최상의 친구인 프라나 43. [220] vāyu들과 프라나의 연관성 44. [221~228] 프라나의 길이와 이의 길이를 통제한 결과들

Bhatt	Muktibodhananda	Rai
18. [272~274] 사람과 죽음의 신간의 전쟁에서 승리하는 방법에 대하여 19. [275~285] 다른 사람을 매혹하는 지식에 대하여 20. [286~300] 수정과 임신에 대하여	33. [246~251] 전령을 고찰함 34. [252~261] 상해의 유형들 35. [262~275] 전쟁에 대한 질문들 36. [276~285] 여인을 매혹함 37. [286~300] 임신	45. [229~233] 왼쪽과 오른쪽 스와라들과 일상생활에 대한 이들의 영향 46. [234~235] [흑 · 백]분의 여러 날 동안의 요소들과 이들 흐름의 영향들 47. [236~271] 전쟁에서 승리하거나 [세속에서] 성공하기 위한 방법들 48. [272~274] 수행자는 어떻게 죽음을 극복하는가? 49. [275~285] 다른 사람들을 마음대로 매혹하는 지식 vaśīkaraṇa 50. [286~300] 수정과 임신, 태어날 아이의 성별에 대하여
21. [301~314] 한 해 전체를 예측함에 대하여 22. [315~325] 질병에 대한 예측에 대하여 23. [326~387] 나이 듦과 죽음에 관한 예측에 대하여 24. [388~395] Svarodaya 과학의 중요성에 대하여	38. [301~314] 한 해에 대한 예측들 39. [315~325] 질병에 대하여 40. [326~330] 시간 41. [331~334] 죽음을 예측함 42. [335] 죽음의 징후들 43. [336~341] 전령을 고찰함 44. [342~250] 죽음의 징후들 45. [351~373] 그림자[와 이미지] 고찰[을 통한 죽음 예측]chāyopāsana 46. [374~395] 삼매에 대하여	51. [301~314] 한 해에 대한 예측에 대해서 52. [315~325] 질병들에 대한 예측에 대해서 53. [326~369] 나이 듦과 죽음에 대한 예측 54. [370~395] Svarodaya 과학의 중요성과 이를 아는 자

【참고문헌】

| 原典類 |

BĀU, ChU :

Olivelle, Patrick. *The Early Upaniṣads, Annotated Text & Translation*. Newyork : Oxford University Press, 1998.

Radhakrishnan, S. *The Principal Upaniṣads*. 1st ed. : 1953. 2nd. Imp. London : George Allen & Unwin Ltd., 1968.

Cs :

Sharma, R. K. and Dash, B. *Caraka Saṃhitā*. Vol. 1. rep. Varanasi : Chowkhamba Sanskrit Series Office, 2005.

Sharma, R. K. and Dash, B. *Caraka Saṃhitā*. Vol. 2. rep. Varanasi : Chowkhamba Sanskrit Series Office, 2003.

GHs :

Mallinson, James trans. *The Gheranda Samhita*. 1st ed. New York : Yoga Vidya.com, 2004.

Bahadur, Rai trans. "Gheraṇḍa-Saṃhitā". Bhatt, G. P. romanised & ed. *The Forcefoul Yoga*. 1st ed. Delhi : Motilal Banarsidass, 2004.

Digambarji, Swami & Gharote trans, M. L. trans. *Gheraṇḍa-Saṃhitā*. 1st ed. : 1978. 2nd ed. Lonavla : Kaivalyadhamma Yoga Institute, 1997.

Hp :

Iyangar, Srinivasa trans. *The Haṭhayogapradīpikā of Svātmārāma-with the Commentary Jyotsnā of Brahmānanda and English Translation.* 1st ed. : 1972. rep. Madras : The Adyar Library and Research Centre, 1975.

Gharote, M. L. & Devnath, Parimal trans. *Haṭhayoga-Pradīpikā.* 1st ed. Lonavla : Lonavla Yoga Institute, 2001.

Digambarji, Swami & Darmapārīṇa trans. *Sāṃkhya-Tarka-Tīrtha. Haṭhayogapradīpikā of Svātamāramā.* 1st ed. : 1970. 2nd ed. Lonavla : Kaivalyadhamma Yoga Institute, 1998.

Avalon, Arthur(Sir john Woodroffe), *Kulārṇva Tantra.* :1965. 3rd rep. Delhi : Motilal Banarsidass, 2000.

Ss :

Mallinson, James trans. *The Shiva Samhita.* 1st critical ed. New York : Yoga Vidya.com, 2007.

Candra, S. trans. "Śiva-Saṃhitā". Bhatt, G. P. romanised & ed. *The Forcefoul Yoga.* 1st ed. Delhi : Motilal Banarsidass, 2004.

Gosh, Shyam trans. "Śiva-Saṃhitā". Gosh, Shyam trans. *The Original Yoga.* 1st ed. Delhi : Munshiram Manoharlal, 1979.

SSd :

Rai; Ram Kumar trans. *Śivasvarodaya.* New ed. Varanasi : Prachya Prakashan, 1997.

Muktibodhananda, Swami trans. *Swara Yoga.* 1st ed. : 1984. rep. Bihar : Yoga Publication Trust, 1999.

Bhatt, Mrs. Shweta trans. *Śivasvarodayaḥ*. 1st ed. Varanasi : Krishnadas Academy, 1999.

Sivananda, Swami. *Svara Yoga*. 1st ed. : 1954. 2nd ed. Tehri-Garhwal : A Divine Life Society, 2000.

Mishra, Satyendre trans. *Shivasvarodaya : New Hindi Commentary*. 2nd ed. Varanasi : Chowkhamba Krishnadas Academy, 2009.

Tv :

Śāstrī, Śrī Gosvāmī Dāmodara. *Sāṃkhyayogadarśanam Or Yogadarśana of Patañjali with the Scholium of Vyāsa and the Commentaries Tattva Vaiśāradī, Patañjala Rahasya, Yogavārtika and Bhāsvatī of Vācaspati Miśra, Rāghavānanda Sarasvatī, Vijñāna Bhikṣu & Hariharānandāraṇya*. rep. Varanasi : Chaukhambha Sanskrit Sansthan, 1990.

Ys, YBh :

정승석. 『요가수트라 주석』. 초판. 서울 : 소명출판, 2010.

[*Pātañjalayogasūtrāṇi*. Ānandāśrama Sanskrit Series, Vol. 47. Pune : Ānandāśrama, 1978.]

| 辭典類 |

Monier-Williams, Monier. *A Sanskrit-English Dictionary*. 1st ed. : 1899. rep. Oxford University Press, 1982.

Philosophico Literary Research Department of Kaivalyadhama S.M.Y.M. Samiti Lonavla. Yoga Kośa. 1st pub. : 1972. New Enlarged ed. Pune : Kaivalyadhama S.M.Y.M. Samiti, 1991.

| 圖書類 |

게오르그 호이에르슈타인George Feuerstein 저. 『요가전통』. 김형준 역. 원서 : *Yoga Tradition*, 2001. 초판. 서울 : 무우수, 2008.

마에다 센가쿠前田專學 저. 『웨단따 철학-샹까라를 중심으로-』. 강종원 역. 원서 : ヴェ-ダ-ンタの 哲學, 1980. 초판. 서울 : 동국대학교 출판부, 2005.

미르치아 엘리아데Mircea Eliade 저. 『요가 - 불멸성과 자유』. 정위교 역. 원서 : *Yoga : Immortality and Freedom*, 1954. 초판. 서울 : 고려원, 1989.

박종운 저. 『아유르베다』. 초판. 서울 : 일중사, 2002.

쓰와미 라마Swami Rama 저. 『호흡의 신비』. 길연 역. 서울 : 진영사, 1988.

안의태, 안병준, 주민정 저. 『요가와 뇌』. 초판. 서울 : 아카데미서적, 2005.

야노 미치오矢野道雄 저. 『밀교점성술과 수요경』. 전용훈 역. 원서 : 密教占星術, 1986. 초판. 서울 : 동국대학교출판부, 2010.

오오키 고오스케大木幸介 저. 『알고 싶었던 뇌의 비밀 : 분자생리학이 해명하는 뇌의 물질과 정신』. 박희준 역. 서울 : 정신세계사, 1991.

윤혜진 지음. 『인도음악』. 초판. 서울 : 일조각, 2009.

쟝샤오위앤江曉原 저. 『별과 우주의 문화사』. 홍상훈 옮김. 원서 : 12宮 28宿, 2005. 초판. 서울 : 바다출판사, 2008.

지제근 엮음. 『의학용어 큰사전』, 초판. 서울 : 아카데미아, 2004.

하리쉬 조하리Harish Johari 저. 『호흡, 마음 그리고 순수의식』, 김재민 역. 원서 :

Breath, Mind, and Consciousness, 1989. 초판. 서울 : 여래, 2008.

Banerji, S. C. *New Light on Tantra.* 1st ed. Calcutta : Punthi Pustak, 1992.

Bose, D. N. *Tantras: Their Philosophy and Occult Secrets.* New Delhi : Munshiram Manoharlal Publishers Pvt Ltd, 2004.

Brown, Robert. "Introduction". Harper, Katherine Anne & Brown, Robert L. ed. *The Roots of Tantra*. 1st ed. New York : State University of New York Press, 2002.

Burger, Maya. "Summaries". Burger, Maya & Schreiner, Peter ed. *The Perception of the Elements in the Hindu Tradition*. 1st ed. Bern : Peter Lang, 1999.

Burley, Mikel. *Hatha-Yoga, Its Context, Theory & Practice*. 1st ed. Delhi : Motilal Banarsidass Publishers, 2000.

Chakravarti, Pulinbihari M. A. *Origin & Development of the Sāmkhya System of Thought*. 1st ed. : 1951. rep. New Delhi : Oriental Books Corporation, 1975.

Chattopadhyaya, D. P. *Histoy of Science, Philasophy and Culture in Indian Civilization Satya Prakash*. History of Yoga Vol. XVI. Part 2-2. 1st ed. New Delhi : Center For Studies In Civilizations, 2010.

Chugh, Sumeet. *Horary Astrology & Swarauday Shastra*. 1st ed. New Delhi : Sagar Publications, 1995.

Coomaraswamy, Ananda. *The Dance of Shiva*. 1st ed. New York : The Sunwise Turn, Inc, 1918.

Connolly, Peter. *Vitalistic Thought in India.* 1st ed. Delhi : Sri Satguru Publications, 1992.

Dasgupta, Surendranath.

(1996) *Yoga Philosophy: In Relation to other Systems of Indian Thought.* 1st ed. : 1930. rep. Delhi : Motilal Banarsidass Publishers.

(1998) *Yoga : As Philosophy and Religion.* 1st ed. : 1924. rep. Delhi : Motilal Banarsidass Publishers.

Das, Sri Krishna. *The Ancient Science Of Breathing Svara Vijñāna.* rev. ed. New Delhi : UBS Publishers' Distributors Ltd., 2001.

Devananda, Vishnu. *Meditation and Mantras.* Delhi : Motilal Banarsidass Publishers, 1999.

Dreyer, Ronnie Gale. *Vedic Astrology.* 1st ed. Boston : Weiser Books, 1997.

Fields, Gregory P. *Religious Therapeutics.* 1st ed. Albany : State University of New York Press, 2001.

Fischer-Schreiber, Ingrid & Schuhmacher, Stephan & Woerner, Gert. *The encyclopedia of Eastern philosophy and religion: Buddhism, Hinduism, Taoism, Zen.* 1st ed. : 1986. trans. Boston : Shambhala, 1994.

Fouw, Hart de & Svoboda, Robert. *Light on Life - An Introduction to the Astrology of India.* 1st ed. : 1996. rep. Twin Lakes : Lotus Press, 2003.

Frawley, David. *The Astrology Of Seers.* 1st Indian ed. Delhi : Motilal Banarsidass Publishers, 1992.

Ghatote, Manamath M & Devnath, Parimal & Jha, Vijay Kant.

(2010) *Therapeutic References in Traditional Yoga Texts*. 1st ed. Lonavla : The Lonavla Yoga Institute.
(2008) *Traditional Theory Of Evolution And Its Application In Yoga*. 1st ed. Lonavla : The Lonavla Yoga Institute.

Gonda, Jan. *A History Of Indian Literature*, Vol. 2. Fasc. 2. Goudrian, Teun & Gupta, Sanjukta. Hindu Tantric & Śākta Literature. Wiesbaden : Otto Harrassowitz, 1981.

Gopalan, R. Venu. *Soul Searchers The Hidden Mysteries Of Kundalini*. 1st ed. : 2001. rep. Delhi : Health Harmony, 2004.

Goudriaan, T. & Gupta, S. *History of Indian Literature*. Vol. 2. Fasc. 2. 1st ed. Viesbaden : Otto Harrassowitz, 1981.

Halbfass, Wilhelm. "Ākāśa: The Elusive Element". Burger, Maya & Schreiner, Peter ed. *The Perception of the Elements in the Hindu Tradition*. 1st ed. Bern : Peter Lang, 1999.

Hari, Candra.
(2005-1) "Yoga Principles Underlying Indian Astronomy", Jyotis. 저자가 영역한 별쇄본.
(2005-2) "Rationale of Zodiac and Experimental Verification of Bio-Cosmic Rhythm" Jyotis. 저자가 영역한 별쇄본.
[약호] Jyotis. C. Hari. *Jyotischakram*, Kumbanadu : Sri Sabarigiri Publications, 2005. written in 말라얄람어.

Jacobsen. Kunt, A. "Introduction : Yoga Traditions". Kunt, A. Jacobsen. ed. *Theory and Practice of Yoga*. 1st ed. Leiden : Brill, 2005.

Johari, Harish. *Chakras*. Rochester : rev. and expanded ed. Destiny Books,

2000.

Woodroffe, Sir John

(1978) *Shakti and Shakta.* Dover ed. New York : Dover Publications Inc.

(2001) *The Serpent Power.* rep. ed. Madras : Ganesh & Company.

(2003) *Principles of Tantra,* Part II. 7th ed. : 1991. rep. Madras : Ganesh and Company.

(2004) *Introduction to Tantra Śāstra.* rep. Madras : Ganesh and Company.

Koller, John M. "Human Embodiment: Indian Perspectives". Kasulis, Tomas P. with Ames, Roger T. & Dissanayake, Wimal. ed. *Self as Body in Asian Theory and Practice.* 1st ed. New York : State University of New York Press, 1993.

Larson, Gerald James & Bhattacharya, Ram Shankar. ed. *Encyclopedia of Indian Philosophies - Yoga : India's Philosophy of Meditation.* Vol. 12. 1st ed. Delhi : Motilal Banarsidass Publishers Pvt. Ltd., 2008.

Mahamandal, Sri Bharat Dharma. *World's Eternal Religion.* 1st ed. Benares : The Publicatio Department of Sri Bharat Dharma Mahamandal, 1920.

Muthuswamy, N. E. *Encyclopaedia Of Indian Astrology* Vol. 2. M-Z. 1st ed. Thiruvananthapuram : MPS Trust, 2006.

Olivelle, Patrick. *The Early Upaniṣads, Annotated Text & Translation.* 1st ed. Newyork : Oxford University Press, 1998.

Padoux, André. "What Do We Mean by Tantrism?". Harper, Katherine Anne & Brown, Robert L. ed. *The Roots of Tantra* . 1st ed. New York : State University of New York Press, 2002.

Phukan, Radhanath. *The Sāṃkhya Kārikā of Iśvarakṛṣṇa*. 1st ed. Calcutta : Firma K. L. Mukhopadhya, 1960.

Radhakrishnan, S. *The Principal Upaniṣads*. 2nd. impression. London : George Allen & Unwin Ltd., 1968.

Rai, Ram Kumar. *Kulārnava Tantra*. 1st ed. Varanasi : Prachya Prakashan, 1999.

Rama, Swami. *Path Of Fire & Light* Vol. 2. A Practical Companion to Vol. 1. 2nd ed. Pennsylvania : Himalayan Institute Press, 1996.

Reddy, Madapati Venkat. *Swarasastra Manjari Dvipada Kavyam*. 1st ed. East Godavari : M. Ramakrishnareddy Arthamoor, 1988.
(http://www.archive.org/details/swarasastramanja024203mbp(2011.05.05 다운로드))

Prasada, R *Natur's Finer Forces*. 1st ed : 1889, 1st Samata Book ed. Chennai : Samanta Books, 1998.

Saradananda, Swami. *The power of Breath* 1st ed. London : Duncan baird Publishers Ltd, 2009.

Satyananda Swami. *Asana Pranayama Mudra Bandha*. rev. ed. Bihar : Bihar School of Yoga, 1999.

Sastri, Gaurinath. *Introduction to Tantra*. Vol. 2. New Delhi : Indigo Book, 2004.

Shah, Pragna R. *Tantra : Its Therapeutic Aspect*. 1st ed. Callcutta : Punthi Pustak, 1987.

Sivapriyananda, Swami. *Secret Power of Tantrik Breathing*. 1st ed. : 1983. Third ed. New Delhi : Abhinav Publications, 2005.

Sri Krishna Das. *The Ancient Science of Breathing*. 1st ed. New Delhi : UBSPD, 2001.

Stutley, Margaret. *The Illustrated Dictionary of Hindu Iconography*. 1st indian ed. New Delhi : Munshiram Manoharlal Publishers Pvt. Ltd., 2003.

Tiwari, Maya. *Path of Practice - Ayurvedic Book of Healing with Food, Breath and Sound.* Delhi : Motilal Banarsidass Publishers, 2002.

Woods, J. H. *The Yoga-System of Patañjali*. 1st ed : 1914. rep. New York : Gordon Press, 1973.

Y. K. Kothari & K. P. Vyas. *An Introduction to Āyurveda.* 1st ed. Delhi : Chaukhamba Sanskrit Pratishthan, 1988.

| 論文類 |

김재민.

2008 「수슘나 나디의 수행적, 세속적 의미」. 『인도철학』. 제24집. 인도철학회.

2007 (a) 「*Śiva Svarodaya*에 나타난 예후豫後 및 장수 · 불멸의 원리」. 『구산논집』. 제12집. 구산장학회.

2007 (b) 「*Śiva Svarodaya*에 나타난 호흡수행의 원리」. 『보조사상』. 제28집. 보조사상연구원.

정승석.

1996 「윤회관에서 미세신 개념의 전개」. 『인도철학』. 제6집. 인도철학회.

1991 「『짜라까상히따』에서 설하는 상캬哲學의 초기적 성격」. 『가산학보』. 창간호. 가산불교문화진흥원.

Larson, Gerald James. "Āyurveda and the Hindu Philosophical Systems". *Philosophy East and West*. 37:3. July. University of Hawaii Press, 1987.

Holdrege, Babara A.. "Body connections : Hindu discourses of the body and the study of religion". *International Journal of Hindu Studies*. 2/3. The world Heritage Press Inc, 1998.

【범어 음역 한자의 독음 표기법[1]】

불전의 원어, 즉 산스크리트saṃskṛt어와 팔리pāli어, 티베트tibet어 등의 한글 표기를 다음과 같은 원칙에 따라 통일하였다.

이 표기법은 한자를 대상으로 하여 강구된 것이므로, 한역漢譯 불전에만 적용된다. 따라서 한자의 우리말 독음 중에서 불전의 원어와 가장 유사한 음독을 선택한다는 것이 기본 방침이다.

1. 표기의 기본 원칙

제1항 불교 원어의 음역은 원칙적으로 1986년 1월 7일 문교부 고시 제85-11호로 고시된 '외래어 표기법'의 '제1장 표기의 기본 원칙'에 준하여 표기한다. 여기서 말하는 '불교 원어'란 인도에서 불전佛典을 전승하는 데 사용된 팔리어와 산스크리트어를 가리킨다.

(참고 : 외래어 표기법 제1장 표기의 기본 원칙)

① 외래어는 국어의 현용 24 자모만으로 적는다.

② 외래어의 1 음운은 원칙적으로 1 기호로 적는다.

③ 받침에는 'ㄱ, ㄴ, ㄹ, ㅁ, ㅂ, ㅅ, ㅇ' 만을 쓴다.

④ 파열음 표기에는 된소리를 쓰지 않는 것을 원칙으로 한다.

⑤ 이미 굳어진 외래어는 관용을 존중하되 그 범위와 용례는 따로 정한다.

(유의 사항)

① 현행 24 자모 이외의 특수한 기호를 사용하지 않는다. 이 원칙은

1) 이 표기법의 내용은 「불교 원어의 음역 표기 조사 연구」(정승석, 『가산학보』, 제4호, 가산불교문화원, 1995)를 그대로 채용하여 재정리한 것이다.

"1 음운은 원칙적으로 1 기호로 적는다"라는 원칙을 포함한 다른 모든 원칙에 우선한다.

② 발음상 된소리(경음)로 들리는 자음도 거센소리(격음)로 표기한다. 이는 발음의 구분이 모호하기 때문만이 아니라, 된소리의 빈도가 지나칠 경우에 야기되는 국어와의 마찰을 최소화하기 위함이다.

③ 국어에서 실제 발음상의 음가를 갖지 못하는 받침은 그대로 사용하지 않고, 가장 가깝게 발음되는 받침으로 대체한다.

④ 불교 원어의 장모음과 단모음을 구분하여 적지 않는다.

제2항 불교 원어의 자모 배합에 따른 발음의 특성상 제1항으로 해결하기 어려운 경우의 표기는 따로 정하는 '관용적 표기의 세칙'을 따른다.

2. 모음의 표기

a 아 / garuḍa 가루다.

ā 아 / gāthā 가타.

i 이 / licchavī 릿차비.

ī 이 / gotamī 고타미.

u 우 / rāhula 라훌라.

ū 우 / virūḍhaka 비루다카.

ṛ 리 / hotṛ 호트리, rājagṛha 라자그리하.

ṝ 리 / kṝ 크리.

ḷ ㄹ리 / kḷpta 클립타, kāḷodāyin 칼로다윈.

ḹ ㄹ리 / ḷ와 동일하게 취급한다.

e 에 / prasenajit 프라세나지트.

ai 아이 / nairañjanā 나이란자나.

o 오 / lokāyata 로카야타.

au 아우 / kauśika 카우쉬카.

3. 자음과 반모음의 표기

자음은 기본 원칙의 제1항에 따라 아래와 같이 표기하되, 받침으로 표기되는 경우, 자음의 음가에 국어의 '으' 음을 결합하는 경우, 특수한 복합 자음의 표기, 기타 병행이 가능한 표기 등은 '관용적 표기의 세칙' 에서 정한다.

ka 카 / naraka 나라카, cakra 차크라, bhakti 박티. / 실제의 발음은 경음인 '까' 에 가깝게 들리지만, 표기의 기본 원칙 제1항에 따라 격음인 '카' 로 적는다. 받침으로 사용될 경우에는 'ㄱ' 으로 적는다.

kha 카 / duḥkha 두카, khitaka 키타카. / ka의 경우와 동일하게 적는다. 받침으로 표기되지는 않는다.

ga 가 / gandharva 간다르바, gṛha 그리하.

gha 가 / ghoṣaka 고샤카. / ga의 경우와 동일하게 적는다. 받침으로 표기되지는 않는다.

ṅ 받침 ㅇ / laṅkā 랑카. / 국어의 받침 'ㅇ' 에 상당하는 비음이다. 항상 받침 'ㅇ' 으로 적는다.

ca 차 / candrakīrti 찬드라키르티, krakucchanda 크라쿳찬다. / 실제의 발음은 경음인 '짜' 에 가깝게 들리지만, 표기의 기본 원칙 제1항에 따라 격음인 '차' 로 적는다. 받침으로 사용될 경우에는 'ㅅ' 으로 적는다.

cha 차 / chanda 찬다. ca의 경우와 동일하게 적는다. 받침으로 표기되지는 않는다.

ja 자 / jati 자티, avijjā 아빗자. / 받침으로 사용될 경우에는 'ㅅ' 으로 적는다. 'ñ' 가 뒤따를 때는 이 음가를 상실하고 특수하게 발음되는데, 이 경우는 '제5장 관용적 표기의 세칙' 제3항의 1에 따라 적는다.

jha 자 / gijjhakūṭa 깃자쿠타. / ja의 경우와 동일하게 적는다. 받침으로 표기되지는 않는다.

ña 냐 / yajaña 야자냐, ñānasaṃvara 냐나상와라, sañjaya 산자야. / 국어의 받침 'ㄴ' 에 상당하는 비음이지만, 모음 'a' 가 뒤따를 때는 '냐' 로 적는다. 자음 앞이나 어말에서는 받침 'ㄴ' 으로 적는다. 'j' 가 선행할 때는 이 음가를 상실하고 특수하게 발음되는데, 이 경우는 제5장 제3항의 1에 따라 적는다.

ṭa 타 / ghaṇṭā 간타, aṭṭhaṅgika 앗탕기카. / 국어에는 상당하는 음가가 없는 권설음 즉 혀말음소리이다. 받침으로 사용될 경우에는 'ㅅ' 으로 적는다.

ṭha 타 / kaṇṭhaka 칸타카. / ṭa의 경우와 동일하게 적는다. 받침으로 표기되지는 않는다.

ḍa 다 / daṇḍaka 단다카. / 국어에는 상당하는 음가가 없는 권설음이다. 받침으로 사용될 경우에는 'ㅅ' 으로 적는다.

ḍha 다 / virūḍhaka 비루다카 / ḍa의 경우와 동일하게 적는다. 받침으로 표기되지는 않는다.

ṇa 나 / dhāraṇī 다라니, kaṇṭhaka 칸타카. / 국어의 받침 'ㄴ' 에 상당하는 비음이다. 자음 앞이나 어말에서는 받침 'ㄴ' 으로 적는다.

ta 타 / tamas 타마스, uttara 웃타라. / 실제의 발음은 경음인 '따' 에 가깝게 들리지만, 표기의 기본 원칙 제1항에 따라 격음인 '타' 로 적는다. 받침으로 사용될 경우에는 'ㅅ' 으로 적는다.

tha 타 / gāthā 가타. / ta의 경우와 동일하게 적는다. 받침으로 표기되지는 않는다.

da 다 / dantikā 단티카, khuddaka 쿳다카. / 받침으로 사용될 경우에는 'ㅅ' 으로 적는다.

dha 다 / dhaniya 다니야 / da의 경우와 동일하게 적는다. 받침으로 표기되지는 않는다.

na 나 / nandā 난다, chanda 찬다. / 국어의 받침 'ㄴ' 에 상당하는 비음이다. 자음 앞이나 어말에서는 받침 'ㄴ' 으로 적는다.

pa 파 / pañcika 판치카, abhippasādo 아빗파사도, dharmagupta 다르마굽타. / 실제의 발음은 경음인 '빠'에 가깝게 들리지만, 표기의 기본 원칙 제1항에 따라 격음인 '파'로 적는다. 동일 계열의 자음p, ph 앞에서는 받침 'ㅅ'으로, 이 밖의 받침으로 사용될 경우에는 'ㅂ'으로 적는다.

pha 파 / phala 팔라. / pa의 경우와 동일하게 적는다. 받침으로 표기되지는 않는다.

ba 바 / bauddha 바웃다, śabda 샤브다.

bha 바 / bharata 바라타. / ba의 경우와 동일하게 적는다.

ma 마 / mahāvīra 마하비라, kumbhāṇḍa 쿰반다. / 국어의 받침 'ㅁ'에 상당하는 비음이다. 자음 앞이나 어말에서는 받침 'ㅁ'으로 적는다.

ya 야 / yoga 요가, gomayī 고마위, āraṇyaka 아란야카, saṃkhya 상키야, nairātmya 나이라트미야, manuṣya, 마누쉬야, geyya 게이야. / 어두에서, 모음 뒤에서, 받침으로 표기되는 비음 뒤에서는 뒤따르는 모음에 따라 '야, 위yi, 유yu, 예ye, 요yo' 등으로 적는다. 그러나 자음 뒤, 또는 받침으로 표기되지 않는 비음 뒤에 있을 때는 그 자음의 음가를 '이'와 결합하고 나서 이 발음, 즉 '야', '유' 등을 첨가하여 적는다. 비음을 받침으로 적는 경우는 제5장 제2항의 3에서 제시한다. y가 중복될 때 앞의 y는 '이'로 적는다.

ra 라 / ratna 라트나, karma 카르마. / 받침으로 표기되지는 않는다.

la ㄹ라 / lohita 로히타, maṇḍala 만달라, tamil 타밀. / 어두에서는 ra의 경우와 동일하나, 어두에 오지 않는 경우에는 선행하는 음가에 'ㄹ'을 받침으로 첨가하고 나서 ra의 경우를 적용한다. 어말에서는 단지 'ㄹ' 받침으로 적는다.

va 바 또는 와 / veda 베다, sarva 사르바, svāmī 스와미. / 모음과 반모음 r, l 다음이나 어두에 있을 때는 '바'로 적는다. 그러나 자음 뒤에 있을 때는 '와'로 적는다. 이처럼 '와'로 적는 것은 관용적 표기에 속한다. 자음 뒤의 vi와 ve는 각각 '위'와 '웨'로 적는다.

śa 샤 / āśrama 아슈라마, śiva 쉬바, pariśuddhi 파리숫디, leśyā 레쉬야. / 모음이 뒤따르지 않을 경우에는 '슈'로 적는다. 그러나 뒤따르는 모음이 'a, i, u, e, o'일 경우에는 각각 '샤, 쉬, 슈, 셰, 쇼'로 적는다. 또 'y'가 후속함으로써 '이' 음가와 결합할 때는 '쉬'로 적는다. 받침으로 표기되지는 않는다.

ṣa 샤 / viṣṇu 비슈누, dveṣa 드웨샤. / ś의 경우와 완전히 동일하게 적는다.

sa 사 / somā 소마, vipassanā 비팟사나. / 인도어에서는 치찰음에 속하여 '싸'에 가깝게 들리지만, 표기의 기본 원칙 제1항에 따라 '사'로 적는다. 중복될 경우에는 앞의 발음을 받침 'ㅅ'으로 적는다.

ha 하 / harṣa 하르샤, hṛdaya 흐리다야, brahman 브라만. / 받침으로 표기되지는 않는다. 반모음 y나 모음이 뒤따르지 않는 h는 그 음가의 특성상 따로 모음을 주지 않고 묵음으로 처리한다. 모음이 뒤따르지 않는 h를 '흐'로 표기하는 것은 유사한 다른 경우, 즉 대기음에서 기음(-h)을 따로 표기하지 않는다는 원칙이나 말미에 오지 않는 비사르가(ḥ)를 묵음으로 처리한다는 원칙과 일관되지 못한다.

4. 특수음의 표기

ṃ, ḥ. / 산스크리트어에서 '아누스와라'라고 불리는 'ṃ'과 '비사르가'라고 불리는 'ḥ'는 앞이나 뒤의 음가에 따라 다르게 발음되는 특수음이다. 비음인 ṃ은 'ㄴ, ㅁ, ㅇ' 중의 어느 것이라도 받침으로 선택하여 적을 수 있으며, 기음인 ḥ는 어말에서 '하'로 통일하여 적을 수 있다. 특히 산스크리트어 자음의 음성적 구조를 모를 경우에는 ṃ의 발음을 구별하여 표기할 수 없을 뿐만 아니라, 실제의 발음에서 ṃ은 종종 다른 비음으로 대체될 수 있기 때문이다.

그러나 산스크리트어 자음의 음성적 구조에 따라 아래와 같이 구분하여 적는 것을 원칙으로 삼는다.

제1항 아누스와라(ṃ)는 뒤따르는 자음의 계열에 속하는 비음으로 적는다. 이 밖의 경우에는 받침 'ㅇ'으로 적는다. 어말에서는 항상 받침 'ㅁ'으로 적는다.

saṃgha 상가. / 'k, kh, g, gh, ṅ'가 뒤따를 때는 받침 'ㅇ'으로 적는다. 이 경우, ṃ는 ṅ과 동일하다.

saṃjaya 산자야. / 'c, ch, j, jh, ñ'가 뒤따를 때는 받침 'ㄴ'으로 적는다. 이 경우, ṃ는 ñ과 동일하다.

saṃḍīvin 산디빈. / 'ṭ, ṭh, ḍ, ḍh, ṇ'가 뒤따를 때는 받침 'ㄴ'으로 적는다. 이 경우, ṃ는 ṇ과 동일하다. 그러나 ṃ이 이처럼 위치하는 경우는 매우 드물다.

saṃtāna 산타나, kiṃnara 킨나라. / 't, th, d, dh, n'가 뒤따를 때는 받침 'ㄴ'으로 적는다. 이 경우, ṃ는 n과 동일하다.

saṃbodhi 삼보디. / 'p, ph, b, bh, m'가 뒤따를 때는 받침 'ㅁ'으로 적는다. 이 경우, ṃ는 m과 동일하다.

saṃskāra 상스카라, aṃśa 앙샤, saṃvara 상와라, siṃha 싱하, saṃyutta 상윳타. / 앞의 다섯 가지 예에 속하지 않으면서 어말에 있지 않을 때에는 받침 'ㅇ'으로 적는다. 이 경우, ṃ는 ṅ과 동일하다.

제2항 어말의 비사르가(ḥ)는 바로 앞에 있는 모음의 음가를 'ㅎ'과 결합하여 '하(-aḥ), 히(-iḥ), 후(-uḥ), 헤(-eḥ), 호(-oḥ)' 등으로 적는다. 어말에 있지 않은 경우에는 묵음으로 처리하여 적지 않는다.

puruṣaḥ 푸루샤하, kaviḥ 카비히, dhenuḥ 데누후, mateḥ 마테헤, matyoḥ 마티요호.

duḥkha 두카, naiḥsargika 나이사르기카.

5. 관용적 표기의 세칙

다양한 자모의 배합과 인도어 특유의 발성으로 인해, 앞의 4장에서 제시한 원칙만으로는 그 구체적인 표기법이 불충분하거나 선명하지 않는 경우는 아래의 세칙에 따라 적는다.

제1항 비음과 비사르가(ḥ)를 제외하고 아래의 경우에 해당하는 자음들은 받침으로 적지 않고 국어의 '으' 음가와 결합하여 적는다. 'ś' 와 'ṣ' 는 여기에 적용되지 않는다.

① 어말에 있는 자음

marut 마루트, vāk 바크. / 산스크리트어의 문장에서 어말에 올 수 있는 자음은 극히 한정되어 있으므로 이 원칙에 적용되는 자음은 'k, ṭ, t, p' 에 불과하다. 그러나 낱개의 단어를 표기할 경우에는 다른 자음들도 어말에 올 수 있다. 'l' 의 경우는 자음 표기의 원칙에 따라 받침으로 적는다.

② 기본적으로 모음 뒤 또는 어두에서 서로 다른 계열의 자음이 겹칠 경우, 앞에 오는 자음. 여기에 적용되지 않는 예외는 따로 정한다.

krama 크라마, prastha 프라스타, śabda 샤브다, ātman 아트만. / 자음 앞의 비음, 빈번히 사용되는 복합 자음인 jñ와 kṣ, 아래의 제2항이 여기에 적용되지 않는 예외가 된다.

③ 'ㄹ' 음가를 갖는 모음(ṛ, ṝ, ḷ, ḹ)이나 반모음(r, l) 앞의 자음.

prakṛti 프라크리티, pratiṣṭhita 프라티슈티타, mṛta 므리타.

제2항 받침은 아래의 원칙에 따라 적는다.

① 모음 다음에서 동일 계열의 자음이 겹칠 경우에는 '외래어 표기법' 의 기본 원칙에 따라 앞의 자음을 받침으로 표기하되, 국어에서 그 받침의 음가가 분명하지 않을 때는 'ㅅ' 으로 표기한다.

mokkha 목카, buddha 붓다, abhippasādo 아빗파사도.

② 모음 뒤에서, 국어의 발음으로 'ㅋ, ㅌ, ㅍ'의 음가를 지니는 자음 'k, t, p'가 비음 이외의 다른 자음 앞에 있을 경우에는 각각 'ㄱ, ㅅ, ㅂ' 등으로 적는다. 그러나 kṣ의 경우는 여기에 적용되지 않는다.

bhakti 박티, gupta 굽타, vātsalya 밧살리야. / 'kṣ'의 표기는 아래 제3항의 ②에서 따로 제시한다.

③ 반모음 ya 또는 자음 앞의 비음이 모음 뒤에 있을 경우에는 원칙적으로 받침으로 적는다. 그러나 모음 다음의 비음에 모음이 뒤따르면, 그 비음은 받침으로 적지 않고 뒤따르는 모음과 결합하여 적는다.

puṇya 푼야, samākhyā 사마키야, amṛta 아므리타. / nairātmya의 경우는 '나이라트미야'라고 적는다. 이는 비음 'm'이 자음 't'의 뒤에 있기 때문이며, 제1항 ②와 제2항 ②의 원칙에 적용되는 것이다. amṛta(아므리타)는 앞의 제1항 ③에도 해당한다.

제3항 jñ와 kṣ는 빈번히 사용되는 복합 자음으로서 발성의 습관에 따라 아래와 같이 적는다.

① jñ는 뒤따르는 모음에 따라 '갸jña, 기jñī, 계jñe' 등으로 적는다.

jñāna 갸나, saṃjñin 산긴, jñeya 계야.

② kṣ는 뒤따르는 모음에 따라 항상 '크샤kṣa, 크쉬kṣi, 크슈kṣu, 크셰kṣe, '크쇼kṣo' 등으로 적는다.

kṣatriya 크샤트리야, dakṣiṇā 다크쉬나, cakṣus 차크슈스, kṣema 크셰마, akṣobhya 아크쇼비야, lakṣmīdhara 라크슈미다라. / kṣ의 'k'와 'ṣ'는 앞뒤의 자모와 무관하게 독립된 음가를 유지한다.

제4항 복합어를 표기할 경우에는 접두어나 구성 단어를 분리하여 적을 수도 있다. 이 경우에는 원어를 표기하는 발음 기호에 복합어의 구성 요소를 표시하는 기호(-)가 있어야 하며, 국어의 표기에서는 그 기호를 띄어쓰기로 표시한다. 이때, 연성 법칙에 의해 본래의 음가가 변한 경우에는 본래의 음가로 표기한다.

ṛgveda 리그웨다 ; ṛg-veda 리그 베다.

samākhyā 사마키야 ; sam-ākhyā 삼 아키야.

bṛhadāraṇyaka 브리하다란야카 ; bṛhad-āraṇyaka 브리하드 아란야카.

samyaksambodhi 삼약삼보디 ; samyak-sambodhi 삼야크 삼보디.

bodhy-aṅgāni 보디 앙가니.

【부칙 : 중국 음역어의 한글 표기】

제1항 한자漢字로 표기된 음역어의 한글 표기는 그 동안 통용되어 온 관례에 따른다.

波羅蜜多pāramitā 파라밀다(×), 바라밀다(○).

菩提bodhi 보제(×), 보리(○).

제2항 제1항을 적용하기가 모호한 경우에 한하여, 하나의 한자에 대한 한글 음이 둘 이상일 때에는 원어의 발음에 가장 가까운 한글 음을 선택하여 적는다. 한글 음을 선택할 때는 전문 학자를 위한 특수한 옥편이 아니라, 일반인에게 통용되는 옥편을 기준으로 삼는다.

鳩摩羅什kumārajiva 구마라습(×), 구마라집(○).

僧佉sāṃkhya 승카(×), 승가(○).

【찾아보기 - 한글/로마자】

[한글]

【ㅅ】

【ㅈ】

【ㅊ】

【ㅋ】

【ㅌ】

【ㅍ】

[로마자]

cetana/ 234

Chakravarti, Pulinbihari M. A/ 290

Chāndogya Upaniṣad/ 12

Cikitsā Sthāna/ 268

citra/ 123

citta/ 241

Coomaraswamy, Ananda/ 290

【R】

【S】

【Ś】

śāmbhavī mudrā/ 94
Śambhu/ 144, 145, 149, 152
Śaṃkara/ 149
śaṅkhinī/ 139, 140
ṣanmukhī mūdra/ 53, 101
Śarīra Sthāna/ 268
śatabhiṣa/ 122
Śaṭcakranirūpaṇa/ 12, 42, 43
śikhi/ 148
Śiva/ 19
Śivasaṃhitā/ 12, 22, 69
Śivasvarodaya/ 12, 16, 19, 20, 35, 36, 46, 51, 54, 81, 82, 95, 98, 107, 121, 135~137, 162, 169, 181, 201, 204, 251
śleṣma/ 246
śravaṇa/ 122, 123
śuklapakṣa/ 187
Śvādhiṣṭhāna/ 184

【T】

tāntrika/ 31
Tapas loka/ 183, 184
tattva/ 52
Tattvavaiśāradī/ 90
Tejobindūpaniṣad/ 12, 42, 45
Ṭha/ 174
tithi/ 188
tulā/ 189, 190

【U】

udāna/ 167~170, 172, 173
udaya/ 19, 20
uḍḍīyāna bandha/ 244
unmanī/ 215
uttarābhādrapadā/ 122
uttaraphālgunī/ 123
uttarāṣāḍhā/ 123

【V】

Vācaspati Miśra/ 90
Vāgbhaṭa/ 233
vaidya/ 237
vaṃ/ 95, 108, 111, 226
vāruṇī/ 144
Vasiṣṭhasaṃhitā/ 12, 43
vasti/ 243
vāta/ 131, 225, 237, 243~247, 249~251
vāyu/ 36, 47, 57, 81, 109~111
veda/ 233, 234
Vijñāna Bhikṣu/ 136
vikṛti/ 251
viśākha/ 123
Viśuddha/ 45, 95, 96, 184
viśvodarī/ 141
vivaratavāda/ 61
vṛścika/ 189
vyāna/ 168~170, 172, 173
vyoma/ 213, 215